LES ÉVOLUTIONS CONTEMPORAINES DU PRÉJUDICE

Collection « Droit, Société et Risque »

Sous la direction scientifique
du Centre de Recherche sur les Relations entre le Risque et le Droit (C3RD), Faculté Libre de Droit, Université Catholique de Lille.

Ont vocation à être publiés dans cette collection, des ouvrages essentiellement universitaires, traitant des réactions de la société contemporaine face aux diverses sortes de risques. Ils peuvent appartenir aux disciplines juridiques, mais aussi économiques, de science politique, voire psychologiques.
Les risques envisagés peuvent être naturels ou technologiques, mais aussi sociaux, économiques, juridiques, politiques ou autres. Ils entraînent, selon leur nature, des réactions juridiques et sociales diverses allant du principe de précaution à la répression pénale, des mécanismes de stabilisation des marchés boursiers aux validations législatives, pour ne prendre que quelques exemples non exhaustifs.
Les ouvrages sont sélectionnés en fonction de leur originalité, de leur qualité scientifique, et de leur contribution au débat d'idées sur la place et le traitement du risque dans la société contemporaine. Dans le cas des thèses de doctorat, il sera exigé que le jury en ait autorisé la publication.

Les manuscrits seront adressés aux Professeurs Placide M. MABAKA et Françoise DEKEUWER-DEFOSSEZ, Laboratoire C3RD, Faculté libre de Droit, 60 Boulevard Vauban, B.P. 109- 59016 Lille Cedex.

Dernières parutions

Bernadette DUARTE (dir.), *Les pratiques religieuses alimentaires : limiter le risque discriminatoire*, 2015.
Sylvie HUMBERT et Franck LUDWICZAK (dir.), *Juste victime dans le procès pénal*, 2015.
Lina WILLIATTE-PELLITERI (dir.), *La médecine à l'épreuve du risque pénal*, 2014.
Alexandre DUMERY (dir.), *Les antennes-relais*, 2013.
Sophie MOREIL et Franck LUDWICZAK, *La rémunération des dirigeants,* 2013.
Frédérique AST, Bernadette DUARTE (dir), *Les discriminations religieuses en Europe : droit et pratique*, 2012
Aurélien RACCAH (dir.), *Le Traité de Lisbonne. De nouvelles compétences pour l'Union européenne ?*, 2012.
Nicolas DERASSE, Sylvie HUMBERT, J.-P. ROYER (dir), *La prison, du temps passé au temps dépassé*, 2012.

Alicia Mâzouz, Emmanuel Gardounis
et Alexandre Dumery

LES ÉVOLUTIONS CONTEMPORAINES DU PRÉJUDICE

L'Harmattan

Des mêmes auteurs
chez le même éditeur

A. DUMERY,
La faute de la victime en droit de la responsabilité civile,
thèse Aix-Marseille 2007, préf. R. BOUT, 2011.

A. DUMERY (dir.),
Les antennes-relais,
colloque 2011, 2013.

Cet ouvrage est la publication des Actes du colloque organisé le 1er février 2019 à la Cour de cassation, sous l'égide du Centre de recherches sur les relations entre le risque et le droit (C3RD) de la Faculté de droit de l'Université catholique de Lille, de l'École nationale de la magistrature et de la Cour de cassation.

5-7, rue de l'Ecole-Polytechnique, 75005 Paris
http://www.editions-harmattan.fr
ISBN : 978-2-343-18308-4
EAN : 9782343183084

Sommaire

Rapport introductif

Muriel CHAGNY
Agrégée des Facultés de droit
Directeur du master 2 de droit de la concurrence et des contrats[1]

Cette contribution est dédiée à Suzanne Carval, disparue prématurément en 2018. Grande spécialiste du droit de la responsabilité civile, elle était une femme exceptionnelle tant par ses qualités humaines qu'intellectuelles.

---

[1] Si cette communication a été partiellement remaniée pour les besoins de la publication, le choix a été fait de conserver, en partie, le style oral. L'auteur tient à remercier les organisateurs de lui avoir confié la charge des « Propos introductifs » à un colloque consacré à un thème particulièrement attractif. S'y ajoute le plaisir d'intervenir aux côtés de Philippe Brun qui a accueilli dans le passé une jeune agrégée à l'Université de Savoie.

S'il est, selon le mot de Philippe Brun[2], une constante de la responsabilité civile, le préjudice est cependant le grand absent des dispositions actuelles du Code civil ; il s'y masque derrière le dommage au risque de se confondre avec lui, la doctrine majoritaire tenant les deux termes pour synonymes[3]. Cependant, la distinction du dommage et du préjudice a progressé au fil du temps en doctrine[4] , allant jusqu'à convaincre les auteurs du projet de réforme de la responsabilité civile de l'opportunité de dissocier l'atteinte, la lésion, des conséquences juridiques de cette lésion[5].

Le temps n'est plus de l'époque où le préjudice était le parent pauvre de l'attention doctrinale[6] : lui sont consacrés des thèses[7], des

---

[2] Ph. BRUN, *Responsabilité civile extracontractuelle,* LexisNexis, 5e éd., 2018, n° 175 : « *le préjudice est à tous points de vue une constante de la responsabilité civile* ».

[3] V. not. J. CARBONNIER, *Les obligations*, 22e éd., 2000, p. 377, n° 205 : « *les deux mots sont devenus synonymes* ». H. et L. MAZEAUD, J. MAZEAUD et F. CHABAS, *Leçons de droit civil,* t. II, vol. 1, *Les obligations*, p. 412, n° 407 : « *dans le langage juridique moderne, préjudice est synonyme de dommage* ». V. encore M. BACACHE-GIBELLI, *Les obligations La responsabilité civile extracontractuelle,* t. V, *Traité de droit civil,* (dir.) C. LARROUMET, Economica, 32e éd. 2012 n° 354.

[4] Ph. LE TOURNEAU et L. CADIET, *Droit de la responsabilité et des contrats*, Dalloz, coll. Dalloz action, 2000, p. 298, n° 1305 et p. 300, n° 1309 : « *une chose est la lésion, l'atteinte, celle des corps, des choses, des sentiments ; autre chose sont les répercussions de la lésion* (...) » Cf. H. et L. MAZEAUD, *Traité théorique et pratique de la responsabilité civile délictuelle et contractuelle*, t. 1, 4e éd., Sirey, 1947, spéc. p. 229, note 208. V. aussi Ph. BRUN, *Responsabilité civile extracontractuelle,* préc., n° 176 p. 120. Pour des travaux doctoraux, v. S. ROUXEL, *Recherche sur la distinction du dommage et du préjudice en droit privé français,* th. Grenoble II 1994, n° 86 ; A. BASCOULERGUE, *Les caractères du préjudice réparable,* Thèse Lyon 2011, n°451. Pour davantage de références, v. G. VINEY, P. JOURDAIN et S. CARVAL, *Les conditions de la responsabilité, Traité de droit civil,* LGDJ, 4e éd., 2013, n° 246-1, qui sont eux-mêmes plutôt circonspects quant à l'intérêt de la distinction.

[5] Art. 1235 du projet.

[6] P. BRUN, *op. cit.,* n°176, observe qu'il est « *demeuré longtemps dans l'ombre des autres conditions* ».

[7] Outre les thèses citées note 4, v. aussi X. PRADEL, *Le préjudice dans la responsabilité civile,* LGDJ 2003, préf. P. JOURDAIN, avant-propos J.-L. BEAUDOUIN et P. DESLAURIERS ; C. CALFAYAN, *Essai sur la notion de préjudice*, thèse Paris I, 2007.

groupes de réflexion[8] ou encore des manifestations scientifiques[9], comme en témoigne le colloque dans lequel cette contribution s'insère. Ses organisateurs ont fait le choix d'envisager le préjudice sous le prisme du général et du spécial et sous l'angle des évolutions contemporaines, invitant à adopter une vision rétrospective, mais aussi, la lumière du projet de réforme, prospective. L'architecture même de ce projet porte également témoignage, par la place qu'il lui réserve, de cet intérêt accru pour le préjudice. Il est vrai que comme le soulignent les spécialistes de la matière, celui-ci est l'alpha et l'oméga de la responsabilité civile[10], tout à la fois, « *condition nécessaire* » et élément « *essentiel pour mesurer la dette de réparation* »[11].

Dès lors, le panorama des évolutions récentes et à venir, sous le prisme du général et du spécial, peut être brossé à grands traits en envisageant successivement l'identification des préjudices (I) et la mesure du préjudice à réparer (II).

I. L'identification des préjudices réparables

Quiconque s'emploie à l'identification du ou plutôt des préjudices réparables est conduit à constater un débordement par le spécial (A), qui appelle une rationalisation de la matière par le général (B).

A. Débordement par le spécial des préjudices réparables

Le débordement sous l'impulsion du spécial tient au phénomène de démultiplication, de prolifération des variétés de préjudice reconnus par le droit.

---

[8] V. en dernier lieu, le groupe de travail créé par la cour d'appel de Paris sur le préjudice économique. V. aussi les travaux du Club des juristes sur l'évaluation du préjudice financier de l'investisseur dans les sociétés cotées, 2014.
[9] V. par ex., les actes du colloque *Le juge et l'entreprise, Quelles perspectives pour la réparation du préjudice économique ?,* publiés aux Petites affiches, 4 septembre 2017, n° 176.
[10] P. BRUN, *op. cit.,* n°176
[11] G. VINEY, P. JOURDAIN et S. CARVAL, *op. cit.,* n° 247-3, p. 14.

Les juridictions françaises ont largement mis à profit la latitude que leur laissait, contrairement à certains droits étrangers, la généralité de la notion même du préjudice.

Ainsi a-t-on assisté, notamment en matière de préjudice moral, à une efflorescence des chefs de préjudice[12], tout spécialement en ce qui concerne les conséquences d'un dommage corporel. Sans prétendre à l'exhaustivité, et au-delà du préjudice esthétique sur lequel reviendra Julie Mattiussi[13], on peut citer entre autres le préjudice d'anxiété ainsi que le préjudice d'impréparation ou bien encore le préjudice d'établissement.

Même si Romain Laulier[14] en traite plus spécifiquement, on ne peut manquer d'évoquer l'évolution spectaculaire, la révolution peut-être[15], sous l'impulsion de la Cour de cassation qui a consacré, dans la célèbre affaire de l'Erika, le préjudice écologique[16], lequel a ultérieurement fait son entrée dans le Code civil[17].

Mais ce mouvement de débordement, au risque d'un certain désordre, est loin d'être l'œuvre de la seule jurisprudence. A l'époque contemporaine, le législateur a pris le relais en adoptant des législations spécifiques, en dehors du Code civil, mais aussi en introduisant des régimes spéciaux au sein même du Code civil, sans vraiment se préoccuper de la logique d'ensemble. Ainsi se réfère-t-on à la notion un peu mystérieuse de *« préjudices à caractère personnel »* pour préciser l'assiette des recours des tiers payeurs[18]. De même, les termes assez inédits de « *surcoût* » et de « *répercussion du surcoût* » ont intégré le Code de commerce à la faveur de la

---

[12] P. BRUN, *op. cit.*, n° 218, p. 148, évoque « *une véritable constellation de chefs de préjudices* ».
[13] J. MATIUSSI, « Le préjudice esthétique : entre atteinte à la beauté et à l'identité ».
[14] R. LAULIER, « Retour sur l'accueil du préjudice écologique par le Code civil ».
[15] Cela « *suppose a priori une véritable révolution des idées* », écrit P. BRUN, *op. cit.*, n° 202, p. 138.
[16] Cass. crim. 25 septembre 2012, n° 10-82938.
[17] V. les art. 1386-19 à 25 (désormais art. 1246 à 1252 du Code civil) issus de la loi n° 2016-1087 8 août 2016 pour la reconquête de la biodiversité, de la nature et des paysages.
[18] Loi n° 2006-1640 du 21 décembre 2006 de financement de la sécurité sociale pour 2007.

transposition de la Directive du 26 novembre 2014 relative aux actions en dommages et intérêts du fait des pratiques anticoncurrentielles, alors qu'une appellation plus orthodoxe pouvait sembler concevable[19].

A cette expansion spectaculaire des variétés de préjudices s'est ajouté un assouplissement, une « *dissolution* » diraient certains[20], des exigences généralement requises pour ouvrir droit à réparation[21].

S'agissant du caractère personnel du préjudice, on pourrait se demander, dans différents cas, s'il s'agit de vraies ou fausses atténuations.

Les préjudices subis par les victimes par ricochet sont traités en détail par Adrien Bascoulergue[22]. Il convient en revanche de s'arrêter sur le préjudice collectif. Celui-ci a, on le sait, acquis droit de cité dans le droit français de la responsabilité civile même s'il peut à première vue marquer un affadissement, une relativisation du caractère personnel de l'intérêt lésé[23]. Au-delà des associations de consommateurs, on songe à d'autres collectivités en charge de la défense d'un intérêt collectif, distinct des intérêts propres à chacun de leurs membres, à l'instar des organisations professionnelles, des associations de défense de l'environnement ainsi que des syndicats en matière de droit du travail évoqués par Julien Icard[24]. A quoi on pourrait être tenté d'ajouter, en droit des sociétés, l'action sociale exercée *ut singuli*, ou encore s'interroger, en attendant avec grand intérêt les réponses de Jocelyne Vallansan[25], en ce qui concerne le droit des procédures collectives.

Comment ne pas évoquer les hypothèses dans lesquelles le préjudice apparaît inféré du fait générateur de responsabilité lui-même. En dépit des regards croisés proposés par Emmanuel

---

[19] V. art. L. 481-3 C. com.
[20] G. VINEY, P. JOURDAIN et S. CARVAL, *op. cit.*, n° 247-3.
[21] A. BASCOULERGUE, th. préc.
[22] A. BASCOULERGUE, « Les préjudices des victimes par ricochet ».
[23] P. BRUN, *op. cit.*, n° 199.
[24] J. ICARD, « Le préjudice nécessaire en droit du travail ».
[25] J. VALLASAN, « Le préjudice en droit des procédures collectives ».

Gardounis sur le préjudice concurrentiel[26], on ne saurait passer sous silence ici le droit de la concurrence qui en offre l'illustration la plus typique. La jurisprudence a depuis longtemps posé, en matière de concurrence déloyale et parasitisme, une présomption irréfragable d'existence du préjudice[27], par faveur pour la victime mais sans doute aussi à des fins de peine privée. De surcroît, le législateur a récemment ajouté, pour les ententes entre concurrents, une présomption qui souffre quant à elle la preuve contraire[28]. La disharmonie règne au sein d'une même matière. Cela étant, le préjudice inclus n'est pas propre au seul droit de la concurrence, loin s'en faut ; on le retrouve aussi, semble-t-il, lorsqu'il résulte d'une inexécution ou bien encore de l'atteinte à des droits subjectifs[29].

L'impératif d'effectivité du droit de l'Union européenne, en vertu duquel les règles nationales ne doivent pas rendre pratiquement impossible ou excessivement difficile l'exercice du droit à réparation fondé sur la violation d'une norme européenne, aura-t-il raison, à son tour, de l'exigence d'un préjudice certain ou, à tout le moins, conduira-t-il à en atténuer la portée des caractères du préjudice réparable ? La question pourrait bien être posée, dans le futur, à une juridiction française appelée à statuer dans un contentieux indemnitaire relatif à des pratiques anticoncurrentielles.

Par où l'on voit « *la nécessité d'ordonner la matière* »[30], de rationaliser, impératif essentiel qui suppose d'effectuer, par-delà la profusion du spécial, un retour au général.

---

[26] E. GARDOUNIS, « Les spécificités du préjudice concurrentiel : regards croisés de droit européen et de droit interne ».

[27] Com. 9 février 1993, *Bull. civ.* IV, p. 34, n° 53 ; Com. 22 octobre 1985, *Bull civ.* IV, p. 206, n° 245.

[28] Art. L. 481-7 C. com. : « *Il est présumé jusqu'à preuve contraire qu'une entente entre concurrents cause un préjudice* ».

[29] G. VINEY, P. JOURDAIN et S. CARVAL, *op. cit.*, n° 247-3.

[30] En ce sens, P. BRUN, *op. cit .*, n° 208 p. 142.

B. Rationalisation du préjudice réparable par le général

Au regard du phénomène de débordement du spécial, source de pertes de repères, d'émiettement et de désordre, le général peut contribuer, non seulement à mieux structurer la notion et les catégories de préjudice, mais aussi à cantonner, dans une certaine mesure, le préjudice réparable.

Porte assurément témoignage de cette aptitude du spécial à rationaliser, à structurer, le projet d'article 1235 du Code civil aux termes duquel le préjudice, dissocié du dommage, « *consist(e) en la lésion d'un intérêt licite, patrimonial ou extrapatrimonial* ». Cette définition, inspirée de l'avant-projet Catala, ne remet pas en cause, et il est permis de s'en féliciter, l'aptitude à la généralité qui est la marque du droit français de la responsabilité civile et lui permet de s'adapter aux évolutions qui ne peuvent toutes être anticipées, loin s'en faut.

Pour autant, cette disposition, ainsi que d'autres du projet de réforme, permettent de mieux structurer la matière. Ainsi saluera-t-on la consécration de la *summa divisio* constituée par la distinction des préjudices patrimoniaux et extrapatrimoniaux. Il est permis d'être plus circonspect face au choix, effectué dans la seconde mouture du projet de réforme, de ne pas faire référence au préjudice « *individuel ou collectif* », contrairement à l'avant-projet qui était inspiré par l'article 1343 de l'avant-projet Catala. Faire entrer le préjudice collectif dans le droit commun de la responsabilité civile ne signifie pas nécessairement ouvrir la voie à une expansion incontrôlée de celui-ci et peut, tout au contraire, servir à en encadrer les possibilités[31].

Dans sa quête de rationalisation, le projet de réforme de la responsabilité civile rassemble en une section 2 « les règles particulières à la réparation des préjudices résultant de certaines catégories de dommages ». On se félicitera d'y retrouver les préjudices résultant du retard de paiement[32] ou encore ceux résultant

---

[31] V. à ce propos, *La réforme du droit français de la responsabilité civile et les relations économiques,* avril 2019, p. 22.

[32] Sous-section 4. Règles particulières à la réparation des préjudices résultant du retard dans le paiement d'une somme d'argent.

d'un dommage environnemental[33]. Sans surprise, les préjudices résultant d'un dommage corporel s'y taillent la part du lion, au regard notamment du nombre de dispositions qui leur sont dédiées[34], constitutives d'un régime spécial. On pourrait cependant regretter que certaines règles spécifiques à un type de préjudice prennent place, non pas dans les dispositions propres à celui-ci, mais au milieu de règles générales auxquelles elles dérogent[35]. Les rédacteurs du projet sont en quelque sorte restés au milieu du gué, alors que l'accessibilité du droit pourrait gagner à ce que le régime propre à une catégorie donnée de préjudice soit rassemblé en une même partie du code.

Peut-être pourrait-on également exprimer le regret que les préjudices résultant d'une atteinte aux biens ou directement aux intérêts économiques de la victime apparaissent, à l'inverse, comme les parents pauvres[36] du projet de réforme.

Participe également de la remise en ordre, par une meilleure structuration, l'adoption de nomenclatures des chefs de préjudice. Point n'est besoin de revenir plus avant, en matière corporelle, sur la nomenclature Dintilhac. De la même manière, il a pu sembler souhaitable d'adopter une nomenclature en matière environnementale afin d'éviter, tout à la fois, une indemnisation « toutes causes de préjudices confondues » et que certains préjudices soient réparés deux fois.

---

[33] Sous-section 3. Règles particulières à la réparation des préjudices résultant d'un dommage environnemental.

[34] Sous-section 1. Règles particulières à la réparation des préjudices résultant d'un dommage corporel.

[35] V. par exemple, Art. 1263 : « ***Sauf en cas de dommage corporel**, les dommages et intérêts sont réduits lorsque la victime n'a pas pris les mesures sûres et raisonnables, notamment au regard de ses facultés contributives, propres à éviter l'aggravation de son préjudice* ». Art. 1262 al 3, relatif à la date d'évaluation : « ***En cas de dommage corporel**, elle peut également réclamer une indemnisation complémentaire pour tout chef de préjudice préexistant non inclus dans la demande initiale* ».

[36] Sous-section 2. Règles particulières à la réparation des préjudices résultant d'un dommage matériel, comportant seulement deux articles. V. les propositions formulées *in La réforme du droit français de la responsabilité civile et les relations économiques,* avril 2019.

De façon complémentaire, il peut sembler opportun, en réponse au mouvement de débordement précédemment évoqué, de cantonner le préjudice réparable, ce à quoi le général peut également contribuer.

D'un côté, le projet de réforme de la responsabilité civile exclut, sauf en matière corporelle, du préjudice dont la victime peut demander réparation la fraction dont elle pouvait éviter l'aggravation par des mesures sûres et raisonnables[37].

De l'autre côté et surtout, il convient de s'arrêter sur la référence faite par le projet d'article 1235 à « *la lésion d'un intérêt* ***licite*** »[38]. Dans la lignée classique du droit français de la responsabilité civile, le projet s'abstient d'énumérer limitativement, à l'instar du droit allemand, les intérêts protégés. En revanche, il reprend l'exigence d'un intérêt, « *sinon juridiquement protégé, du moins non contraire au droit* »[39], qui est une manière possible de contenir la notion de préjudice réparable[40].

Faut-il aller plus loin, comme le préconisent certains auteurs[41], et instaurer expressément une hiérarchie entre les intérêts protégés, en soumettant la réparation des préjudices à des régimes différenciés ? A vrai dire, le mouvement est déjà bel et bien à l'œuvre, mais il mériterait d'être rationalisé. Sur ces questions délicates, l'éclairage franco-québécois de Mariève Lacroix et de Marie Dugué[42] est des plus précieux.

---

[37] Art. 1263 « *Sauf en cas de dommage corporel, les dommages et intérêts sont réduits lorsque la victime n'a pas pris les mesures sûres et raisonnables, notamment au regard de ses facultés contributives, propres à éviter l'aggravation de son préjudice.* »

[38] Comp. art. 8 du projet Terré : « *constitue un dommage toute atteinte certaine à un intérêt de la personne reconnu et protégé par le droit* ».

[39] P. BRUN, *op. cit.,* n° 176, p. 120 .

[40] G. VINEY, P. JOURDAIN et S. CARVAL, *op. cit.,* n° 248.

[41] J.-S. BORGHETTI, « Les intérêts protégés et l'étendue des préjudices réparables en droit de la responsabilité civile extracontractuelle », *Etudes offertes à Geneviève Viney*, LGDJ 2008, p. 145 et s. v. 159 et s. ; v. aussi C. QUEZEL AMBRUNAZ, « La responsabilité civile et les droits du Titre I du Livre I du Code civil – A la découverte d'une hiérarchie des intérêts protégés », *RTDC* 2012, p. 251. V. le projet de réforme proposé par le groupe Terré.

[42] M. LACROIX, « La notion d'intérêts protégés en droit québécois », et M. DUGUE, « L'intérêt protégé en droit français : un instrument de redéfinition du préjudice ? ».

Réserver un sort plus favorable aux préjudices résultant des dommages corporels ou, à l'inverse, se montrer plus exigeant en ce qui concerne les préjudices extrapatrimoniaux, ainsi que cela a pu être proposé[43] : la réflexion en vaut la peine. Elle pourrait aboutir à faire du préjudice l'élément central d'ordonnancement du droit de la responsabilité civile, là où traditionnellement on raisonnait plutôt en considération des faits générateurs.

Il reste que l'identification des préjudices réparables constitue seulement une première étape devant être suivie par la mesure du préjudice à réparer.

II. La mesure du préjudice à réparer

Point n'est besoin de revenir longuement sur les difficultés épineuses rencontrées en la matière. Pour tenter de les atténuer, on peut, d'une part, en puisant dans le spécial, généraliser certains préceptes qui y ont cours quant à l'office du juge (A). Peut-être faut-il se résoudre, d'autre part, à s'émanciper, pour certains types de préjudices et à l'instar du spécial, du principe de la réparation intégrale (B).

A. Des préceptes spéciaux à généraliser quant à l'office du juge

S'agissant de l'office du juge, il est possible de se réjouir que certains régimes spéciaux soient en passe de faire école en droit commun de la responsabilité civile.

En droit de la propriété intellectuelle comme en cas d'atteinte aux secrets d'affaires, des directives précises sont formulées à l'attention du juge, lui imposant de prendre en considération distinctement différents chefs de préjudices, lui interdisant dès lors de procéder à

[43] C. CALFAYAN, th. préc., spéc. n° 117 et s.

une appréciation globale, tous chefs de préjudice confondus[44]. Le projet de réforme de la responsabilité civile impose, de façon générale, une évaluation distincte de chacun des chefs de préjudice allégués[45].

Faudrait-il aller plus loin, comme le proposait l'avant-projet de réforme du droit des obligations, et faire obligation au juge, en cas de rejet d'une demande relative à un chef de préjudice, de motiver spécialement sa décision ? Si elle mérite d'être posée, cette question ne manquera sans doute pas de faire débat.

En tout état de cause, encadrer davantage l'office du juge doit avoir pour corollaire un accompagnement, une aide apportée à ce dernier dans sa mission d'évaluation du préjudice. A cet égard également, le spécial montre peut-être la voie.

Ainsi, des efforts tout particuliers ont été réalisés, on le sait, en ce qui concerne les préjudices résultant de dommages corporels. Si les préjudices subis par les opérateurs économiques ont pu sembler quelque peu délaissés, la Commission européenne a certainement donné une impulsion, dans le cas particulier des préjudices concurrentiels, en publiant un *Guide pratique sur la quantification des préjudices*[46]. Ce mouvement a été relayé, en France, à la fois, par la Compagnie nationale des experts comptables de justice et par la Cour d'appel de Paris : ces réflexions, si elles ont d'ores et déjà abouti à la publication d'une brochure méthodologique, dans un cas, de fiches pratiques d'évaluation dans le second, se poursuivent et devraient donner lieu à des nouveaux travaux de restitution en 2019. Ceux-ci sont désormais étendus à l'expertise tant il est vrai que malgré les efforts engagés sur le plan méthodologique, il n'en reste pas moins nécessaire parfois de recourir à un expert, que ce soit à l'initiative des parties ou du juge.

---

[44] V. pour les secrets d'affaires, art. L. 152-6. C. com « *Pour fixer les dommages et intérêts dus en réparation du préjudice effectivement subi, la juridiction prend en considération distinctement* (…) ». V. déjà art. L. 331-1-3 CPI, dans le cas de la propriété littéraire et artistique.

[45] Projet d'art. 1262 C. civ.

[46] *Guide pratique sur la quantification des préjudices dans les actions en dommages et intérêts fondées sur des infractions à l'article 101 ou 102 du Traité sur le fonctionnement de l'Union européenne.* V. Pt 7.

En tout état de cause, il ne suffit pas toujours de généraliser certains préceptes pour leur donner de l'ampleur. Il faut parfois aussi étendre, avec prudence, des solutions dérogatoires pour les besoins de certains types de préjudice.

B. Des solutions dérogatoires spéciales à étendre en considération du type de préjudice

Il faut parfois savoir se garder du spécial ou, en tous cas, de l'étendre si peu que ce soit. Disons-le tout net : l'amende civile imaginée par le projet de réforme de la responsabilité civile sur le modèle du droit des pratiques restrictives de concurrence[47] fait figure de fausse bonne idée. A tout prendre, et à titre personnel, on leur préférera, même s'ils n'ont guère le vent en poupe, les dommages et intérêts punitifs évoqués plus avant par Alexandre Dumery[48].

Surtout, face aux difficultés à mesurer le préjudice à réparer, il faudrait peut-être raisonner, plutôt qu'en considération du fait générateur et de sa gravité, en tenant compte du type particulier de préjudice et en s'inspirant du spécial.

On peut, dans cette perspective, puiser dans les régimes spéciaux[49], aménagés pour la propriété intellectuelle, puis pour les secrets d'affaires, lesquels comportent des dispositions destinées à dépasser les difficultés attachées à la réparation intégrale du préjudice.

En ces matières, la juridiction est invitée à prendre en considération, au moment de fixer les dommages et intérêts, « *les bénéfices réalisés par l'auteur de l'atteinte au secret des affaires ou le*

---

[47] Comp. art. 1266-1 projet et art. L. 442-4-I C. com (anciennement art. L. 442-6-III).

[48] A. DUMERY, « L'amende civile : de la nécessaire restitution du profit par le responsable au discutable avènement de la logique des dommages et intérêts punitifs ».

[49] V. à ce propos not. *La réforme du droit français de la responsabilité civile et les relations économiques,* avril 2019, p. 54 et s., p. 71 ; M. CHAGNY et B. DEFFAINS, *La réparation du dommage concurrentiel,* Dalloz, 2015.

contrefacteur »[50]. La consécration de dommages et intérêts restitutoires en droit commun de la responsabilité civile, à l'instar de ce que proposait le groupe de réflexion réuni sous la houlette de François Terré, pourrait permettre, sinon de résoudre, du moins de réduire les difficultés d'évaluation du gain manqué.

Ces régimes spéciaux prévoient aussi un mode de calcul des dommages-intérêts sous la forme d'une méthode forfaitaire qui s'applique « *à titre d'alternative et sur demande de la partie lésée* »[51]. Un tel système n'est sans doute pas dépourvu d'effets pervers, de sorte qu'il ne doit être étendu qu'avec force précautions.

Cependant, cela peut sembler opportun, sous la forme d'une barémisation pour certains préjudices résultant de dommages corporels. Peut-être faudrait-il y également y songer notamment dans le cas des préjudices de faible montant, tout particulièrement lorsqu'ils affectent un groupe d'individus[52]. Là encore, il n'est pas douteux que la discussion puisse être vive à ce propos.

En définitive, le nombre et l'ampleur des sujets à aborder au titre des évolutions contemporaines du préjudice sont tels que la tâche de

---

[50] V. par ex. art. L. 152-6 C. com. : « *Pour fixer les dommages et intérêts dus en réparation du préjudice effectivement subi, la juridiction prend en considération distinctement :*
« *1° Les conséquences économiques négatives de l'atteinte au secret des affaires, dont le manque à gagner et la perte subie par la partie lésée, y compris la perte de chance ;*
« *2° Le préjudice moral causé à la partie lésée ;*
« *3° Les bénéfices réalisés par l'auteur de l'atteinte au secret des affaires, y compris les économies d'investissements intellectuels, matériels et promotionnels que celui-ci a retirées de l'atteinte.* »
[51] Art. L. 152-6 C. com. : « *La juridiction peut, à titre d'alternative et sur demande de la partie lésée, allouer à titre de dommages et intérêts une somme forfaitaire qui tient notamment compte des droits qui auraient été dus si l'auteur de l'atteinte avait demandé l'autorisation d'utiliser le secret des affaires en question. Cette somme n'est pas exclusive de l'indemnisation du préjudice moral causé à la partie lésée. …* »
[52] V. les propositions de thèse de B. LEHAIRE, *L'action privée en droit des pratiques anticoncurrentielles : pour un recours effectif des entreprises et des consommateurs en droits français et canadien,* th. Université de La Rochelle et Laval, 2014, distinguant le préjudice de consommation et le préjudice d'affaires.

Fabrice Gréau[53], auquel il revient de procéder à la synthèse, apparaît aussi passionnante qu'ardue.

[53] F. GREAU, « Rapport de synthèse ».

L'évolution des caractères requis du préjudice réparable

Philippe BRUN
Agrégé des Facultés de droit
Avocat général en service extraordinaire à la Cour de cassation

1. **Une certaine confusion dans la présentation classique** – Il n'est pas exagéré de dire que règne un certain flou dans la présentation traditionnelle des caractères que l'on requiert du préjudice pour qu'il soit réparable. On dénombre en principe quatre conditions, mais sur la consistance desquelles on tend à hésiter. Ainsi enseigne-t-on que le préjudice doit être actuel, mais tout en rappelant que la jurisprudence admet de longue date la réparation du préjudice futur[54], que le préjudice doit être direct, tout en concédant que cette exigence concerne plutôt la causalité que le préjudice. On ne manque pas également de souligner l'importance du caractère certain du préjudice, non sans souligner par ailleurs, en un saisissant paradoxe – en apparence du moins[55] – que l'on indemnise la perte de chance. C'est plutôt sous forme interrogative, et sans trop s'avancer sur la pérennité du principe, que l'on envisage la condition, approximativement présentée de « légitimité » du préjudice, sur laquelle la Cour de cassation serait plus ou moins largement revenue dans le célèbre arrêt *Dangereux*[56].

2. **Les caractères requis du préjudice : l'histoire d'une abolition constante ?** – Une idée communément admise est que, s'agissant des évolutions des caractères requis du préjudice réparable, celles-ci pourraient se résumer à un mouvement d'abolition[57]. L'exigence d'actualité serait battue en brèche non seulement par la reconnaissance déjà ancienne du préjudice futur, mais également par la prise en compte de préjudices potentiels et non encore réalisés. L'exigence de certitude serait en voie de marginalisation avec la montée en puissance de la perte de chance, qui plus est envisagée de manière très large. Quant à l'exigence de licéité de l'intérêt lésé, elle serait une exigence d'un autre âge vouée aux gémonies.

3. **Quelques mises au point** – Je caricature à peine la présentation déjà souvent très caricaturale qui est faite des caractères requis du

---

[54] Cass. Req., 1er juin 1932 : DP 1932 I, 102, rapp. PILON ; S. 1933 I, 49, note H. MAZEAUD.
[55] On verra en effet que le paradoxe n'est qu'apparent : v. *infra*.
[56] Cass. ch. Mixte, 27 fév. 1970 : D. 1970. 201, note R. COMBALDIEU ; JCP 1970 II, 16305, concl. R. LINDON, note P. PARLANGE ; RTD civ. 1970. 363, obs ; G. DURRY.
[57] V. notamment en ce sens, L. CADIET, Les métamorphoses du préjudice, *in Les métamorphoses de la responsabilité*, PUF 1998, pp. 37 et s. spéc. p. 39.

préjudice et des évolutions qui se sont produites en la matière. Deux ou trois observations pour tempérer certaines de ces affirmations, et pour s'inscrire en faux contre d'autres, étant observé qu'il en est deux autres qui auraient pu être analysés, en tant qu'elles ont été parfois mises en exergue (mais qui se rapportent moins en réalité au préjudice lui-même qu'à la victime). D'abord le caractère personnel du préjudice[58], dont on peut dire clairement aujourd'hui qu'il est battu en brèche, puisque l'intérêt lésé peut être un intérêt collectif[59] ; et ensuite la question de savoir s'il faut exiger la capacité pour la victime de se représenter l'intérêt lésé. Sur ce dernier point, et plus spécialement sur la capacité pour la victime en état végétatif chronique de se représenter la perte de qualité de vie, la Cour de cassation a tranché pour écarter cette exigence[60]. En revanche force est bien de reconnaître que certains préjudices – par exemple l'angoisse pour une personne séropositive au VIH de contracter la maladie elle-même – supposent la connaissance de sa séropositivité[61]. Pardon de rappeler ces évidences mais quand la Cour de cassation les a réaffirmées, elle a eu droit à des critiques nourries…
Pour s'en tenir donc aux trois caractères classiques, on se bornera à de très brèves observations, consistant en trois propositions.

I. Non l'exigence du caractère actuel du préjudice n'est pas battue en brèche

4. On a prétendu que la jurisprudence se contenterait parfois d'une simple expectative de dommage pour accorder réparation[62] : quand

---

[58] V. dans ce sens, envisageant le caractère personnel comme un caractère à part entière, M. BACACHE, *La responsabilité civile extracontractuelle*, Economica, 3ème éd. 2016, n° 408.
[59] V. par exemple là-dessus, C. DEVREAU, Réflexions sur le préjudice collectif, RTD civ. 2011. 249.
[60] Cass. 2ème civ., 22 fév. 1995 : Bull. civ. II, n° 61 ; JCP 1995 I, 3853, n° 20, obs. G. VINEY ; RTD civ. 1995. 629, obs. P. JOURDAIN ; D. 1995. 69, note Y. CHARTIER ; *ibid.* 1996, somm. 233, obs. D. MAZEAUD. Comp. auparavant, Cass. 2ème civ., 21 juin 1989 : Bull. civ. II, n° 133.
[61] Cass. 2ème civ., 22 nov. 2012 : n° 11-21031 ; D. 2013. 346, note S. PORCHY ; RTD civ. 1993. 123, obs. P. JOURDAIN ; Resp. civ. et Assur. 2013, Et. 1 par S. HOCQUET-BERG.
[62] V. notamment en ce sens, M. BACACHE, *op. cit.*, n° 392 et s.

elle admet par exemple l'indemnisation de patients dont la sonde cardiaque défectueuse menaçait de rompre[63], ou lorsqu'elle a admis l'indemnisation de riverains d'antennes de téléphonie mobile[64]. En réalité, dans ces situations, le risque ne s'était pas encore réalisé, mais un préjudice était d'ores et déjà constitué, l'angoisse occasionnée par la menace (réelle ou putative mais c'est un autre problème) pesant sur la santé des intéressés.
Une entorse peut toutefois être relevée au principe de réparation d'un préjudice actuel[65] : au moins en droit prospectif, puisque le projet de réforme du droit de la responsabilité prévoit que les dépenses engagées au titre de la prévention d'un dommage peuvent être prises en compte comme préjudice réparable[66]. Et il n'est pas sûr que cette règle ne soit pas déjà en suspension dans certaines jurisprudences. Par exemple, lorsque dans un arrêt du 15 mai 2008[67], la deuxième chambre civile énonce que des excavations sur un fonds voisin présentant un risque d'éboulement, la réalisation d'une parade confortative caractérise un préjudice portant en lui-même les conditions de sa réalisation...

II. Non l'exigence d'un préjudice certain n'est pas réduite à néant par l'évolution de la jurisprudence

5. Non seulement la Cour de cassation est attentive à ce que soient censurées les décisions qui admettraient la réparation de préjudices purement hypothétiques (par exemple parmi bien d'autres, celui consistant dans la réticence d'une victime d'erreur médicale à subir

[63] Cass. 1ère civ., 19 nov. 2006 : JCP 2006 II, 10052, note S. HOCQUET-BERG ; D. 2007 pan. 2897, obs. P. BRUN ; CA Paris 12 sept. 2008 : D. 2008. 2429, obs. I. GALLMEISTER.
[64] V. en particulier CA Versailles, 4 fév. 2009 : n° 08/08775 ; D. 2009. 819, note M. BOUTONNET.
[65] On peut juger peu probants en revanche les arrêts souvent cités (V. notamment M. BACACHE, *op. cit.* n° 394, p. 459, notes 2 à 4) rendus sur le fondement des troubles de voisinage : il est d'autant moins surprenant qu'il soit fait exception ici à l'exigence d'un préjudice réalisé que la notion de référence est celle de trouble, lequel est précurseur du dommage.
[66] Projet de réforme du 13 mars 2017, art. 1237.
[67] Cass. 2ème civ., 15 mai 2008 : n° 07-13483 ; D. 2008 pan. 2894, obs. Ph. BRUN ; RTD Civ. 2008. 679, obs. P. JOURDAIN.

dans le futur une autre intervention[68]), mais elle n'a nullement abdiqué, contrairement à ce que l'on soutient parfois, à cantonner dans de justes limites la fameuse perte de chance (dont il faut rappeler par parenthèse qu'elle n'est en rien en elle-même qu'un gauchissement de la condition de certitude puisqu'elle est un chef de préjudice à part entière, en tant que tel soumis aux conditions ici examinées).

6. Je songe à cette jurisprudence qui, ces dernières années, a suscité beaucoup de commentaires, aux termes de laquelle la perte d'une chance même faible est réparable[69]. On a prétendu qu'il y avait la marque d'une dérive vers l'indemnisation de poussières de probabilités[70]. De mon point de vue, il n'en est rien, dans la mesure où l'on continue à exiger que la chance ait été certainement perdue. Se contenter qu'elle soit faible est-il une hérésie ? Par parenthèse, à partir de quel pourcentage et selon quelle évaluation va-t-on pouvoir considérer la perte de chance comme suffisante ? Une chance faible de gagner beaucoup n'est à tout le moins pas moins considérable qu'une chance forte de gagner peu. C'est un mauvais procès me semble-t-il que l'on fait là à la perte de chance au nom du caractère certain[71].

III. Non l'exigence de licéité de l'intérêt lésé n'a pas disparu, et ce n'est au demeurant ni possible, ni souhaitable pour peu qu'on la cantonne dans de justes limites

7. Il y a là un malentendu assez répandu selon lequel l'arrêt *Dangereux* rendu en 1970 par une chambre mixte aurait rompu avec cette exigence de lésion d'un intérêt légitime. L'arrêt *Dangereux* a refermé ce que l'on pourrait appeler une parenthèse Victorienne pendant laquelle, contrairement à l'état initial de la jurisprudence[72], la

---

[68] Cass. 1ère civ., 28 juin 2012 : n° 11-19265 ; D. 2012. 1736.
[69] Cass. 1ère civ., 16 janv. 2013 : n° 12-14439 ; D. 2013. 243.
[70] J.-S. BORGHETTI, note sous Cass. 1ère civ. 30 avril 2014 (2 arrêts) JCP G 2014, 1381.
[71] V. pour la réitération de cette solution, Cass. 1ère civ., 12 oct. 2016 : n° 15-23230 ; D. 2017, pan. 26, obs. Ph. BRUN.
[72] Cass. crim., 20 fév. 1863 : DP 1864 I, p. 99 : « *l'article 1382 en ordonnant en termes absolus la réparation de tout fait quelconque de l'homme qui cause à autrui un dommage ne limite en rien, ni la nature du fait dommageable, ni la nature du*

chambre civile avait exigé, pour la victime par ricochet, qu'elle se prévale d'un lien de droit avec la victime directe[73]. Mais que l'on ait, fort justement sans doute au demeurant, abandonné les entraves que l'on avait dressées au détriment de victimes en situations illégitime, en admettant ensuite dans la droite ligne de l'arrêt *Dangereux* que l'adage *nemo auditur* ne saurait être opposé à la victime en situation irrégulière (le passager clandestin, victime d'un accident de transport) ne remet en rien en cause cette exigence de bon sens qu'est celle que le demandeur se prévale de la lésion d'un intérêt licite[74].

8. Si je suis victime d'un accident de la circulation alors que je transporte de la cocaïne, je ne pourrai pas demander, toute généreuse que soit la législation *Badinter* à être indemnisé des pertes économiques résultant de la destruction de la marchandise... C'est aussi élémentaire que cela : pourtant quel torrent de critiques la deuxième chambre civile ne s'est-elle pas attiré en 2002[75] quand elle a énoncé que la perte de rémunération ne peut donner lieu à indemnisation que si ces rémunérations sont licites[76]...

9. De ce petit tour d'horizon, il résulte que les caractères requis du préjudice, si on veut bien les prendre pour ce qu'ils sont, bénéficient d'une stabilité et d'une constance assez remarquable.
Est-ce à dire que rien ne bouge et que le sujet n'évolue pas ? Il y a sans doute des inflexions, mais l'essentiel d'entre elles ne se situent pas tant me semble-t-il sur le plan des caractères requis du préjudice que de sa caractérisation ou de sa définition qui insensiblement évolue.

10. Sa caractérisation : c'est la liste toujours plus longue de ces situations dommageables dont la jurisprudence admet qu'il s'infère nécessairement un préjudice. Sa définition : traditionnellement le

---

dommage éprouvé ni la nature du lien qui doit unir en cas de décès la victime avec celui de ses ayants droit qui demande réparation. »

[73] Cass. Civ. 27 juill. 1937 : JCP 1937 II 466, note DALLANT.

[74] V. en ce sens notre ouvrage, *Responsabilité civile extracontractuelle*, Lexis-Nexis, 5ème éd. 2018, n° 196.

[75] Cass. 2ème civ., 24 janv. 2002 : Resp. civ. Et Assur. 2002 comm. N° 164 et chron. 11 par S. HOCQUET-BERG ; RTD civ. 2002. 306, obs. P. JOURDAIN ; Defrénois 2002. 986, obs. R. LIBCHABER ; D. 2002. 2559, note D. MAZEAUD.

[76] V. notamment les commentaires très critiques de MM. MAZEAUD et LIBCHABER, notes préc.

préjudice est conçu comme la perte ou l'affection d'un état auquel on espère avec la réparation revenir : la *restitutio in integrum.* De plus en plus souvent, et notamment dans le domaine familial, on reconnaît un préjudice réparable dans la frustration d'un état que, au vu des circonstances, on n'aurait pas pu connaître : enfant gravement handicapé en suite d'une faute médicale qui n'aurait pas vu le jour si le diagnostic avait été juste[77] ; l'orphelin de naissance qui obtient réparation de la frustration de n'avoir pas connu son père[78].

---

[77] Cass. Ass. PL., 17 nov. 2000 : Bull. Ass. Pl., n° 9.

[78] Cass. 2ème civ., 14 déc. 2017 : n° 16-26687. V. notamment sur cette décision, Ph. STOFFEL-MUNCK, La souffrance de l'enfant sans père, JCP 2018, 262 ; C. QUEZEL-AMBRUNAZ, Des préjudices de l'orphelin de naissance, RLDC mai 2018, p. 18 et s.

Retour sur l'accueil du préjudice écologique par le Code civil

Romain LAULIER
Maître de conférences en droit privé – Université catholique de Lille
Membre du Centre de recherche sur les relations entre le risque et le droit (C3RD)
Membre associé à l'Institut Demolombe – Faculté de droit de Caen

« *La véritable sagesse consiste à ne pas s'écarter de la nature mais à mouler notre conduite sur ses lois et son modèle* ».

Lucius Annaeus Seneca, dit Sénèque

La loi biodiversité : un intitulé discutable. Vaste entreprise que celle de la loi n° 2016-1087 du 8 août 2016 « *pour la reconquête de la biodiversité, de la nature et des paysages* »[79]. Si la démarche du législateur parait à l'évidence louable et pleine d'optimisme, l'intitulé du texte peut cependant surprendre puisque cette entreprise de reconquête, ce recouvrement de la biodiversité par la lutte, par la force, semble peine perdue et vaine volonté. Comment en effet prétendre reconquérir ce qui a été irrémédiablement perdu, si tant est qu'il ait été un jour conquis ? Loin en effet de constituer un mythe dont il serait commode de s'affranchir pendant un temps, la destruction de la biodiversité constitue de nos jours une réalité d'autant plus prégnante qu'elle est susceptible d'être mesurée à l'aide de divers indicateurs[80]. Les esprits pessimistes diront alors que, plutôt qu'une volonté de reconquête, la loi aurait dû initier une attitude plus prudente de sauvegarde, de maintien de l'existant en l'état. Il serait en effet inutile de laisser croire à un paradis perdu pouvant être retrouvé en déclarant la « *guerre aux ennemis de la biodiversité* »[81].

Initiative sénatoriale et rapport Jégouzo. L'essentiel d'une loi ne réside pourtant pas dans son intitulé et, quel que soit celui définitivement retenu, la loi du 8 août 2016 mérite une attention toute particulière. Le projet de la loi biodiversité a d'ailleurs connu un cheminement législatif long et chaotique, précisément en raison de l'ambition de son dessein et de l'objectif assigné. L'initiative en appartient au Sénat lequel, sous l'impulsion de Monsieur Bruno Retailleau, formula le premier une proposition de loi destinée « *à adapter notre régime de responsabilité civile afin de donner une traduction concrète et efficace à l'indemnisation du préjudice écologique* »[82]. Certes, les contours du préjudice écologique tel qu'il

---

[79] Loi n° 2016-1087 du 8 août 2016 pour la reconquête de la biodiversité, de la nature et des paysages, JORF n° 0184 du 9 août 2016, texte n° 2.

[80] V° sur ce point A. VAN LANG, *La loi biodiversité du 8 août 2016 : Une ambivalence assumée. Le droit nouveau : la course à l'arment (1ère partie)*, AJDA 2016, 2381. Pour illustrer son propos, l'auteur mentionne le taux d'extinction globale des espèces et le déclin des effectifs des espèces.

[81] A. VAN LANG, *art. préc.*

[82] Proposition de loi n° 546 *bis* enregistrée le 23 mai 2012, visant à inscrire la notion de préjudice écologique dans le Code civil. Cette proposition de loi se fait l'écho des travaux de la commission environnement du Club des juristes et de son rapport intitulé « *Mieux réparer le dommage environnemental* » de janvier 2012, rédigé sous la direction de Monsieur Yann AGUILA.

sera au final consacré par la loi étaient encore à ce stade modestes et balbutiants[83], mais ce texte, adopté à l'unanimité par le Sénat le 6 mai 2013, constitue néanmoins l'acte de naissance d'un préjudice écologique reconnu et accueilli par le Code civil. Si cette proposition de loi s'avérait tout autant ambitieuse que symbolique, la poursuite de la fabrique parlementaire du texte démontre que le tumulte de son adoption n'a pas eu pour conséquence une dilution de son propos. Installé à l'initiative du Garde des Sceaux désireux de mener une réforme d'ampleur sur ce point, un groupe de travail présidé par le Professeur Yves Jégouzo s'est vu confier la mission d'envisager « *les modifications législatives qui permettront de reconnaitre en droit français le préjudice environnemental et de fixer le mode de réparation des atteintes à l'environnement* »[84]. Manifestement, la volonté gouvernementale était d'aller plus loin que la proposition de loi votée par le Sénat en partant du double constat selon lequel, d'une part, l'article 4 de la Charte de l'environnement de 2004[85] était trop général pour servir utilement de fondement juridique à une action en indemnisation et, d'autre part, la loi n° 2008-757 du 1er août 2008 relative à la responsabilité environnementale[86], texte transposant en droit national la directive 2004/35 du Parlement européen[87], disposait d'un champ d'application restreint aux seuls dommages les plus

---

[83] La proposition de loi se propose de créer un article 1386-19 au sein du Code civil selon lequel : « *Toute personne qui cause par sa faute un dommage à l'environnement est tenue de la réparer* ». Cette disposition serait complétée par un article 1386-20 du Code civil aux termes duquel « *La réparation du dommage à l'environnement s'effectue prioritairement en nature* ». Néanmoins, il n'est encore question à ce stade de déterminer avec précision ni le régime de responsabilité retenu, ni les titulaires du droit d'agir ou de clarifier les délais de prescription de l'action.

[84] Lettre de mission adressée le 24 avril 2013 par la Garde des sceaux au Président du groupe de travail. Annexe I du Rapport *Pour la réparation du préjudice écologique*. V° *infra* note 10.

[85] Loi constitutionnelle n° 2005-205 du 1er mars 2005 relative à la Charte de l'environnement, JORF n° 51 du 2 mars 2005, p. 3697. L'article 4 de la Charte de l'environnement dispose que « *Toute personne doit contribuer à la réparation des dommages qu'elle cause à l'environnement, dans les conditions définies par la loi* ».

[86] Loi n° 2008-757 du 1er août 2008 relative à la responsabilité environnementale et à diverses dispositions d'adaptation au droit communautaire dans le domaine de l'environnement, JORF du 2 août 2008, p. 12361.

[87] Directive 2004/35/CE du Parlement européen et du Conseil du 21 avril 2004 « *sur la responsabilité environnementale en ce qui concerne la prévention et la réparation des dommages environnementaux* », JOUE n° L 143, 30 avril 2004, p. 56.

graves. L'action du groupe de travail a trouvé sa concrétisation dans un rapport intitulé « *Pour la réparation du préjudice écologique* », remis au garde des Sceaux le 17 septembre 2013[88]. Largement commenté en doctrine[89], le fruit de ce travail a vocation, selon les termes mêmes du rapport, à présenter « *un projet complet permettant d'inscrire les règles relatives à la réparation du préjudice écologique dans le droit civil français et au-delà, de construire un régime de réparation adapté aux exigences de sécurité juridique, réaliste et tenant compte des équilibres environnementaux et économiques* »[90]. De prime abord, la seule lecture du plan retenu par le groupe de travail démontre que son ambition est sans commune mesure avec la démarche sénatoriale. Le préjudice écologique est en effet analysé sous l'angle d'une étude exhaustive, qui retrace tant sa définition que sa réparation au terme d'une action en justice dédiée. Les réflexions menées et les dix propositions qui en découlent constituent indéniablement une avancée majeure dans la prise en considération du préjudice écologique et dans sa réception par le droit civil.

L'adoption et l'objet de la loi biodiversité du 8 août 2016. Une adoption rapide du texte de loi semblait alors acquise. Le remarquable travail d'étude et d'analyse mené en amont paraissait offrir en effet toute latitude au Parlement pour agir avec la célérité nécessaire, dans le contexte d'une opinion publique toujours davantage favorable à adhérer aux thèses prônées par les défenseurs de l'environnement. Pourtant, il a fallu que le Sénat, à nouveau, décide en janvier 2016 de « *mener la fronde* »[91] contre l'inertie gouvernementale en déposant un

---

88 Y. JEGOUZO (dir.), *Pour la réparation du préjudice écologique*, Rapport remis le 17 septembre 2013. Le rapport est disponible sur le site internet du Ministère de la Justice à l'adresse suivante : http://www.justice.gouv.fr/art_pix/1_rapport_prejudice_ecologique_20130914.pdf.

89 V° notamment : G. MARTIN, *Le rapport* « Pour la réparation du préjudice écologique » *présenté à la garde des sceaux le 17 septembre 2013*, D. 2013, 2347 ; P. BILLET, *Préjudice écologique : les principales propositions du rapport JEGOUZO*, Environnement n° 11, Novembre 2013, alerte 187 ; F. ROUSSEAU, *Réflexion sur la répression civile des atteintes à l'environnement. A propos du rapport remis au garde des Sceaux le 17 septembre 2013 relatif à la réparation du préjudice écologique*, Environnement n° 3, mars 2014, étude 3 ; M. HAUTEREAU-BOUTONNET, *Les enjeux d'une loi sur le préjudice écologique, l'enseignement des droits étrangers*, Environnement n° 10, octobre 2014, dossier 8.

90 Y. JEGOUZO (dir.), *Rapport préc.*, p. 13.

91 L. NEYRET, *La consécration du préjudice écologique dans le Code civil*, D. 2017, 924.

amendement afin de ressortir le projet de loi et le préjudice écologique des limbes de l'oubli dans lesquels il était pris au piège. Le débat parlementaire était relancé dans le sens d'un enrichissement du texte. Au final, et suite au retrait par le gouvernement d'un amendement pour le moins inopportun destiné à vider la reconnaissance du préjudice écologique de l'essentiel de sa substance[92], « *c'est globalement un sentiment de soulagement qui domine : la loi biodiversité existe, elle se porte bien* »[93]. La santé de la loi biodiversité est en effet excellente. Ce texte, qui s'inscrit dans la lignée des « *lois encyclopédiques* »[94], fort de ses 7 titres et de ses 174 articles, constitue une œuvre cohérente, destinée à profondément remanier et renforcer la gestion pérenne et la protection de la biodiversité. Pour ce faire, la loi a pris le parti d'innover en adoptant tout un volet qui emprunte au droit civil ses concepts, ses techniques, en vue de reconquérir la biodiversité, cette diversité biologique désormais définie par l'article L 110-1 du Code de l'environnement comme « *la variabilité des organismes vivants de toute origine, y compris les écosystèmes terrestres, marins et autres écosystèmes aquatiques, ainsi que les complexes écologiques dont ils font partie. Elle comprend la diversité au sein des espèces et entre espèces, la diversité des écosystèmes ainsi que les interactions entre les organismes vivants* »[95]. Car la consécration du préjudice écologique au sein du Code civil, si elle est probablement la pierre angulaire du nouvel arsenal législatif, n'en partage pas moins les faveurs du texte avec d'autres notions dont l'inspiration civiliste ne prête guère à la

---

[92] Inopportun, l'amendement l'était incontestablement puisqu'il se proposait de retenir que « *n'est pas réparable, [...] le préjudice résultant d'une atteinte autorisée par les lois, règlements et engagements internationaux de la France ou par un titre délivré pour leur application* ». Ce texte, qui ne faisait rien d'autre que de subordonner la réparation du préjudice écologique à l'absence d'autorisation de l'activité en cause, a finalement été précipitamment retiré aux motifs, selon la Ministre de l'Écologie, qu'il avait été « *déposé un peu trop précipitamment par les services qui ont cru bien faire* » [*sic*].
V° sur ce point P. LE HIR, *Le gouvernement rétropédale sur le préjudice écologique*, Le Monde, 1er mars 2016.
[93] A. VAN LANG, *art. préc.*
[94] V° pour l'utilisation de cette expression Y. JEGOUZO, *L'ambitieuse loi portant engagement national pour l'environnement*, AJDA 2010, 1681 ; A. VAN LANG, *Les lois Grenelle : droit de l'environnement de crise ou droit de l'environnement en crise*, Dr. adm. 2011, 9.
[95] Article 1er de la loi n° 2016-1087 du 8 août 2016 modifiant l'article L. 110-1 du Code de l'environnement.

discussion. Que l'on songe à la reconnaissance par la loi biodiversité de l'obligation réelle environnementale[96] ou à la compensation écologique[97], que l'on y ajoute la consécration législative postérieure de l'action de groupe en matière environnementale[98], il est alors aisé de constater que les préoccupations environnementales, et « *la nécessité de prendre au sérieux les atteintes à l'environnement* »[99], font l'objet d'un fort consensus qui dépasse les frontières traditionnelles du droit en mobilisant l'ensemble de ses mécanismes. Le droit, lorsqu'il traite de la reconquête de la biodiversité, ne saurait être pusillanime en se retranchant derrière des clivages que les préoccupations environnementales ignorent et que les atteintes à l'environnement dépassent.

La définition du préjudice écologique. Le préjudice écologique, tel qu'il est défini et réglementé par la loi biodiversité, procure une illustration patente de cette précédente affirmation. Figure de proue du nouveau dispositif, la loi biodiversité a enrichi le Code civil d'un nouveau chapitre III au sein du Livre III dans ses dispositions relatives à la responsabilité extracontractuelle. Ce chapitre intitulé « *La réparation du préjudice écologique* » prend ainsi place aux articles 1246 à 1252 du Code civil, suite aux dispositions relatives à « *La responsabilité extracontractuelle en général* » et à « *La responsabilité du fait des produits défectueux* », textes auxquels il convient d'ajouter l'article 2226-1 du Code civil relatif au délai de prescription de l'action propre au préjudice écologique. L'actuel projet de réforme de la responsabilité civile laisse pour l'heure quasiment intactes ces dispositions, qui ont vocation à constituer les futurs articles 1279-1 et

---

[96] L'obligation réelle environnementale fait l'objet des articles 72 et suivants de la loi biodiversité. V° sur ce point N. REBOUL-MAUPIN, B. GRIMONPREZ, *Les obligations réelles environnementales : chronique d'une naissance annoncée*, D. 2016, 2074.

[97] A. VAN LANG, *La compensation des atteintes à la biodiversité : de l'utilité technique d'un dispositif éthiquement contestable*, RDI 2016, 586.

[98] L'action de groupe en matière environnementale est issue de l'article 89 de la loi n° 2016-1547 du 18 novembre 2016 de modernisation de la justice du XXIème siècle, JORF n° 0269 du 19 novembre 2016, texte n° 1. V° sur ce point M. BACACHE, *L'action de groupe en matière environnementale*, Energie – Environnement – Infrastructures n° 3, mars 2017, étude 8.

[99] F.-G. TREBULLE, *La consécration de l'accueil du préjudice écologique dans le Code civil,* Energie – Environnement – Infrastructures n° 11, novembre 2016, étude 20, n° 20.

suivants du Code civil[100]. A titre liminaire, et suite à l'affirmation par l'article 1246 du Code civil que « *Toute personne responsable d'un préjudice écologique est tenue de le réparer* », l'article 1247 du Code civil définit le préjudice écologique et dispose que « *Est réparable, dans les conditions prévues au présent titre, le préjudice écologique consistant en une atteinte non négligeable aux éléments ou aux fonctions des écosystèmes ou aux bénéfices collectifs tirés par l'homme de l'environnement* ». Quel cheminement pour en arriver à cette consécration législative ! Car les honneurs en reviennent davantage à la jurisprudence dont l'œuvre prétorienne, soutenue par une doctrine favorable[101], a sur ce point été édifiée dans les affres de l'affaire Erika[102], qu'au législateur qui s'est inscrit dans son triste sillage. Longtemps en effet, du moins à l'échelle nationale, le naufrage de l'Erika le 12 décembre 1999 a cristallisé l'attention du juriste. C'est son traitement par les juridictions judiciaires qui a permis à la jurisprudence de développer de nouveaux concepts, en reconnaissant notamment la particularité du préjudice écologique, travail sans lequel la loi biodiversité n'aurait probablement pas l'ampleur que l'on lui connait aujourd'hui. L'arrêt de la Chambre criminelle de la Cour de cassation du 25 septembre 2012 est ainsi fondateur lorsqu'il affirme pour la première fois que le préjudice

---

[100] V° l'« *Avant-projet de loi – Réforme de la responsabilité civile* » présenté par le Garde des Sceaux à l'Académie des sciences morales et politiques le 13 mars 2017, texte disponible sur le site internet du Ministère de la Justice. V° Sur ce point J.-S. BORGHETTI, *Un pas de plus vers la réforme de la responsabilité civile : présentation du projet de réforme rendu public le 13 mars 2017* », D. 2017, 770 ; S. CARVAL, *Le projet de réforme du droit de la responsabilité civile*, JCP éd. G 2017, 401.

[101] V° notamment M. REMOND-GOUILLOUD, *Ressources naturelles et choses sans maître*, D. 1985, chron., 27, M.-P. CAMPROUX-DUFFRENE, *Une protection de la biodiversité* via *le statut de* res communis, RLDC 2009, 68.

[102] T. Corr. Paris, 16 janvier 2008, JCP éd. G 2008, I, 126, étude K. LE COUVIOUR et II, 10053, note B. PARANCE, D. 2008, 2681, chron. L. NEYRET, Dr. Env. 2008, n° 156, 15, RSC 2008, 344, obs. J.-H. ROBERT, AJDA 2008, 934, note A. VAN LANG ; C. A. Paris, 30 mars 2010, JCP éd. G 2010, 432, note K. LE COUVIOUR, D. 2010, 967, obs. S. LAVRIC, *ibid.* 1804, chron. V. REBEYROL, *ibid.* 2238, chron. L. NEYRET, *ibid.* 2468, obs. F.-G. TREBULLE, RSC 2010, 873, obs. J.-H. ROBERT, RTD com. 2010, 622, obs. P. DELEBECQUE ; Cass. Crim., 25 septembre 2012, D. 2012, 2557, obs. F.-G. TREBULLE, *ibid.* 2675, chron. V. RAVIT et O. SUTTERLIN, JCP éd. G 2012, 1243, note K. LE COUVIOUR, JCP éd. G 2013, 484, obs. C. BLOCH, RTD civ. 2013, obs. P. JOURDAIN, RSC 2013, 363, obs. J.-H. ROBERT, AJ pénal 2012, 574, obs. A. MONTAS et G. ROUSSEL, Rev. Sociétés 2013, 110, note J.-H. ROBERT.

écologique « *consiste en l'atteinte directe ou indirecte portée à l'environnement et découlant de l'infraction* ». L'attendu a été par la suite repris à l'identique dans un arrêt rendu par la même formation le 22 mars 2016[103].

Approche naturaliste du préjudice écologique. En retenant une telle définition du préjudice écologique, le législateur l'a inscrit dans une dimension éminemment naturaliste. Le fruit du travail des écologues contemporains n'a en effet pas été ignoré par le texte lorsqu'il précise que, certes, le préjudice écologique s'entend de prime abord de l'atteinte aux éléments qui composent les écosystèmes, mais qu'il s'apprécie également à l'aune des atteintes aux fonctions reconnues et assignées à ces écosystèmes. En ce sens, la perspective naturaliste de la définition du préjudice écologique ouvre la voie à une prise en considération par le droit d'un préjudice essentiellement collectif, dès l'instant où « *le fait de priver un écosystème de son aptitude à remplir ses fonctions occasionne bien un préjudice écologique indépendamment de savoir si cette privation occasionne un préjudice personnel à l'une ou l'autre des personnes qui pourraient avoir été concernées* »[104]. La formulation de l'article 1247 du Code civil, qui évoque « *les bénéfices collectifs tirés par l'homme de l'environnement* », est sur ce point sans ambages et démontre que le texte ambitionne non de recevoir et de réparer les divers préjudices individuels subis par les victimes du préjudice écologique, car tel est le rôle de la responsabilité civile dans sa forme la plus traditionnelle, mais bel et bien de se saisir d'un préjudice écologique par essence collectif, résolument nouveau, et qui permet « *d'appréhender en tant que telle l'intégralité de la part collective des dégradations de l'environnement* »[105].

Le préjudice écologique, un préjudice collectif. Reste à savoir de quoi l'on parle exactement lorsqu'il est question d'un préjudice « *collectif* ». A mi-chemin entre l'atteinte portée à l'intérêt individuel et celle portée à l'intérêt général, le préjudice collectif semble constituer un moyen terme entre ces deux extrêmes, étant précisé

---

103 Cass. Crim., 22 mars 2016, D. 2016, 1236, obs. A.-S. EPSTEIN, RTD civ. 2016, 634, obs. P. JOURDAIN, JCP éd. G, 647, note M. BACACHE, RCA juin 2016, étude 8 par M. BARY, AJ pénal 2016, 320, note J.-B. PERRIER.

104 F.-G. TREBULLE, *art. préc.*, n° 7.

105 *Ibid.*

toutefois qu'il emprunte au second son caractère nécessairement abstrait[106]. Le cœur de la notion suppose ainsi de reconnaitre l'existence d'une lésion de l'intérêt d'une collectivité d'individus envisagée en elle-même, indépendamment des intérêts particuliers de chacun de ses membres, et susceptible d'une action en justice dédiée. Le droit de l'environnement offre un terrain particulièrement propice à cette notion dès l'instant où il est constaté que « *l'expérience acquise* [notamment en matière environnementale] *n'atteste-t-elle pas en effet de ce que dans la défense de cette sorte de démembrement bienvenu de l'intérêt général qu'est l'intérêt collectif, les associations sont d'utiles procureurs ?* »[107]. Le préjudice écologique se propose ainsi de dépasser l'idée selon laquelle le préjudice serait l'apanage des personnes et, érigeant la solution en principe fondateur, consacre l'existence d'un intérêt « *purement* » environnemental[108], seul apte à saisir les conséquences des atteintes à l'environnement proprement dit.

Approche économique du préjudice écologique. Réduire la loi biodiversité, et incidemment la définition du préjudice écologique qui en est issue, à sa seule dimension naturaliste n'est cependant guère idoine. La biodiversité est aussi appréciée par la loi du 8 août 2016, et désormais par l'article L 110-1 du Code de l'environnement, sous un angle économique, en ces termes comptables de *« services écosystémiques »*, de « *valeurs d'usage* » générés par ce « *patrimoine commun de la nation* », d'« *absence de perte nette de biodiversité* » ou encore de « *gain de biodiversité* ». Le cœur même de la réglementation est ainsi très marqué de l'empreinte du chiffre et atteste que, dans certains esprits, et même en matière environnementale, tout demeure au final affaire d'équilibre entre l'actif et le passif. Cet ancrage du texte dans l'économie et dans le chiffre est loin d'être neutre. A l'évidence, la biodiversité est pour l'heure davantage protégée pour l'usage que l'homme peut en faire que pour elle-même. Cette « *vision anthropocentrique de la*

---

106 V° sur point C. DREVEAU, *Réflexions sur le préjudice collectif*, RTD civ. 2011, 249. *Adde*. L. BORE, *La défense des intérêts collectifs par les associations devant les juridictions administratives et judiciaires*, LGDJ, 1997 préf. G. VINEY, n° 9.
107 P. BRUN, *Responsabilité civile extracontractuelle*, Lexis Nexis, 5ème éd., n° 201.
108 V° *infra* sur l'acception du préjudice écologique pur.

biodiversité »[109], qui irradie jusqu'au Code civil et à jusqu'à sa définition du préjudice écologique, a probablement un bel avenir devant elle. Que l'on songe en effet à la référence de l'article 1247 du Code civil aux « *bénéfices* » que l'homme est susceptible de retirer de l'environnement, et l'on pourra se convaincre que, en dernière analyse, l'objectif législatif de reconquête de la biodiversité consiste plus en une volonté de réappropriation par l'homme de son usage de la nature que dans une démarche désintéressée de protection de l'environnement.

L'écologisation du droit civil. Ceci étant dit, et toute idée, sûrement trop naïve et utopique, de protection de l'environnement pour lui-même étant bannie, il n'en demeure pas moins que l'efficacité des moyens prend parfois le pas sur la justesse des fins. Tel est le cas de la reconquête de la biodiversité et de l'accueil du préjudice écologique par le Code civil qui témoignent d'une réglementation destinée à protéger l'usage fait par l'homme de l'environnement mais qui, nécessairement pour ce faire, assure en amont une fonction de préservation de l'environnement lui-même. Or, alors que diverses voies lui été offertes pour réaliser cet objectif, le législateur a notamment fait le choix d'accaparer le droit civil. Le texte de loi a ainsi mobilisé des notions civilistes, telles que la compensation écologique ou l'obligation réelle environnementale, et ce aux fins de préservation de l'environnement[110]. S'en est suivi une certaine instrumentalisation du droit civil, une adaptation de ses mécanismes aux fins de protection de l'environnement, mouvement qu'un auteur a identifié sous le vocable d'« *écologisation* » du droit civil, en relevant que cette adaptation du droit existant était motivée « *par le souci des intérêts collectifs environnementaux et la valeur aussi bien d'usage que d'échange de la biodiversité* »[111].

---

[109] V° pour la citation et les développements sur l'apport des théories économiques sur la loi biodiversité A. VAN LANG, *La loi biodiversité du 8 août 2016 : Une ambivalence assumée. Le droit nouveau : la course à l'arment (1ère partie)*, *art. préc.*

[110] V° *supra.*

[111] M. HAUTEREAU-BOUTONNET, *La reconquête de la biodiversité par la conquête du droit civil. A propos de la loi n° 2016-1087 du 8 août 2016 pour la reconquête de la biodiversité, de la nature et des paysages*, JCP éd. G, 2016, 948.

L'écologisation du préjudice. Le préjudice n'a pas été épargné par cette écologisation du droit civil. La réalisation du potentiel civiliste de la loi biodiversité impliquait en effet de se saisir d'une notion aussi malléable et protéiforme que celle de préjudice, d'en adapter les contours traditionnels et académiques puis, d'en proposer une définition et un régime juridique qui se devaient d'être novateurs pour être réellement efficients. Une application mécanique et systématique de la notion classique de préjudice à un « *sujet* » aussi particulier que l'environnement n'aurait eu en effet guère de sens ou, à tout le moins, aurait été radicalement insuffisante. Il était permis cependant de s'interroger sur l'aptitude du droit civil à prendre en considération et à réceptionner des problématiques aussi nouvelles de celle de la protection de la biodiversité et de la gestion pérenne de l'environnement, sous l'angle du préjudice écologique. Le constat est néanmoins sans appel : le droit civil a su relever le défi et, en revêtant pour la circonstance les contours d'un droit souple et flexible, a démontré sa réelle capacité d'adaptation aux fins de se saisir d'un enjeu contemporain, d'un phénomène pour lequel il n'avait pas été ni pensé, ni conçu. Cette écologisation du droit civil et, partant, cette écologisation du préjudice, ne pouvait bien entendu pas s'effectuer sans revenir sur certaines solutions acquises de longue date, et que certains pouvaient penser immuables en droit de la responsabilité civile. Or, sur ce point, le législateur a su faire œuvre créatrice en proposant une écologisation du préjudice puissamment irradiante, puisqu'elle se répercute tant sur les conditions de mise en œuvre de la responsabilité (I.) que sur les modalités de la réparation du préjudice écologique (II.). Pour perfectible que soit cette adaptation de la règle de droit civil aux fins de prise en considération des impératifs de protection de l'environnement et de réparation des atteintes environnementales, elle témoigne d'une conception renouvelée de la notion de préjudice dont le juriste, mais aussi l'écologue ou l'économiste, ne peuvent que se féliciter.

I. L'écologisation du préjudice et l'infléchissement des conditions de mise en œuvre de la responsabilité

Préjudice métamorphosé et action en justice dédiée. Accueillir le préjudice écologique au sein du Code civil n'est pas chose aisée et suppose de revenir sur les conditions de mise en œuvre de la responsabilité civile et sur certaines solutions que d'aucuns pensaient gravées dans le marbre de l'acquis juridique et judiciaire. Car il ne s'agit rien de moins, pour le nouveau dispositif, que de retenir une définition d'un préjudice profondément métamorphosé (A) dont la concrétisation pratique résulte d'une action en justice qui lui est intégralement dédiée (B). Ce n'est ainsi qu'au prix d'un bouleversement des traditions civilistes et des conditions classiques de mise en œuvre de la responsabilité civile que le préjudice écologique a d'ores et déjà gagné ses lettres de noblesse et sera, de toute évidence, aussi bien accueilli par la pratique qu'il ne l'a été par le Code civil.

A. Un préjudice métamorphosé

Un régime spécial d'indemnisation. Alors que tel aurait pu être le cas, la loi du 8 août 2016 n'a pas pris le parti de créer un régime spécial de responsabilité environnementale. Suivant en cela les orientations proposées par le rapport Jégouzo[112], le législateur, plutôt que d'opter pour un nouveau régime dérogatoire de responsabilité, a préféré choisir la voie de l'élaboration d'un régime spécial d'indemnisation. D'apparence plus modeste, cette voie est pourtant celle qui procure à l'environnement une protection la plus adaptée et efficace et, de surcroit, celle qui permet de conserver l'acquis indemnitaire issu du droit commun de la responsabilité. En effet, sur ce dernier point, il est notable que le droit commun de la responsabilité conserve toute sa vocation à qualifier et indemniser les préjudices subjectifs, patrimoniaux ou extrapatrimoniaux, subis par un sujet de droit, personne physique ou morale, en raison d'une atteinte à l'environnement. Nul ne doute que le droit commun est pour l'heure tout à fait suffisant pour ce faire et qu'y renvoyer ne saurait nuire. De

[112] Y. JEGOUZO (dir.), *Rapport préc.*, p. 21.

façon complémentaire, le nouveau régime d'indemnisation se conjugue au droit commun et vise, pour sa part, la réparation de ce préjudice objectif et collectif qu'est le préjudice écologique *stricto sensu.* Le premier est subi par un sujet de droit, le deuxième est subi exclusivement par la nature et est appréhendé pour lui-même, indépendamment de ses répercussions sur lesdits sujets de droit. Autrement dit, le préjudice écologique ne saurait être subjectif ou individuel[113]. De ce qui précède, il s'en déduit une réelle efficience d'un régime juridique apte à recueillir toutes les subtilités et spécificités du préjudice écologique, puisqu'il lui est entièrement dédié. Cette efficacité de la réglementation relative au préjudice écologique se traduit notamment par l'absence de toute référence aux faits générateurs de responsabilité qui demeurent cantonnés au seul droit commun et, par conséquent, à l'indemnisation subséquente des préjudices subjectifs. Nulle allusion à la garde de la chose ou au fait d'autrui dans le nouveau dispositif légal. Mais surtout, nulle référence à une quelconque faute génératrice de responsabilité dans la formulation de l'article 1246 du Code civil lorsqu'il dispose que « *Toute personne responsable d'un préjudice écologique est tenue de le réparer* ». La symétrie avec l'article 1240 du Code civil n'est naturellement ni fortuite, ni neutre. Elle résulte bien au contraire d'une volonté affichée du législateur de solenniser la reconnaissance et l'indemnisation du préjudice écologique au moyen d'une formulation qui reprend les traits saillants de l'une des plus célèbres dispositions du Code civil, si ce n'est la plus illustre. Mais cette inspiration sur la forme n'implique aucune influence sur le fond. Alors que le Sénat se proposait de le faire[114], la loi biodiversité a choisi de ne pas limiter les faits générateurs de responsabilité en matière environnementale en se gardant bien d'introduire un nouveau régime fondé sur la faute. L'environnement lui en saura gré.

Un préalable nécessaire : une atteinte « *non négligeable* ». En reprenant la substance de la règle « *De minimis non curat praetor* »

---

[113] Outre le très classique préjudice subjectif individuel de nature patrimoniale ou extrapatrimoniale, le rapport JEGOUZO évoque le préjudice subjectif mais collectif, qui consiste en un préjudice subi par l'homme de façon indirecte, en raison d'une atteinte aux « *services écologiques* » rendus à l'homme par la nature. Le rapport prend les exemples des services d'approvisionnement en eau douce ou en molécules présentant un intérêt thérapeutique.

[114] V° *supra.*

selon laquelle le juge n'a pas à se préoccuper de choses minimes et n'a, par conséquent, pas à indemniser le préjudice inconsistant ou anodin, l'article 1247 du Code civil prend un soin particulier à préciser que le préjudice écologique s'entend de la seule et stricte « *atteinte non négligeable aux éléments ou aux fonctions des écosystèmes ou aux bénéfices collectifs tirés par l'homme de l'environnement* ». Cette détermination du seuil de gravité de l'atteinte à compter de laquelle il est seulement permis de parler d'un préjudice écologique n'a pas été chose aisée. La question a en effet nourri d'âpres débats parlementaires, et ce d'autant que la terminologie employée est très révélatrice de la conception juridique retenue. Ainsi, alors que le Sénat souhaitait voir fixée la source du droit à réparation dans l'atteinte « *anormale* » aux écosystèmes, l'Assemblée nationale a adopté une position plus libérale et, sans aller jusqu'à faire sienne la préconisation du club des juristes qui s'était déclaré défavorable à la fixation d'un quelconque seuil, a retenu l'expression aux contours plus larges, mais aussi plus incertains, d'« *atteinte non négligeable* ». Au demeurant, la formulation retenue est celle employée par la Cour d'appel de Paris dans son arrêt du 30 mars 2010 rendu dans l'affaire Erika[115]. Il aurait pourtant été opportun de s'éloigner quelque peu de cette expression jurisprudentielle et d'y préférer, suivant en cela la volonté sénatoriale et le rapport Jégouzo[116], la référence à l'atteinte « *anormale* », pour désigner une notion aussi plastique que celle de préjudice écologique. « *La notion de situation ou de trouble* « anormal » *est bien connue en droit privé comme en droit public, parfaitement balisée en jurisprudence, notamment en raison de l'expertise acquise dans le traitement des troubles anormaux du voisinage et présentait l'avantage de se référer à un standard usuel* »[117]. Cela est d'autant plus vrai que le projet de réforme de la responsabilité consacre un article aux troubles anormaux de voisinage conçus comme un fait générateur de responsabilité[118]. Ainsi, en

---

[115] C. A. Paris, 30 mars 2010, *préc.*

[116] Y. JEGOUZO (dir.), *rapport préc.*, p. 20.

[117] F.-G. TREBULLE, *art. préc.*, n° 8.

[118] Selon 1244 du projet de réforme de la responsabilité civile, « *Le propriétaire, le locataire, le bénéficiaire d'un titre ayant pour objet principal de l'autoriser à occuper ou à exploiter un fonds, le maître d'ouvrage ou celui qui en exerce les pouvoirs, qui provoque un trouble excédant les inconvénients normaux de voisinage, répond de plein droit du dommage résultant de ce trouble. Lorsqu'une activité dommageable a été autorisée par voie administrative, le juge peut cependant*

puisant dans une expérience jurisprudentielle acquise et systématisée de longue date, la réparation du préjudice écologique y aurait assurément gagné en certitude et en netteté. Si tel n'a pas été le choix du législateur, l'on ne peut néanmoins que se féliciter de ce qu'il se soit détourné de l'expression, un temps envisagée, d'« *atteinte grave et durable* ». Celle-ci aurait à l'évidence eu un effet dévastateur, tant elle aurait témoigné de la sévérité avec laquelle la réparation du préjudice aurait été appréciée devant les tribunaux. Le préjudice écologique aurait subi les mêmes foudres d'une critique déjà formulée à l'encontre des articles L. 161-1 et suivants du Code de l'environnement[119], textes qui instituent des mesures de police administrative de réparation des dommages à l'environnement, et dont la complexité et le cantonnement aux atteintes les plus graves ont d'ores et déjà fait la preuve de sa très discutable efficacité. L'on souhaite aux articles 1246 et suivants du Code civil de ne pas connaître le même sort funeste.

La dépersonnalisation du préjudice. C'est un truisme de dire que, dans une conception classique de la responsabilité civile, le préjudice réparable s'entend du préjudice personnel[120]. Une telle évidence, qui confinerait à la lapalissade, repose sur l'idée, *a priori* de bon sens, selon laquelle le préjudice suppose nécessairement la lésion des intérêts d'un sujet de droit, qu'il soit personne physique ou morale. Pour académique qu'elle soit, cette perception du préjudice ne recouvre plus désormais la réalité juridique dès l'instant où, et en dehors même de toute considération procédurale, il est question d'environnement. En effet, lorsque la Chambre criminelle en septembre 2012 et en mars 2016 affirme que le préjudice écologique « *consiste en l'atteinte directe ou indirecte portée à l'environnement et découlant de l'infraction* », lorsque que le législateur prend le relai en consacrant la notion au sein du Code civil, c'est spécifiquement le préjudice écologique qualifié de « *pur* » par la doctrine qui est

---

accorder des dommages et intérêts ou ordonner les mesures raisonnables permettant de faire cesser le trouble ».

119 Cette réglementation est issue de la loi n° 2008-757 du 1er août 2008 relative à la responsabilité environnementale et à diverses dispositions d'adaptation au droit communautaire dans le domaine de l'environnement, JORF du 2 août 2008, p. 12361. V° *infra* sur la combinaison de ces dispositions avec les articles 1246 et suivantes du Code civil.

120 P. BRUN, *op. cit.*, n° 199.

accueilli par le droit. Le préjudice écologique pur s'entend de celui causé aux éléments naturels en tant que tels, indépendamment de ses répercussions sur l'être humain, et ce par opposition au préjudice écologique « *dérivé* », à l'atteinte à la personne ou aux biens, résultant de l'atteinte environnementale, et qui demeure soumis au droit commun. Une telle distinction « *établie en fonction d'une logique séquentielle* »[121] repose sur l'idée que, en dépit de son absence de personnalité juridique, la nature, l'écosystème pour reprendre l'expression du législateur de 2016, est apte à subir une atteinte. Si la perspective d'une reconnaissance de la qualité de sujet de droit aux éléments naturels est encore pour l'heure une chimère, si « *le paradigme de la domination de l'homme sur la nature est* [à ce jour] *si fort* » que « *le renforcement de la protection de l'environnement passe par la reconnaissance de droits et devoirs environnementaux humains et non par la création de nouveaux sujets de droit et droits subjectifs en découlant* »[122], la loi biodiversité a cependant affirmé avec la plus grande des forces que la nature était bel et bien un intérêt digne de protection. Si elle a pu le faire, c'est parce que le texte de loi, soutenu par une jurisprudence antérieure concordante, a su s'affranchir de la condition traditionnelle du préjudice personnellement subi par une victime, et ce afin de prendre en considération les atteintes à l'environnement. Véritable « *révolution des idées* »[123] ou simple consécration d'un préjudice collectif d'un genre nouveau ? L'on serait tenté de retenir la première proposition, au vu d'un mouvement d'écologisation du préjudice à ce point prononcé qu'il en bouleverse les conditions les plus élémentaires de la responsabilité civile et qui, l'avenir le dira, semble apte à procurer à la matière un nouvel essor. Le préjudice écologique pur, ce « *préjudice sans autre victime que la nature* »[124], concrétise l'idée d'un préjudice privé de son aspect subjectif et personnel et, substantiellement, permet au droit de la responsabilité civile d'appréhender cette nouvelle

---

[121] V. RAVIT, O. SUTTERLIN, *Réflexions sur le destin du préjudice écologique* « pur », *chron. préc.*

[122] M. HAUTEREAU-BOUTONNET, *Faut-il accorder la personnalité juridique à la nature ?*, D. 2017, 1040. L'auteur prend certains exemples intéressants issus de droits étrangers qui, franchissant le pas, ont reconnu la qualité de sujet de droit à certains éléments naturels.

[123] P. BRUN, *op. cit.*, n° 202.

[124] P. JOURDAIN, *Consécration par la Cour de cassation du préjudice écologique*, obs. préc.

notion, fût-elle conçue de façon purement objective[125]. Nul n'est plus besoin en la matière de cet « *autrui* » de l'article 1240 du Code civil qui, lorsqu'il subit un dommage, peut prétendre à réparation.

L'inutile recours à la notion de préjudice moral. Cette reconnaissance d'un préjudice écologique affranchi de toute subjectivité permet avec bonheur de se libérer d'une tendance jurisprudentielle laquelle, aux fins d'indemnisation d'un préjudice qui était encore alors méconnu et mal perçu, se retranchait parfois derrière le préjudice moral subi par les associations de défense de l'environnement. Dans le silence des textes, l'objectif de ces décisions était de ne pas laisser croire que l'environnement pouvait être détruit sans conséquences[126]. Si de telles décisions avaient certes le mérite d'exister, la rigueur juridique cédait alors devant la volonté d'indemnisation. Il faut néanmoins bien reconnaitre que le préjudice moral semblait particulièrement bien adapté à l'exercice, tant il constitue une « *catégorie fourre-tout, une cote mal taillée source d'imprévisibilité et d'insécurité juridique* »[127] qui abonde devant les tribunaux, qui prolifère, pour ne pas dire qui se « *désintègre* »[128]. L'inconvénient en était une interprétation judiciaire à géométrie variable et une réparation fluctuante d'un préjudice qui, en dernière analyse et au vu de la réalité des dégradations des écosystèmes, n'a précisément rien de moral[129]. L'écologisation du préjudice et sa dépersonnalisation subséquente permettent en cela de pallier l'écueil d'un recours aux figures habituelles de la responsabilité civile et d'une utilisation discutable des notions aussi traditionnelles que celle de préjudice moral.

---

[125] V° L. NEYRET, *Atteintes au vivant et responsabilité civile*, LGDJ 2006, préf. C. THIBIERGE.

[126] V° sur ce point L. NEYRET et G. MARTIN (dir.), *Nomenclature des préjudices environnementaux*, LGDJ, coll. Droit des affaires, 2012, p. 313 et s. et le remarquable recueil de décisions du fond relatives au dommage environnemental.

[127] Y. JEGOUZO (dir.), *Rapport préc.*, p. 21.

[128] J. KNETSCH, *La désintégration du préjudice moral*, D. 2015, p. 413.

[129] V° sur ce point F.-G. TREBULLE, *art. préc.*, n° 2.

B. Une action en justice dédiée

La titularité du droit d'action. De cette dépersonnalisation du préjudice s'ensuit une nécessaire attribution du droit d'agir en justice pour obtenir réparation du préjudice écologique. L'environnement ne pouvant saisir le juge quand bien même il est la seule victime de l'atteinte, le législateur a dû tirer les conséquences de sa propre consécration du préjudice écologique pur et, partant, se pencher sur la question de la titularité du droit d'action. Ce faisant, il a pris le parti de proposer une liste des personnes titulaires du droit d'agir. Le droit est familier d'une telle circonscription du droit d'action laquelle, dans le cas présent, ne représente pas tant une nouvelle marque de l'écologisation du préjudice qu'une conséquence de ce mouvement et de l'accueil du préjudice écologique par le Code civil. Tel est ainsi l'objet de l'article 1248 du Code civil. Appliquant à titre liminaire la règle procédurale de droit commun issue de l'article 31 du Code de procédure civile à la matière, l'article 1248 du Code civil dispose que : « *L'action en réparation du préjudice écologique est ouverte à toute personne ayant qualité et intérêt à agir* ». Le texte poursuit en dressant une liste non limitative de certains titulaires du droit d'agir, spécialement désignés : « *l'État, l'Agence française pour la biodiversité, les collectivités territoriales et leurs groupements dont le territoire est concerné, ainsi que les établissements publics et les associations agréées ou créées depuis au moins cinq ans à la date d'introduction de l'instance qui ont pour objet la protection de la nature et la défense de l'environnement* ». L'on ne peut que s'étonner de ce que le législateur n'ait pas sur ce point renvoyé aux dispositions du Code de l'environnement, dont l'article L 132-1 alinéa 1er permet à certaines agences ou offices d'exercer « *les droits reconnus à la partie civile en ce qui concerne les faits portant un préjudice direct ou indirect aux intérêts qu'ils ont pour objet de défendre et constituant une infraction aux dispositions législatives relatives à la protection de la nature et de l'environnement* (…) »[130]. Peut-être faut-il voir dans

---

[130] Sont spécialement visés par le texte « *L'Agence de l'environnement et de la maîtrise de l'énergie, l'Office national des forêts, le Conservatoire de l'espace littoral et des rivages lacustres, l'Agence française pour la biodiversité, les agences de l'eau, l'Office national de la chasse et de la faune sauvage, le Centre des monuments nationaux et l'Agence nationale pour la gestion des déchets radioactifs* »

cette absence de référence au droit spécial de l'environnement une volonté législative de ne pas atténuer la solennité de sa consécration du préjudice écologique et d'en conserver le privilège au seul Code civil. Quelles qu'en soient les raisons, il convient cependant de minimiser l'importance de ce silence, puisqu'il ne fait guère de doute qu'il « *est bien dans l'esprit du texte qu'a minima ces structures puissent être regardées comme ayant qualité et intérêt à agir en réparation du préjudice écologique* »[131]. Probablement plus essentielle est la question de savoir si l'article 1248 du Code civil est effectivement la disposition en trompe-l'œil que l'on imagine qui, se refusant de déterminer les titulaires du droit d'agir de façon exhaustive, ne se bornerait qu'à en désigner certains titulaires privilégiés, en renvoyant pour le surplus au droit commun de l'article 31 du Code de procédure civile. Un auteur s'est en effet interrogé sur la « *possibilité de soutenir qu'en réalité, ce sont avant tout les titulaires privilégiés désignés par le texte qui pourraient bénéficier de la réparation du préjudice écologique, les autres demandeurs ne disposant vraisemblablement pas, en l'état de la jurisprudence actuelle, de la qualité et de l'intérêt pour obtenir une telle réparation* »[132]. Pourtant, il ne fait guère de doute que l'esprit de la loi consiste bien en une approche extensive du droit d'action en réparation du préjudice écologique, approche qui laissera à l'avenir une large place à l'action associative[133], voire individuelle[134]. Si l'action associative est en effet de longue date accueillie

---

ainsi que, aux termes de l'alinéa 3, « *Les chambres d'agriculture, les parcs naturels régionaux, le Centre national de la propriété forestière* ».

[131] F.-G. TREBULLE, *art. préc.*, n° 9.

[132] M. MEMLOUK, *La loi n° 2016-1087 du 8 août 2016 et la réparation du préjudice écologique*, BDEI 1er novembre 2016, n° 65.

[133] Nul doute en effet que les juridictions accueilleront avec la plus grande bienveillance l'action des associations, quand bien même ces dernières n'obéiraient pas à la condition expressément posée par l'article 1248 du Code civil d'un agrément ou d'une création depuis cinq ans au moins à compter de l'introduction de l'instance. Il leur suffira alors d'admettre qu'elles satisfont aux exigences de la qualité et de l'intérêt à agir, Les articles L 141-1 et suivants et les articles L 142-1 et suivants du Code de l'environnement procurent déjà une illustration flagrante de la faveur avec laquelle le législateur envisage l'action associative en matière environnementale.

[134] On imagine aisément qu'un professionnel travaillant en lien avec l'environnement puisse avoir un intérêt à agir sur le fondement des articles 1246 et suivants du Code civil.

favorablement par la jurisprudence[135], l'article 1248 du Code civil offre désormais la possibilité à tout à chacun de se prévaloir de la lésion d'un intérêt collectif, dès l'instant où la condition de droit commun de l'intérêt légitime au succès de la prétention est rapportée.

Justice inefficace et réparation irrationnelle. L'« *éparpillement* »[136] des actions en justice engendre leur inefficacité et il est à craindre que l'action en réparation du préjudice écologique n'illustre malheureusement ce propos. De prime abord, l'on peut se féliciter que le législateur n'ait pas enfermé les titulaires du droit d'action dans une liste limitative. En optant pour une approche extensive de l'action, la loi a ouvert la voie à ce qu'un grand nombre puisse saisir le juge en réparation d'un préjudice dont le caractère objectif et collectif prend alors tout son sens. La lésion d'un intérêt par essence collectif impliquerait alors avec raison que l'action en réparation soit ouverte de façon très étendue. Une fois ce constat opéré, l'on regrette cependant aussitôt que le législateur n'ait pas pris le soin de lever certains écueils dont la concrétisation à venir semble, sinon acquise, au moins probable. En effet, le caractère collectif du préjudice écologique implique que celui-ci puisse être ressenti, subi, en divers territoires, à divers degrés, et que diverses personnes soient toutes fondées juridiquement à en solliciter la réparation, une fois opéré l'examen de la conformité de leur action avec l'article 31 du Code de procédure civile ensemble l'article 1248 du Code civil. Mais alors le problème est double et concerne tant l'hypothèse du cumul d'actions en réparation d'un même préjudice que la problématique de l'identification des maîtres d'œuvre de la réparation.

La dispersion des actions en justice. « *La pluralité de recours ne devrait assurément pas nourrir un contentieux désordonné aboutissant à des mesures atomisées de réparation dépourvues de cohérence écologique ou incompatibles avec le principe de réparation*

---

135 Civ. 2ème, 7 décembre 2006, JCP éd. G, II, 10020, note B. PARANCE, RTD civ. 2008, 305, obs. P. JOURDAIN. L'arrêt indique que les associations de protection de l'environnement peuvent agir en réparation de l'atteinte à l'intérêt collectif qu'elles ont pour objet de défendre, non seulement devant les juridictions répressives, mais aussi devant les juridictions civiles.

136 Y. JEGOUZO (dir.), *rapport préc.*, p. 24.

intégrale »[137]. Il s'agit effectivement là d'un risque majeur d'une justice inefficace et d'une réparation irrationnelle que de laisser un même préjudice écologique pur faire l'objet d'une multitude d'actions en justice non coordonnées ou harmonisées entre elles. Imagine-t-on en effet une pluralité d'actions en justice, intentées par divers demandeurs qui, sollicitant la réparation d'un même préjudice écologique, saisissent simultanément ou successivement la justice jusqu'à ce qu'elle leur donne enfin gain de cause ? Pour protectrice de l'environnement qu'elle soit, cette situation apparait en contradiction frontale avec la sécurité juridique la plus élémentaire, dès l'instant où l'échec d'une demande précédente ne constituerait pas un obstacle à l'introduction d'une nouvelle demande, par un autre plaideur[138]. Or, la notion d'autorité de la chose jugée des articles 480 du Code de procédure civile et 1351 du Code civil semble bien impuissante à résoudre la difficulté puisque, dans le cas présent, l'absence de triple identité de parties, de cause et d'objet ferait obstacle à ce que l'on puisse considérer qu'une décision obtenue par un premier demandeur revêtît l'autorité de la chose jugée à l'égard des demandeurs ultérieurs. Au final, et puisque le législateur n'a pas pris le soin de préciser que l'action en justice devrait être subordonnée à l'absence de réparation dans le cadre d'une action précédente, il ne reste plus que l'article 1249 alinéa 3 du Code civil pour juguler le risque engendré par une dispersion des actions en justice. Celui-ci dispose que « *L'évaluation du préjudice tient compte, le cas échéant, des mesures de réparation déjà intervenues, en particulier dans le cadre de la mise en œuvre du titre VI du livre Ier du code de l'environnement* ». Il convient de remarquer cependant que, prise à la lettre, cette disposition ne vise que la question de l'évaluation du préjudice, et non celle de la succession de demandes en justice destinées à obtenir une telle indemnisation en nature ou en argent[139]. Doit-on alors craindre que cet écueil puisse aller jusqu'à « *desservir la réparation du préjudice écologique* » et que le nouveau dispositif soit davantage « *assimilable à un mécanisme punitif visant à sanctionner les pollueurs qu'à un véritable mécanisme de réparation du préjudice écologique* »[140] ? Doit-on pareillement redouter que, conscient de cette difficulté, le juge n'accorde qu'une

---

[137] Rapport de l'Association des professionnels du contentieux économique et financier (APCEF), *La réparation du préjudice écologique en pratique*, 2016, p. 32.
[138] Y. JEGOUZO (dir.), *rapport préc.*, p. 30.
[139] V° *infra*.
[140] M. MEMLOUK, *art préc.*

réparation symbolique, fort éloignée du préjudice écologique réellement causé ? A l'évidence, les prémisses d'une telle perspective sont réunies et, si le risque d'une justice inefficace et d'une réparation irrationnelle devait se réaliser, il appartiendra au législateur de dépasser cette pierre d'achoppement et de proposer une solution en conformité avec l'objectif initial de la réglementation. Les moyens d'y parvenir lui ont d'ores et déjà été soumis.

Demandeur à l'action et maître d'œuvre de la réparation. Les conséquences de cet éparpillement des actions en justice se voient aggravées par une autre carence du dispositif légal. Le silence de la loi biodiversité et du Code civil est en effet assourdissant lorsqu'il est question d'opérer une distinction entre les titulaires du droit d'agir d'une part, et les maîtres d'œuvre de la réparation du préjudice écologique d'autre part. « *Le problème ne provient pas tant ni seulement de ce que plusieurs actions puissent être intentées parallèlement voire successivement en réparation du même préjudice écologique ; il procède également voire surtout du fait que tous les demandeurs soient fondés, d'un côté, à solliciter la réparation d'un unique préjudice écologique sans que leurs actions respectives soient suffisamment coordonnées et, de l'autre, à mettre en œuvre la réparation des éléments naturels endommagés (ou à recevoir le cas échéant les sommes nécessaires pour ce faire)* »[141]. Une telle dualité, pour prudente et raisonnable qu'elle eût été, a été ignorée par la loi, alors qu'elle aurait permis d'éviter nombre d'écueils. Cette distinction repose pourtant sur une idée de bon sens qui consiste à relever qu'une chose est de se voir reconnaitre le droit de solliciter la réparation du préjudice écologique devant le juge, une autre chose devrait être de recueillir les fruits de l'action judiciaire et, soit de conduire des opérations de remise en l'état, soit de percevoir des sommes destinées à réparer le préjudice subi[142]. Une telle mission suppose à l'évidence des compétences techniques et scientifiques d'envergure, ainsi qu'une excellente connaissance des territoires, ce qui n'est par définition l'apanage que de quelques-uns[143]. Autrement dit, la recevabilité à

---

[141] Rapport de l'APCEF, p. 32.

[142] V° *infra* sur les modalités de réparation du préjudice écologique.

[143] La qualité de maître d'œuvre de la réparation ne saurait s'enfermer *a priori* dans aucun carcan procédural ni être soumise aux mêmes restrictions que la détermination des titulaires de l'action en justice. Ainsi, rien n'empêcherait de considérer que le demandeur, le défendeur, ou encore un tiers puissent revêtir cette

saisir la justice en vue d'obtenir la réparation de l'atteinte à un intérêt collectif ne devrait pas *ipso facto* engendrer la qualité à mettre en œuvre les mesures de réparation prescrites dans l'hypothèse d'un succès de l'action. Un énoncé clair de cette dualité, et la restriction corrélative du spectre les maîtres d'œuvre de la réparation, permettrait de dissiper, au moins pour partie, la difficulté précédemment évoquée qui dérive de la pluralité d'actions en justice. Il y a en effet lieu de penser que la plupart des demandeurs en justice lient les deux aspects de la question, et considèrent que l'accueil de leurs prétentions sur le fond implique nécessairement leur légitimité à assumer les mesures de réparation du préjudice. La loi leur donne pour l'heure raison. Cependant, réserver l'exécution des mesures judiciaires de réparation du préjudice aux seuls demandeurs qui rapporteraient la preuve de leurs compétences pour ce faire permettrait probablement en amont de rationaliser l'accès au juge, en limitant sensiblement les hypothèses de cumul ou de succession d'actions. En matière environnementale comme dans d'autres, l'on est d'autant moins tenté de saisir le juge si l'on sait que l'on ne recueillera pas personnellement les fruits de l'action en justice. Une telle rationalisation ne nuirait assurément pas à la réparation du préjudice écologique. Seulement, elle aboutirait en pratique à une superposition des qualités de demandeur et d'acteur de la réparation sur une même personne, dont le bien-fondé à entreprendre le volet judiciaire se conjugue à la compétence à accomplir le volet indemnitaire.

Conclusion intermédiaire. Au final, il est manifeste que la loi biodiversité a accompli une œuvre créatrice d'ampleur en aménageant le droit de la responsabilité civile et, plus précisément, en assouplissant considérablement les conditions de sa mise en œuvre afin d'accueillir le préjudice écologique. La prise en considération de l'impératif de protection de l'environnement a conduit le législateur à infléchir les mécanismes civilistes traditionnels en proposant une vision renouvelée du préjudice, de ce préjudice qui, dès lors qu'il est qualifié d'« *écologique* », en devient objectif et collectif. Si l'incarnation de ce mouvement d'écologisation du préjudice réside certainement dans sa propre dépersonnalisation, les autres apports de la réglementation ne doivent néanmoins pas être passés sous silence. Il

---

fonction, dès lors que sa désignation résulte de l'accord des parties au litige ou de l'office du juge.

est en effet notable que la mise en œuvre d'une action judiciaire dédiée à la réparation du préjudice écologique, pour perfectible qu'elle soit, a le mérite de révéler tout l'intérêt du législateur pour la concrétisation judiciaire du dispositif. Dans le même temps, et parce qu'agencer les conditions de mise en œuvre de la responsabilité n'est en soi pas suffisant, la loi biodiversité a su aussi adapter le droit civil de la réparation du préjudice. Le Code civil propose ainsi un régime spécial d'indemnisation cohérent et complet, qui s'étend de la prise en considération de la lésion d'un intérêt collectif jusqu'à la mise en œuvre de la réparation. D'ailleurs, cette question de la réparation du préjudice écologique est considérée à ce point essentielle dans l'esprit de la loi qu'elle en constitue l'intitulé du Chapitre III qui, à le lire, lui serait tout entier consacré. Le mouvement d'écologisation du préjudice en devient à ce point irradiant que, loin d'être restreint aux strictes conditions de mise en œuvre de la responsabilité, il s'étend aux modalités de la réparation.

II. L'écologisation du préjudice et l'adaptation des modalités de la réparation

Mesures élémentaires et mesures complémentaires. Accueillir le préjudice écologique au sein du Code civil implique non seulement un réel infléchissement des conditions de mise en œuvre de la responsabilité mais aussi, peut-être même surtout, l'énoncé de solutions aptes à assurer une réparation la plus effective possible de l'atteinte environnementale. Véritable enjeu de la loi biodiversité, puisque c'est sous cet angle que l'intérêt du texte sera de prime abord évalué, la problématique de la réparation du préjudice écologique suppose que soient adoptées des mesures élémentaires, des solutions de principe gouvernant le régime juridique de la réparation (A), ainsi que certaines mesures complémentaires (B), plus techniques, destinées à seconder et parachever les premières.

A. Les mesures élémentaires

Un principe de réparation en nature. A l'instar du projet de réforme de la responsabilité civile et de ses articles 1260 et suivants relatifs à la réparation en nature[144], et ce même s'il n'en reprend pas la substance, l'article 1249 alinéa 1er du Code civil aborde la notion et précise que « *la réparation du préjudice écologique s'effectue par priorité en nature* ». C'est dire que, en matière environnementale, la volonté législative est, en quelque sorte, de revenir aux fondamentaux et de restituer à la responsabilité civile sa « *pleine dimension réparatrice et non simplement indemnitaire, l'indemnité ne pouvant refléter qu'imparfaitement la perte* »[145]. Si le propre de la responsabilité civile est « *de faire croire que le paradis perdu sera retrouvé* » au moyen d'une fiction juridique tendant à « *effacer le dommage* »[146] d'ores et déjà réalisé, cette affirmation est d'autant plus vraie s'agissant du préjudice écologique, dont la réparation doit permettre de restaurer l'environnement, et non d'indemniser une victime. Dans la droite lignée de l'article 1261 alinéa 3 du projet de réforme de la responsabilité civile[147], ce principe de réparation en nature, quand bien même l'article 1249 du Code civil ne le précise pas, devrait permettre au juge d'ordonner une mesure de réparation, notamment en autorisant le demandeur à prendre lui-même les mesures adéquates aux frais du responsable, ce dernier pouvant alors être condamné à faire l'avance des sommes nécessaires. Cette disposition est donc très symbolique et n'est pas sans évoquer les solutions préconisées par l'article L 162-9 du Code de l'environnement, qui vise à singulariser les mesures de réparation

---

[144] Au sein d'un nouveau Chapitre IV relatif aux effets de la responsabilité, l'article 1260 du projet ouvre une sous-section I relative à « *La réparation en nature* » et dispose que « *La réparation en nature doit être spécifiquement propre à supprimer, réduire ou compenser le dommage* ».

[145] F.-G. TREBULLE, *art. préc.*, n° 13.

[146] P. LE TOURNEAU, *Responsabilité (en général)*, Rép. civ., Dalloz, mai 2018, n°10.

[147] L'article 1261 dispose que « *La réparation en nature ne peut être imposée à la victime. Elle ne peut non plus être ordonnée en cas d'impossibilité ou de disproportion manifeste entre son coût pour le responsable et son intérêt pour la victime. Sous les mêmes réserves, le juge peut également autoriser la victime à prendre elle-même les mesures de réparation en nature aux frais du responsable. Celui-ci peut être condamné à faire l'avance des sommes nécessaires* ».

primaire, complémentaire et compensatoire[148]. Probablement conscient de l'inadéquation à reprendre cet énoncé marqué du sceau du droit spécial de l'environnement au sein même du Code civil, le législateur a, sans doute avec raison, préféré emprunter une voie plus familière et a choisi de n'opérer aucune distinction en la matière. Certes, la tradition rédactionnelle du Code civil est sauve. Mais le risque consiste alors à voir le juge quelque peu désemparé et isolé lorsqu'il ordonne une mesure de réparation en nature, le Code civil ne fournissant sur ce point aucune directive qui guiderait le travail judiciaire. De surcroit, ce désarroi du juge trouverait à se poursuivre lorsque, une fois la mesure de réparation en nature prononcée, il s'agirait pour lui de veiller à sa bonne exécution. Pas plus sur cette question que sur la précédente, le législateur a cru bon de suivre les propositions faites en systématisant l'intervention en la matière de la Haute Autorité environnementale ou du Fonds de réparation environnementale, alors pourtant que ces structures disposeraient des moyens adaptés pour veiller à la bonne exécution de la mesure de réparation ordonnée par le juge[149]. Les clés de compréhension d'une atteinte à la biodiversité ne se résument pourtant pas à une dimension purement juridique. Par conséquent, et dans le silence des textes, il ne reste plus qu'à espérer que l'effort attendu de spécialisation des

---

[148] Aux termes de ce teste, « *La réparation primaire désigne toute mesure par laquelle les ressources naturelles et leurs services* (...) *retournent à leur état initial ou s'en approchent* ». Les mesures de réparation complémentaires visent la fourniture d'« *un niveau de ressources naturelles ou de services comparable à celui qui aurait été fourni si le site avait été rétabli dans son état initial* ». Enfin, des « *mesures de réparation compensatoire doivent compenser les pertes intermédiaires de ressources naturelles ou de services survenant entre le dommage et la date à laquelle la réparation primaire ou complémentaire a produit son effet. Elles peuvent être mises en œuvre sur un autre site et ne peuvent se traduire par une compensation financière* ».

[149] Y. JEGOUZO (dir.), *rapport préc.*, p. 47. Pourtant, a été « *très largement passée sous silence* » la préconisation consistant à « *proposer la constitution d'une Haute autorité environnementale qui aurait eu, notamment, pour mission d'évaluer et de contrôler les évaluations environnementales, de garantir la mise en œuvre et le respect des principes d'information et de participation, de suivre, d'actualiser et d'assurer le contrôle aval des opérations et décisions ayant un impact sur l'environnement, mais aussi de surveiller les atteintes à l'environnement par le constat des préjudices écologiques, la réalisation et la supervision des expertises, et la saisine du juge de la réparation* ». V° G. J. MARTIN, *Réflexions autour du nouveau régime de réparation du préjudice écologique introduit dans le Code civil par la loi* « biodiversité », *in Liber amicorum, Mélanges en l'honneur de François Collart Dutilleul*, Dalloz, 2017, 512.

magistrats en matière environnementale[150] saura aplanir ces difficultés, et fournir au juge les éléments lui permettant d'assurer un contrôle efficace de la réparation en nature qu'il aura lui-même ordonnée. De ce qui précède, l'on pourrait prétendre que l'affirmation d'une réparation en nature de principe se soldera, en définitive et à l'avenir, par un recours fréquent à la réparation par équivalent. L'écart entre la simple crainte et l'affirmation péremptoire est cependant grand et, pour l'heure, il parait plus prudent de ne pas franchir le pas. En effet, au vu de l'article 1249 du Code civil et de sa formulation impérieuse, il semble que ce texte rompe bel et bien avec le principe de l'appréciation souveraine du juge dans le choix du mode de réparation[151] et, partant, déroge à une certaine pratique judiciaire qui privilégiait une réparation par équivalent, en dépit du caractère collectif de l'atteinte[152]. L'allocation de dommages et intérêts recouvrerait alors sa véritable fonction subsidiaire et serait réservée aux cas expressément visés par la loi[153]. Il s'agit là, une nouvelle fois, d'un élément particulièrement fort et révélateur de l'écologisation du préjudice qui, s'affranchissant du droit commun de la responsabilité civile, s'invite en quelque sorte dans les principes gouvernant sa réparation. La fin justifie là encore les moyens, et l'impérieuse nécessité de réparer correctement, en nature, les atteintes à la biodiversité prend le pas sur la volonté de ne pas bouleverser les traditions juridiques.

Des dommages et intérêts affectés à la réparation de l'environnement. En matière de préjudice écologique, priorité absolue doit ainsi être réservée à la réparation en nature. La lecture de l'article 1249 du Code civil enseigne en effet que la réparation par équivalent du préjudice écologique n'a, *a priori*, guère un avenir florissant. Resserrée par l'article 1249 alinéa 2 du Code civil aux « *cas d'impossibilité de droit ou de fait ou d'insuffisance des mesures de réparation* », il semble que l'indemnisation pécuniaire fasse figure de dernier recours et revête pour l'heure des contours incertains, dans l'attente du contentieux à venir qui précisera ce qu'il faut entendre par ces hypothèses d'impossibilité ou d'insuffisance. Envisagée *a minima*,

---

[150] V° *infra*.

[151] V° notamment sur ce point Cass. Civ. 1ère, 28 avril 1986, Bull. Civ. I, n° 107 ; Cass. Civ. 3ème, 10 janvier 1990, Bull. Civ. III, n° 6.

[152] V° en ce sens, L. NEYRET, *art. préc.*

[153] V° *infra*.

l'impossibilité de droit visera certainement les situations dans lesquelles les mesures de réparation en nature se heurteraient à l'octroi antérieur d'une autorisation administrative ou aux cas d'atteintes disproportionnées aux droits d'autrui[154]. Quant à l'impossibilité de fait, elle se réfèrera au dommage irréversible, celui qui ne saurait être compensé en nature[155]. Le cantonnement de la réparation par équivalent à ces hypothèses, dont l'avenir dira si elles sont appréciées avec rigueur ou élasticité par la jurisprudence, n'est pourtant pas la seule innovation de la loi biodiversité et de l'article 1249 du Code civil. Rompant frontalement avec le droit commun[156] et avec le principe de libre disposition des dommages et intérêts encore repris par l'article 1264 du projet de réforme de la responsabilité civile[157], le texte précise que l'indemnisation versée en réparation du préjudice écologique doit être « *affecté*[e] *à la réparation de l'environnement* ». L'article 1250 du Code civil de préciser qu'il en est de même en cas de liquidation d'une astreinte. Sans nul doute, le principe de libre disposition de l'indemnité doit-il être affirmé avec la plus grande des fermetés en droit commun et, notamment, s'agissant du préjudice corporel. Sans nul doute, en revanche, la « *conscience commune* » serait heurtée si « *l'atteinte à des biens communs* [pouvait] *se résoudre par l'attribution de dommages et intérêts à une association ou à une personne publique, sans égard pour l'usage qu'elles en feraient* »[158]. L'écologisation du préjudice et la prise en considération de son caractère éminemment collectif impliquent donc, à nouveau, de revenir sur un acquis du droit de la responsabilité civile. Au vrai, cette affectation des dommages et intérêts s'imposait au législateur, tant l'idée qu'il n'existe « *nulle place pour l'aubaine ou l'enrichissement de celui qui agit* »[159] est profondément ancrée dans les esprits en matière environnementale[160]. Il faut cependant lui reconnaitre d'avoir

---

[154] L. NEYRET, *art. préc.,* pour l'exemple d'une grave violation du droit de propriété liée à la mise en œuvre de mesures de remise en l'état.

[155] M. MEMLOUK, *art préc.,* pour l'exemple de la disparition totale d'une espèce.

[156] D. TAPINOS, *Le principe de libre disposition des indemnités*, G.P. 15 mars 2016, 66 et s.

[157] Selon ce texte, « *La victime est libre de disposer des sommes allouées* ».

[158] G. J. MARTIN, *art préc.*

[159] F.-G. TREBULLE, *art. préc.*, n° 14.

[160] V° déjà C. HERMON, *La réparation du dommage écologique – Les perspectives ouvertes par la directive du 21 avril 2004*, AJDA 4 octobre 2004, 1792 ; A. GANOAC'H, *Réparation du dommage écologique dans le droit de l'eau*, RDR 2000, 42.

su écouter sur ce point les préconisations unanimes de la doctrine et des divers groupes de travail, et d'avoir pris le parti d'adapter le droit civil aux fins de protection de l'environnement et de réparation efficace du préjudice écologique.

La source d'un contentieux. Pour louable et éclairée qu'elle soit, cette démarche législative est cependant susceptible de nourrir un important contentieux à venir, sitôt apportée la précision par l'article 1249 du Code civil que les dommages et intérêts seront versés « *au demandeur ou, si celui-ci ne peut prendre les mesures utiles à cette fin, à l'Etat* ». Si cette allocation des dommages et intérêts au demandeur ne pose aucune difficulté de principe, il en va différemment lorsque la compétence de celui-ci à « *prendre les mesures utiles* » sera sujette à caution et l'objet d'un débat judiciaire. A l'évidence, cette question ne soulèvera pas l'enthousiasme des plaideurs lorsqu'une association nationale de défense de l'environnement ou toute autre personne expressément visée par l'article 1248 du Code civil se verra allouer une indemnité. Les compétences techniques des titulaires du droit d'action spécialement désignés par la loi ne souffrent en effet guère de contestation, et ceux-ci apparaissent tout à fait à même d'adopter les mesures de réparation adéquates à l'aide des sommes octroyées. En revanche, la complexité de la matière, conjuguée à la nécessité d'une bonne connaissance des contextes locaux, devrait probablement fermer toute possibilité d'allouer une indemnité aux particuliers ou, plus largement, à ceux des demandeurs dont les compétences techniques et scientifiques semblent insuffisantes pour correctement réparer le préjudice écologique. Dans ces conditions, il y a tout lieu de penser que la capacité de certains demandeurs fera l'objet d'un abondant contentieux, tant il semble commun dans les esprits de lier l'accueil de sa prétention sur le fond à sa propre légitimité à assumer les mesures de réparation du préjudice[161]. Tel n'est pourtant pas le cas s'agissant du préjudice écologique. Il sera ainsi sûrement bien délicat de dégager les traits saillants et les tendances jurisprudentielles sur ce point, tant les espèces recèleront leurs propres spécificités individuelles, locales, techniques et scientifiques, et commanderont une appréciation *in concreto*. Si cette difficulté est bien réelle, elle ne doit en revanche pas occulter tout l'intérêt de la réglementation, qu'il s'agisse de la priorité

[161] V° *supra* sur la titularité de l'action en justice.

donnée à la réparation en nature ou de l'affectation des dommages et intérêts à la réparation du préjudice. La loi biodiversité a ainsi eu le mérite de jeter les bases d'une pleine prise de conscience de la nécessité de réparer le préjudice écologique en nature, et le plus efficacement possible. L'énoncé de certains écueils à venir ne saurait donc prendre l'ascendant sur cet acquis. Au-delà de cette consécration solennelle et des principes énoncés dans le Code civil, il convient désormais d'en étudier l'efficiente par l'intermédiaire de mesures concrètes et pérennes, mesures peut-être plus techniques que fondamentales, et qui prennent place aux côtés des principes posés par le Code civil.

B. Les mesures complémentaires

Un juge spécialisé éclairé par l'expertise. Si l'affirmation de la priorité donnée à la réparation en nature semble tout à fait adéquate sur le plan des principes, si le caractère subsidiaire de la réparation par équivalent et l'affectation des dommages et intérêts à la réparation de l'atteinte à la biodiversité le sont tout autant, ces deux aspects de la réglementation ne seront efficaces et satisfaisants que si, en amont, est accompli un véritable travail de fond relatif à la formation des magistrats, tant du siège que du parquet, susceptibles d'intervenir en la matière. A la gravité pratique de la question renvoie l'ampleur de la tâche à mener, tant les problématiques environnementales abordées sont éminemment complexes et techniques. *« Tous les spécialistes relèvent la complexité du fonctionnement du vivant, la difficulté à en comprendre les mécanismes et, par-là, le risque de voir le juge, insuffisamment éclairé, oublier certains chefs de préjudices ou, au contraire, retenir deux fois le même préjudice sous des appellations différentes »*[162]. Or, des propositions ont d'ores et déjà été formulées[163] pour ne pas laisser le juge statuant en la matière dans un désarroi qui, s'il est pour l'heure compréhensible, n'en demeure pas moins malséant. Qu'il s'agisse de développer la formation environnementale des magistrats, de promouvoir l'organisation d'audiences dédiées au contentieux environnemental, de coordonner

---

[162] G. J. MARTIN, *art préc.*
[163] Y. JEGOUZO (dir.), *rapport préc.*, p. 35.

les mesures judiciaires avec celles entreprises par l'autorité administrative, ou de renforcer l'obligation de motivation des décisions statuant sur le préjudice écologique[164], la prise de conscience de la place spécifique et réservée au contentieux environnemental devrait promouvoir l'idée d'une spécialisation des magistrats en cette matière, et ce, au sein de chaque Tribunal de grande instance et Cour d'appel. Ce n'est qu'à ce prix que la réparation du préjudice écologique serait soumise au traitement judiciaire hautement qualifié qu'elle mérite. Bien entendu, pour parvenir à un tel résultat, il serait voué à l'échec de ne s'appuyer que sur les compétences personnelles des magistrats appelés à intervenir dans ce domaine, fussent-elles autant affutées que possible. Pour accomplir sa tâche, le juge devrait être secondé par un corps d'experts dédié, clairement identifié comme tel et, surtout, aux compétences techniques et scientifiques transversales. Rien ne commande d'une part de laisser en l'état la nomenclature des experts de justice et de ne pas y insérer une rubrique « *Environnement* », qui déclinerait de façon détaillée les spécialités et les champs de compétence des experts qualifiés, en lien avec les divers territoires touchés. Rien n'interdit d'autre part de rationaliser la mission d'expertise, souvent mal définie, en envisageant la création d'une « *mission d'expertise type, qui permettrait non seulement de guider le juge dans la rédaction de la lettre de mission de l'expert, mais aussi de donner prise à un contrôle – par le juge et par les parties – de la qualité du rapport rendu par l'expert* »[165]. Rien ne justifie en outre de ne pas faciliter le financement de l'expertise, en en faisant préfinancer l'avance par le défendeur, sur décision du juge, si celui-ci considère que des moyens sérieux le justifient[166]. Rien n'explique enfin l'absence de référence à la proposition d'éco-nomenclature[167] qui, à l'image de la célèbre nomenclature Dintilhac en matière de préjudice corporel, affine la notion de préjudice écologique et serait susceptible de guider utilement le travail judiciaire dans un triple souci de lisibilité, de prévisibilité et d'égalité indemnitaire[168]. Bien entendu, cette référence

---

[164] Rapport de l'APCEF, p. 36 et s.

[165] Rapport de l'APCEF, p. 45.

[166] V° sur ce point Y. JEGOUZO (dir.), *rapport préc.*, p. 40, qui identifie le rôle de garde-fou en la matière de la condamnation pour procédure abusive.

[167] L. NEYRET et G. MARTIN (dir.), *Nomenclature des préjudices environnementaux, préc.*

[168] L. NEYRET, *art. préc.*

à la nomenclature des préjudices environnementaux ne saurait exclure la découverte par la jurisprudence d'autres chefs de préjudice non visés par le texte. Cette dernière, à l'instar de la nomenclature Dintilhac, ne saurait constituer un carcan, et les tribunaux devraient conserver toute latitude pour, le cas échéant, s'éloigner de ses catégories[169].

La maîtrise du risque d'une double indemnisation. L'éclatement des fondements de la réparation des atteintes à l'environnement entre le droit administratif issu de la loi du 1er août 2008 relative à la responsabilité environnementale[170] et, désormais, le droit civil des articles 1246 et suivants du Code civil, implique une prise en considération et une maîtrise du risque d'une double réparation. Sans revenir sur le détail de la réglementation qui a fait l'objet de nombreux commentaires et études[171], il est vrai que le régime de prévention et de réparation de certains dommages causés à l'environnement, objet du Titre VI du Livre 1 du Code de l'environnement, a eu l'incontestable mérite de mettre en lumière et de précisément définir la notion de « *dommage à l'environnement* » au sein de l'article L 161-1 du Code de l'environnement[172], dommage ou menace imminente de dommage dont une personne victime ne peut, aux termes de l'article L 162-2 du même Code, « *demander réparation* ». Souvent considérée trop restrictive dans son entreprise de réparation du dommage environnemental en raison d'exclusions

---

169 Tel est en effet le cas de la nomenclature Dintilhac qui, aux dires de son propre auteur, ne vise pas « *à exclure systématiquement tout nouveau chef de préjudice sollicité dans l'avenir par les victimes* ». V° J.-P. DINTILHAC (dir.), *Rapport du groupe de travail chargé d'élaborer une nomenclature des préjudices corporels*, Ministère de la Justice, mars 2006.

170 V° *supra*.

171 V° entre autres publications : O. FUCHS, *Le régime de prévention et de réparation des atteintes environnementales issu de la loi du 1er août 2008*, AJDA 2008, 2109 ; S. CARVAL, *Un intéressant hybride : la* « responsabilité environnementale » *de la loi n° 2008-757 du 1er août 2008*, D. 2009. 1652 ; B. PARANCE, *A propos de la loi sur la responsabilité environnement*, RLDC nov. 2008, n° 54, 15 ; F.-G. TREBULLE, *La loi du 1er août 2008 relative à la responsabilité environnement et le droit privé*, BDEI 2008, n° 18, 37.

172 Il s'agit en substance des « *détériorations directes ou indirectes mesurables de l'environnement* » qui peuvent, notamment et gravement, affecter la santé, l'état écologique des eaux, la conservation des espèces et des habitats et les services écologiques. La loi vise donc exclusivement un dommage apporté à l'environnement distinct du dommage causé aux personnes et aux biens.

matérielles et temporelles excessives[173], cette loi, d'ailleurs parfois jugée exagérément complexe[174], se situe sur un tout autre plan que les articles 1246 et suivants du Code civil, puisque son objet est d'instituer un régime de police administrative, exercée sous le contrôle de plein contentieux du juge administratif. C'est ainsi que les articles 1249 alinéa 3 du Code civil et L 164-2 du Code de l'environnement se font mutuellement écho afin, le cas échéant, que le juge judiciaire et l'Administration prennent respectivement en compte, dans leurs opérations d'évaluation du préjudice, les mesures de réparation déjà intervenues sur l'autre fondement et ordonnées par l'autre autorité[175]. Mais alors, le risque se dessine d'une cacophonie, d'une mauvaise articulation entre ces deux régimes, dans un contexte où la jurisprudence la plus récente de la Cour de cassation a eu l'occasion de préciser, avant l'entrée en vigueur de la loi biodiversité, que la mise en œuvre des mesures de remise en état prévue par l'article L 162-9 du Code de l'environnement n'excluait pas une indemnisation sur le fondement du droit commun[176]. Cette articulation n'en est pas moins opportune, tant il est des situations où elle permettra une réparation plus efficace, car plus rapide. Le responsable d'une pollution sera en effet d'autant plus enclin à prendre les mesures de réparation urgentes et nécessaires ou cantonner l'atteinte à l'environnement, s'il peut se convaincre que son intervention sera prise en compte dans le cadre d'une action judiciaire future. L'effort d'articulation entre le droit civil des articles 1246 et suivants du Code civil, ce « *nouveau* » droit commun âgé de seulement quelques années, et le droit spécial de l'environnement mérite d'être salué. Le mouvement d'écologisation du préjudice a conduit le législateur de 2016 à parfaire son intervention en matière environnementale et, tirant les enseignements du passé et d'une transposition sans doute trop

---

[173] La liste des diverses exclusions matérielles est posée par l'article L 161-2 du Code de l'environnement. Quant aux exclusions temporelles, les articles L 161-4 et L 161-5 disposent respectivement que « Le présent titre ne s'applique pas lorsque plus de trente ans se sont écoulés depuis le fait générateur du dommage » et que « *Le présent titre n'est pas applicable non plus : 1° Lorsque le fait générateur du dommage est survenu avant le 30 avril 2007 ; 2° Lorsque le fait générateur du dommage résulte d'une activité ayant définitivement cessé avant le 30 avril 2007* ».

[174] S'agissant principalement de l'articulation entre les pouvoirs de police institués par la loi et les très nombreuses polices spéciales de l'environnement préexistantes.

[175] L'on songe surtout à l'application de l'article 1249 alinéa 3 du Code civil, tant il sera fréquent que la procédure judiciaire soit seconde en date.

[176] Cass. Crim., 22 mars 2016, *préc.*

timide de la directive du 21 avril 2004, à corriger certaines lacunes en la matière. C'est dans cette perspective qu'il convient de lire l'article 1249 alinéa 3 du Code civil, permettant ainsi de « *comprendre que l'articulation envisagée entre les deux régimes est conçue comme permettant à celui du Code civil de combler l'ensemble des manques du régime européen de responsabilité environnementale* »[177].

Le cas particulier des marées noires. Dans l'imaginaire collectif, le préjudice écologique est fréquemment assimilé à la survenance d'un déversement en mer d'une importante quantité de pétrole brut ou de produits pétroliers lourds qui atteint la zone côtière. Le souvenir du naufrage de l'Erika est à ce point encore présent et douloureux dans la conscience commune qu'il cristallise bien souvent l'attention et, par conséquent justifie, dans les esprits, l'intervention du juriste et le traitement par le droit du préjudice écologique. Que dire également du naufrage de l'Amoco Cadiz en 1978 et des quelque 220 000 tonnes d'hydrocarbures qui ravagèrent plus de 200 kilomètres de côtes bretonnes ? Sur ce point, il a été observé avec justesse[178] une difficulté d'articulation entre la loi française et la Convention internationale sur la responsabilité civile pour les dommages dus à la pollution par les hydrocarbures du 27 novembre 1992, dite « *Convention CLC* »[179]. En effet, la Convention CLC limite la réparation des dommages par pollution aux seules « *mesures raisonnables de remise en l'état* ». La perspective du texte international est donc considérablement éloignée de celle du Code civil qui s'est bien gardé d'introduire une telle modération de son propos. Les arguments ne manquent pas néanmoins pour retenir l'application de la Convention CLC aux phénomènes de marées noires et, incidemment, pour limiter la portée de la consécration du préjudice écologique dans le Code civil, alors que les situations dont il est question sont pourtant emblématiques d'un réel désastre écologique. D'une part, il est indéniable que la Convention CLC a vocation à régir toutes les pollutions marines survenues dans les eaux intérieures d'un

---

[177] F.-G. TREBULLE, *art. préc.*, n° 15.

[178] P. DELEBECQUE, *Le nouvel article 1246 du Code civil : bien des difficultés en perspective !*, Énergie - Environnement – Infrastructures n° 2, février 2017, repère 2. Adde. L. NEYRET, *art. préc.*

[179] Le texte complet de la Convention est disponible sur le site internet des Fonds internationaux d'indemnisation pour la pollution par les hydrocarbures (FIPOL) à l'adresse suivante : www.iopcfunds.org.

État contractant, dans ses eaux territoriales ou encore dans sa Zone Économique Exclusive. L'article 2 du texte est clair en ce sens. D'autre part, il est tout autant incontestable que le strict respect de la hiérarchie des normes impliquerait de faire prévaloir les stipulations du texte international sur la *lex loci damni*. Pourtant, il pourrait être tentant de considérer que les dispositions des articles 1246 et suivants du Code civil viennent compléter les solutions du droit international, permettant ainsi la réparation intégrale du préjudice écologique[180]. L'avenir, et la prochaine marée noire, fourniront sans doute les éléments de réponse à cette question.

Le volet préventif. L'accueil du préjudice écologique par le Code civil est fondamentalement axé sur la réparation de celui-ci. La seule lecture de l'intitulé du chapitre III regroupant les articles 1246 et suivants du Code civil enseigne en effet que la perspective des textes est essentiellement focalisée sur cet aspect. Cependant, « *essentiellement* » ne signifie pas « *exclusivement* », et le législateur, probablement conscient que la prévention s'impose en cette matière encore plus que dans d'autres, a pris le soin de développer un volet préventif de la réglementation. Tel est l'objet des articles 1251 et 1252 du Code civil. Le premier de ces textes affirme l'existence d'un préjudice, cette fois traditionnel, qui trouve sa source dans « *Les dépenses exposées pour prévenir la réalisation imminente d'un dommage, pour éviter son aggravation ou pour en réduire les conséquences* ». De façon très adaptée, ce texte, dont certains se demandent s'il ne faudrait pas y voir une forme spécifique de gestion d'affaire « *décliné*[e] *dans la dynamique particulière du préjudice écologique* »[181], entérine le principe d'une responsabilité préventive pour préjudice écologique. L'idée sous-jacente consiste à retenir que, en ayant l'assurance d'être indemnisée pour les dépenses exposées, toute personne qui constatera l'existence d'un dommage imminent à l'environnement sera incitée à prendre les mesures nécessaires pour y mettre fin. Le seul constat de la réunion des conditions de l'imminence d'un dommage suffira ainsi à déclencher une action concrète, destinée à y mettre fin, étant acquise la certitude de la neutralité économique de l'opération pour celui qui agira. En complément, l'article 1252 du Code civil indique pour sa part que

---

[180] L. NEYRET, *art. préc.*

[181] F.-G. TREBULLE, *art. préc.*, n° 17.

« *indépendamment de la réparation du préjudice écologique, le juge, saisi d'une demande en ce sens par une personne mentionnée à l'article 1248, peut prescrire les mesures raisonnables propres à prévenir ou faire cesser le dommage* ». Le volet préventif de la réglementation du préjudice écologique est ici précurseur et annonciateur de l'action préventive qui sera, peut-être, généralisée à l'avenir au sein du Code civil[182]. Cette fois, contrairement au texte précédent, nulle référence n'est faite par le législateur à un dommage nécessairement imminent qui viendrait conditionner l'intervention judiciaire. Les termes employés ne sont pas ceux de l'article 809 du Code de procédure civile, et il sera ainsi loisible au juge d'intervenir hors des cas où l'imminence d'un dommage est caractérisée, et quand bien même l'activité dommageable ferait l'objet d'une autorisation administrative.

Conclusion intermédiaire. La réception par le droit civil de l'impératif de protection de l'environnement impliquait une refonte du régime juridique de la réparation du préjudice et une prise en considération des spécificités de l'atteinte environnementale. Il n'aurait en effet pu être question que la loi se contente d'un seul et unique infléchissement des conditions de mise en œuvre de la responsabilité sans, simultanément, agir sur les modalités de réparation du préjudice en adaptant le régime juridique à la matière. La chose était donc attendue et, force est de reconnaitre que si les solutions proposées sont perfectibles, le législateur a globalement su répondre aux espérances. Le principe de la réparation en nature, cette concrétisation dans notre droit de l'idée selon laquelle la finalité n'est pas d'indemniser une victime mais de restaurer l'environnement, est consacré avec solennité par le Code civil et contribue à donner à la responsabilité civile sa pleine vocation réparatrice en matière environnementale. A n'en point douter, il s'agit là de la pierre angulaire du dispositif qui, conjuguée à la restriction subséquente du champ de la réparation par équivalent et à l'affectation des sommes allouées, place les préoccupations environnementales au cœur de la réglementation. Reste à savoir si les difficultés énoncées seront

[182] V° sur ce point l'article 1266 du projet de réforme de la responsabilité civile qui dispose que « *En matière extracontractuelle, indépendamment de la réparation du préjudice éventuellement subi, le juge peut prescrire les mesures raisonnables propres à prévenir le dommage ou faire cesser le trouble illicite auquel est exposé le demandeur* ».

résolues à l'avenir, afin de fournir au droit civil la possibilité de mener à bien l'objectif de préservation de l'environnement qui lui a été dévolu par le législateur. Il n'y aura là rien d'insurmontable si les moyens lui en sont donnés.

Conclusion générale. « *Tous les codes ne se valent pas !* ». Bien entendu, cette affirmation ne résiste pas à l'analyse juridique mais a le mérite de relever que, sur le terrain du droit formel, il « *existe une hiérarchie entre les codes de la République* » dont témoigne l'aura particulière des fruits de la codification napoléonienne. A tort ou à raison, les autres Codes sont fréquemment considérés dans l'esprit général comme tout aussi techniques et neutres que la réglementation qu'ils rassemblent[183]. Dans cette perspective, accueillir le préjudice écologique au sein du Code civil constitue de la part du législateur une marque d'attention chargée de symbole, une volonté de solenniser sa propre démarche, démontrant en ce sens son intention de ne pas enfermer cette notion dans le carcan technique du Code de l'environnement. Certains auraient en effet pu juger une telle initiative, sinon comme un désaveu, du moins comme un manque de considération à l'égard du préjudice écologique, dans le contexte d'une opinion publique très sensible et attentive aux préoccupations environnementales. Les apparences sont donc sauves sur la forme. Sur le fond, il est notable que l'écologisation du préjudice ait engendré un travail législatif considérable, tant marqué par un infléchissement des conditions de mise en œuvre de la responsabilité civile que par une adaptation des modalités de réparation. Les apports majeurs de la loi biodiversité que sont, notamment, la dépersonnalisation du préjudice, la priorité reconnue à la réparation en nature ou encore l'affectation des dommages des intérêts, démontrent à l'envi que le droit de la responsabilité civile sait se montrer souple et flexible lorsque le législateur lui assigne un défi tel que celui de se saisir du préjudice écologique et de réparer l'atteinte environnementale. Certes, si, dans le même temps, des interrogations persistent et des difficultés demeurent quant à la mise en œuvre des principes posés, il reste que la loi biodiversité a posé le socle d'une réglementation pérenne et apte à répondre aux préoccupations environnementales d'aujourd'hui et de demain. Il semble pour l'heure néanmoins trop présomptueux de conclure que la loi biodiversité fera à l'avenir mentir Théodore

---

183 Sur ce développement et pour les citations, V° G. MARTIN, *art. préc.*, 508.

Monod lorsque celui-ci affirmait que « *parler de l'homme dans la nature revient presque aujourd'hui à parler de l'homme contre la nature* ». L'écologisation du préjudice est pourtant une étape importante dans la prise de conscience commune de la nécessité de préserver un environnement dont le mythe de l'inépuisabilité et de l'indestructibilité n'a pas survécu aux dernières décennies. L'avenir se chargera de dire si elle est suivie d'effet.

L'amende civile : de la nécessaire restitution du profit par le responsable au discutable avènement de la logique des dommages et intérêts punitifs

Alexandre DUMERY
Maître de conférences à l'Institut catholique de Lille
LARJ EA 3603 – Université du Littoral-Côte d'Opale

À Pierre Crocq

1. « *Les dommages et intérêts alloués à une victime doivent réparer le préjudice subi sans qu'il en résulte pour elle ni perte ni profit* »[184]. Par ce limpide attendu de principe, la Cour de cassation applique de façon constante et sans vergogne le principe dit de la réparation intégrale, posant que le propre de la responsabilité civile soit que le responsable indemnise la victime intégralement, mais uniquement à la hauteur de son préjudice[185]. La vocation principale de la responsabilité civile est alors de tenter de replacer la victime dans l'état où elle se serait trouvée si l'acte dommageable n'avait pas eu lieu, même si cette idée fleure parfois bon l'utopie, au vu du caractère irréversible de certains dommages, comme le préjudice corporel[186]. La finalité indemnitaire de la responsabilité civile est ainsi mise en avant, le principe de la réparation intégrale empêchant le juge civil de condamner le responsable à des dommages et intérêts supérieurs au montant du préjudice subi par la victime[187], ce qui aurait pour effet mathématique de dépasser cette réparation intégrale.

2. Face à ce postulat, évoquer la possibilité pour le juge civil d'aller au-delà du montant du préjudice subi dans la fixation des dommages et intérêts à verser par le responsable à la victime pourrait aisément apparaître comme un fourvoiement. Il n'en est pourtant rien. Le principe de la réparation intégrale peut en effet parfois exceptionnellement céder. Il suffit pour cela de songer au régime de l'exonération, où l'indemnité de la victime est minorée par rapport au préjudice subi[188] ou encore aux hypothèses dans lesquelles la responsabilité civile met en avant sa facette normative, afin de se

---

[184] Civ. 2° 5 juillet 2001, n° 99-18.712, Bull. civ. II, n° 135. Dans le même sens, V. Civ. 2° 8 juillet 2004, Bull. civ. II, n° 393 ; Civ. 1° 22 novembre 2007, Bull. civ. I, n° 368, JCP G 2008, I, 125, n° 9, obs. Ph. STOFFEL-MUNCK ; Civ. 2° 22 janvier 2009, Resp. civ. et assur. 2009, comm. n° 98, obs. M. BRUSORIO-AILLAUD.

[185] Sur le principe de la réparation intégrale, V. C. COUTANT-LAPALUS, *Le principe de la réparation intégrale en droit privé*, Thèse Dijon 2001, préf. F. POULLAUD-DULIAN, PUAM, 2002.

[186] V. A. BENABENT, *Droit des obligations*, LGDJ, 15ème éd., 2016, n° 680.

[187] V. Civ. 2° 14 février 1985, Bull. civ. II, n° 40.

[188] Sur ce régime, V. L. BLOCH, *L'exonération en droit de la responsabilité civile*, Thèse dactyl. Bordeaux IV, 2003. En effet, quand bien même l'exonération se justifie au regard du comportement de la victime, d'un tiers ou d'un événement de la nature, il n'en demeure pas moins que l'institution elle-même permet, au regard d'une exigence de justice qu'elle juge supérieure, que la victime ne soit pas intégralement indemnisée.

muer en peine privée[189], et ainsi permettre à la victime de recevoir une indemnité indépendante de toute idée réparatrice, ce qui lui permet de dépasser le montant du préjudice subi, cette peine étant infligée à l'auteur d'une faute qui lui est moralement imputable.

3. Grâce à cette plasticité, des régimes spéciaux prévoyant une indemnité supérieure au préjudice subi par la victime ont ainsi émergé, ayant pour point commun de prévoir une entorse au principe de la réparation intégrale mais uniquement dans des situations factuelles précises. Ainsi, l'ancien article L. 442-6-III al. 2 du Code de commerce prévoit que le ministre chargé de l'économie ainsi que le Ministère public peuvent demander le prononcé d'une amende civile lorsqu'une pratique restrictive de concurrence peut être imputée à un agent[190], le montant de l'amende pouvant atteindre jusqu'à cinq millions d'euros, sans égard au préjudice subi. De même, l'article 32-1 du Code de procédure civile prévoit le prononcé d'une amende de 10 000 euros en cas d'action en justice dilatoire ou abusive et ce, « *sans préjudice des dommages et intérêts qui seraient réclamés* »[191]. Par ailleurs, récemment, le législateur a tenté d'instaurer une telle amende civile à l'encontre des sociétés mères en droit des sociétés, avant que le Conseil constitutionnel ne censure cette entreprise, le

---

[189] Sur la peine privée, V. S. CARVAL, *La responsabilité civile dans sa fonction de peine privée*, Thèse Paris I 1993, préf. G. VINEY, coll. Bibliothèque de droit privé, Tome 350, LGDJ, 1995 ; A. JAULT, *La notion de peine privée*, Thèse Paris XII, préf. F. CHABAS, coll. Bibliothèque de droit privé, Tome 442, LGDJ, 2005.

[190] Sur cette amende civile spécifique, V. M. CHAGNY, « La notion de dommages et intérêts punitifs et ses répercussions sur le droit de la concurrence », JCP G 2006, I, 149. Cet article a fait l'objet de mineures modifications en ce qui concerne notre propos par une ordonnance du 24 avril 2019, et se trouve désormais à l'article L. 442-4 du Code de commerce.

Toujours en droit de la concurrence, la loi n° 2007-1544 du 29 octobre 2007 permet, pour l'évaluation des dommages et intérêts dus en cas de contrefaçon à la victime de demander au contrefacteur la restitution du profit illicite réalisé. Sur ce dernier point, V. J. HUILLIER, « Propriété intellectuelle : des dommages et intérêts punitifs, pas si punitifs », Gaz. Pal. 7 juillet 2009.

[191] Sur cette disposition, V. E. BLARY-CLEMENT, « Spécificités et sanctions des manœuvres dilatoires dans le procès civil », JCP G 1991, I, 3534 ; F.-X. MATTEOLI, « L'abus du droit d'ester en justice », Droit et patrimoine juin 2000, 83.

manquement à l'origine de l'amende n'étant pas défini en des termes suffisamment précis[192].

4. Si, en droit commun de la responsabilité civile, aucune règle de portée générale ne permet au juge de s'émanciper du principe de la réparation intégrale, la Cour de cassation a cependant décidé qu'un jugement étranger condamnant le responsable à des dommages et intérêts punitifs pouvait recevoir en France l'*exequatur*, pour autant que leur montant apparaisse proportionné[193]. Les dommages et intérêts punitifs sont pourtant en contradiction avec le principe de la réparation intégrale, eux qui permettent de fixer leur montant au-delà du préjudice, afin de punir l'auteur d'une faute le plus souvent grave, à la mesure de l'intensité de cette faute, ou encore de ses facultés contributives, sans que le préjudice subi par la victime n'apparaisse comme une limite[194]. Les dommages et intérêts punitifs ne sont cependant pas les seuls permettant un dépassement du montant du préjudice. En doctrine a également été présentée l'idée de dommages et intérêts restitutoires, qui se situent à mi-chemin entre les dommages et intérêts purement indemnitaires et les dommages et intérêts punitifs[195]. En effet, dans l'hypothèse de dommages et intérêts

---

[192] V. Conseil Constitutionnel 23 mars 2017, n° 2017-750 DC, D. 2017, p. 2501, obs. G. ROUJON DE BOUBEE ; Constitutions 2017, 234, chron. P. BACHSCHMIDT.

[193] V. Civ. 1° 1er décembre 2010, n° 09-13.303 ; JCP G 2011, 140, note J. JUVENAL ; JCP G 2011, 435, n° 11, obs. Ph. STOFFEL-MUNCK ; D. 2011, p. 2434, obs. L. D'AVOUT ; RTD civ. 2011, p. 122, obs. B. FAGES ; Resp. civ. et assur. 2011, étude 5 par V. WESTER-OUISSE ; RDC 2011, 459, note S. CARVAL ; RTD com. 2011, p. 666, obs. Ph. DELEBECQUE.

[194] Ainsi, en droit québécois, où existent de tels dommages et intérêts, ils sont appréciés « *en tenant compte de toutes les circonstances appropriées, notamment de la gravité de la faute du débiteur, de sa situation patrimoniale ou de l'étendue de la réparation à laquelle il est déjà tenu envers le créancier, ainsi que, le cas échéant, du fait que la prise en charge du paiement réparateur est, en toute ou partie, assumée par un tiers* », selon l'article 1621 al. 2 du Code civil du Québec.

[195] V. R. MESA, *Les fautes lucratives en droit privé*, Thèse dactyl. ULCO, 2006, n° 954 et s. ; R. MESA, « L'opportune consécration d'un principe de restitution intégrale des profits illicites comme sanction des fautes lucratives », D. 2012, p. 2754. Les dommages et intérêts restitutoires sont par ailleurs proposés par le projet de réforme du droit de la responsabilité civile porté par M. TERRE. V. F. TERRE (dir.) *Pour une réforme du droit de la responsabilité civile*, Dalloz, 2011, p. 199. L'article 54 du projet prévoit ainsi que « *lorsque l'auteur du dommage aura commis intentionnellement une faute lucrative, le juge aura la faculté d'accorder, par une décision spécialement motivée, le montant du profit retiré par le défendeur plutôt*

restitutoires, si le responsable peut être condamné à verser une somme supérieure au préjudice subi, ce montant doit nécessairement être limité au seul bénéfice ou à l'économie qu'il a réalisés. Que les dommages et intérêts soient punitifs ou simplement restitutoires, les propositions doctrinales favorables à leur intronisation en droit positif[196] insistent sur la nécessité qu'ils ne soient prononcés que si l'auteur du dommage a commis une faute lucrative, qui peut être définie comme une faute commise nécessairement de manière volontaire en vue d'obtenir un gain ou une économie[197].

5. Face à cette floraison éparse en droit positif des dommages et intérêts punitifs et à un élan d'universalité de ceux-ci pour le moment limité à des propositions doctrinales, le projet de loi de réforme de la responsabilité civile du 13 mars 2017[198] franchit le pas, en proposant une généralisation de la possibilité pour le juge de s'émanciper des dommages et intérêts purement indemnitaires, par l'avènement d'une amende civile, prévue à l'article 1266-1 du projet[199]. Selon ce texte, « *en matière extracontractuelle, lorsque l'auteur du dommage a*

---

que la réparation du préjudice subi par le demandeur ». Ce projet de réforme prévoit également l'instaurant de dommages et intérêts punitifs, mais dans la seule hypothèse d'une faute intentionnelle (V. art. 69 al. 2 du projet).

[196] V. G. VINEY, « Quelques propositions de réforme du droit de la responsabilité civile », D. 2009, p. 2944, I ; E. JUEN, « Vers la consécration des dommages-intérêts punitifs en droit français », RTD civ. 2017, p. 565 ; F. GRAZIANI, « La généralisation de l'amende civile : entre progrès et confusions ; Commentaire de l'article 1266-1 du projet de réforme de la responsabilité civile », D. 2018, p. 428 ; R. MESA, art. préc. ; M. LACROIX, *Pour une reconnaissance encadrée des dommages-intérêts punitifs en droit français privé contemporain, à l'instar du modèle juridique québécois*, La revue du barreau Canadien, 2006, vol. 85, p. 569, spéc. p. 588 et s.

[197] Pour un examen approfondi de la définition de la faute lucrative, V. R. MESA, *Les fautes lucratives en droit privé*, Thèse dactyl. ULCO, 2006, n° 299 et s.

[198] Sur ce projet, V. S. CARVAL, « Le projet de réforme du droit de la responsabilité civile », JCP G 2017, 401 ; J.-S. BORGHETTI, « Un pas de plus vers la réforme de la responsabilité civile : présentation du projet de réforme rendu public le 13 mars 2017 », D. 2017, p. 770.

[199] Sur ce texte, V. F. GRAZIANI, préc. ; E. DREYER, « La sanction de la faute lucrative par l'amende civile ; Article 1266-1 du projet de réforme de la responsabilité civile », D. 2017, p. 1136 ; J. PROROK, « L'amende civile dans la réforme de la responsabilité civile ; Regard critique sur la consécration d'une fonction punitive générale », RTD civ. 2018, p. 327 ; F. ROUSSEAU, « Projet de réforme de la responsabilité civile : l'amende civile face aux principes directeurs du droit pénal », JCP G 2018, doctr. 686.

délibérément commis un acte en vue d'obtenir un gain ou une économie, le juge peut le condamner [...] au paiement d'une amende civile. Cette amende est proportionnée à la gravité de la faute commise, aux facultés contributives de l'auteur et aux profits qu'il en aura retirés. L'amende ne peut être supérieure au décuple du montant du profit réalisé [...] ». Si l'on peut d'emblée douter de l'appellation d'« *amende civile* », qui porte nécessairement une confusion entre l'amende, traditionnellement prononcée par le juge pénal, et son caractère civil, *a priori* limité par une fonction indemnitaire, l'instauration généralisée de dommages et intérêts punitifs en droit français est toutefois clairement proposée par cette disposition, le montant de l'amende n'étant pas dépendant de celui du préjudice subi par la victime, ni même de celui du gain ou de l'économie réalisés par l'auteur de la faute lucrative.

6. Ce projet de loi met ainsi en avant une évidente possibilité de déroger au principe de la réparation intégrale, sans cependant le remettre en cause par ailleurs en tant que règle générale[200]. Cette latitude fournie au juge civil de prononcer une amende civile interroge alors, tant sur l'opportunité d'une pareille évolution, au regard du principe de la réparation intégrale mais également, plus profondément, au prisme des fonctions de la responsabilité civile. De cette problématique ressortent en réalité deux réponses contrastées. Donner au juge civil la capacité de dépasser le principe de la réparation intégrale semble justifié, tant d'un point de vue pratique que théorique (I). Toutefois, permettre à ce même juge civil de prononcer une amende qui pourrait dépasser le montant du bénéfice ou de l'économie réalisés par le défendeur est bien plus discutable, la logique inhérente à la responsabilité civile appelant au contraire à une limitation de la brèche ouverte dans le principe de la réparation intégrale à ce seul bénéfice ou à cette seule économie (II).

[200] En effet, l'article 1258 du projet de loi affirme que « *la réparation a pour objet de replacer la victime autant qu'il est possible dans la situation où elle se serait trouvée si le fait dommageable n'avait pas eu lieu. Il ne doit en résulter pour elle ni perte ni profit.* »

I. Le dépassement justifié du principe de la réparation intégrale

7. L'issue d'une instance en responsabilité civile mettant en scène un agent ayant commis une faute lucrative laisse indiscutablement, par l'application du principe de la réparation intégrale, un sentiment d'insatisfaction, cet agent conservant alors une partie du bénéfice réalisé à l'occasion de la commission de la faute lucrative (A). Pourtant, le principe de la réparation intégrale est bien plus malléable qu'il n'y parait, que cette élasticité soit étudiée sous l'angle du droit positif ou encore de la finalité de la responsabilité civile (B).

A. L'indispensable mise à l'écart du principe de la réparation intégrale, résultat du constat d'échec de la responsabilité civile face à une faute lucrative

8. La possibilité donnée par le principe de la réparation intégrale à l'auteur d'une faute lucrative d'en conserver une partie des bénéfices est une solution insatisfaisante. Suivant la rigueur du principe de la réparation intégrale et le constat d'échec en découlant (1), la Cour de cassation a mis en œuvre dans certains domaines des mécanismes permettant de le contourner (2).

1. L'insatisfaction dérivant de l'application du principe de la réparation intégrale à la faute lucrative

9. La commission d'une faute lucrative par un agent lui permet actuellement, à l'issue de l'instance en responsabilité civile, de s'enrichir. Cette faute ayant pour trait caractéristique de permettre à son auteur de réaliser un gain ou une économie[201], lorsque ce gain ou cette économie est d'une valeur supérieure au montant du dommage subi par la victime, alors l'auteur de la faute n'a pas à restituer le surplus, compris entre la hauteur du dommage et les effets de la faute commise. On comprend alors sans peine que, dans cette hypothèse, le

[201] V. E. DREYER, art. préc., n° 3.

principe de la réparation intégrale apparaisse comme un obstacle pour le juge, face à une situation qui semble instinctivement appeler une condamnation renforcée de l'agent auteur de la faute lucrative.

10. Nombre d'autres soulignent d'ailleurs cette lacune de la responsabilité civile, qui ne dispose pas d'un outil permettant une emprise plus importante des conséquences de la commission d'une faute lucrative[202]. Au fond, il s'agit là de positions de bon sens, puisqu'actuellement, une instance en responsabilité permet à une personne fautive de conserver un avantage de son action. L'issue du procès laisse ainsi inéluctablement un sentiment d'insatisfaction, puisque le droit civil ne parvient pas, dans cette hypothèse, à faire totalement œuvre de neutralisation.

11. En outre, le constat d'échec de la responsabilité civile observé à l'aune de l'absence d'une appréhension efficace de la faute lucrative se confirme au regard des règles entourant la seule sanction de la faute commise. En effet, si le droit de la responsabilité civile est marqué par un principe d'indifférence de la gravité de la faute dans la détermination de la responsabilité de son auteur[203], cette gravité peut avoir des conséquences secondaires, notamment en matière assurantielle, où la faute intentionnelle ne peut être assurée[204], ou encore dans la responsabilité contractuelle, où la faute lourde empêche le défendeur de bénéficier d'une clause limitative de responsabilité[205]. La situation de la faute lucrative crée alors un étonnant contraste : alors que cette faute, proche de la faute intentionnelle[206], semble imposer une modulation des règles de la responsabilité afin de permettre une sanction renforcée, le principe de la réparation intégrale

---

202 V. Ph. BRUN, *Responsabilité civile extracontractuelle*, LexisNexis, 4ème éd., 2016, n° 599 ; Ph. LE TOURNEAU, *Droit de la responsabilité et des contrats*, Dalloz, éd. 2014-2015, n° 45 ; G. VINEY, art. préc., IA.

203 V. B. FAGES, *Droit des obligations*, LGDJ, 8ème éd., 2018, n° 394.

204 Selon l'article L. 113-1 al. 2 du Code des assurances en effet, « *l'assureur ne répond pas des pertes et dommages provenant d'une faute intentionnelle ou dolosive de l'assuré* ».

205 Aux termes de l'article 1231-3 du Code civil, issu de l'ordonnance du 10 février 2016, « *le débiteur n'est tenu que des dommages et intérêts qui ont été prévus ou qui pouvaient être prévus lors de la conclusion du contrat, sauf lorsque l'inexécution est due à une faute lourde ou dolosive* ».

206 Pour plus de précisions sur la qualification de la faute lucrative au regard de la classification traditionnelle des fautes en droit civil, V. *infra*, n° 29.

induit l'effet inverse, cette faute n'étant en quelque sorte « réprimée » qu'à hauteur du préjudice subi par la victime. Le droit de la responsabilité civile ignore alors les conséquences de la faute, pour se focaliser sur le seul préjudice subi, le principe de la réparation intégrale ne lui laissant pas d'autre choix.

12. Cette situation étonnante survient alors même que la commission d'une faute lucrative, d'un simple point de vue civil, peut être vue comme une « *négation du droit* »[207] rendant nécessaire sa sanction. En effet, quelle que soit l'issue de l'instance en responsabilité, l'auteur d'une faute lucrative peut tout à fait être conscient qu'il retirera, au bout du compte, un bénéfice de cette instance. Il est alors tout à fait possible qu'il commette cette faute à dessein. Dit autrement, « *la violation de la règle de droit est plus rentable que son respect* »[208]. Le principe de la réparation intégrale empêche ainsi l'effacement total de ce qui pourrait s'apparenter à une fraude commise par son auteur et ce, en dépit du célèbre adage *fraus omnia corrumpit*, qui pourtant présente un caractère universel[209]. Dans ces conditions, il est finalement peu étonnant de constater que la jurisprudence a tenté de trouver des échappatoires à cette situation difficilement justifiable en équité comme en droit.

2. L'existence de remèdes épars permettant de contourner le principe de la réparation intégrale

13. Si la Cour de cassation réaffirme régulièrement que le principe de la réparation intégrale ne permet pas la condamnation du défendeur à verser une somme supérieure au préjudice subi[210], cette obédience n'est cependant pas totale. En sous-main, il existe en effet des

---

[207] M. LACROIX, *Pour une reconnaissance encadrée des dommages-intérêts punitifs en droit français privé contemporain, à l'instar du modèle juridique québécois*, La revue du barreau Canadien, 2006, vol. 85, p. 569, spéc. p. 595.

[208] R. MESA, « L'opportune consécration d'un principe de restitution intégrale des profits illicites comme sanction des fautes lucratives », D. 2012, p. 2754.

[209] V. P. SARGOS, « La fraude licite », JCP G 2018, 662.

[210] V. not., Civ. 2° 14 février 1985, Bull. civ. II, n° 40 ; Civ. 1° 16 avril 1996, Bull. civ. I, n° 186 ; Civ. 2° 5 juillet 2001, Bull. civ. II, n° 135 ; Civ. 2° 8 juillet 2004, Bull. civ. II, n° 393 ; Civ. 1° 22 novembre 2007, Bull. civ. I, n° 368 ; JCP G 2008, I, 125, n° 9, note Ph. STOFFEL-MUNCK.

domaines dans lesquels la Cour, usant de la plasticité naturelle des conditions de la responsabilité civile, rend des décisions ayant pour finalité le versement par le défendeur à la victime d'une indemnité supérieure au montant du préjudice subi. Nombre d'auteurs ont à ce propos souligné la présence de ces dommages et intérêts punitifs « *clandestins* »[211] en droit positif, notamment concernant l'évaluation du dommage moral subi par la victime. Face à une faute lucrative commise par l'auteur du dommage, par exemple en matière de presse, lorsque la faute a eu pour effet de violer la vie privée de la victime, il est alors tout à fait possible de relever l'existence de décisions fixant le montant du dommage moral à une hauteur supérieure à celle habituellement constatée dans ce type d'affaires[212]. Le dommage moral est en effet une terre fertile pour cette indexation : par définition impossible à appréhender précisément en valeur[213], la délimitation de son montant passe nécessairement par un certain degré d'arbitraire[214]. La bienveillance du juge dans la détermination du montant du préjudice subi, afin, en réalité, de sanctionner une faute lucrative commise, se retrouve également en matière de dommage matériel, spécialement en matière immobilière[215].

14. Cette même idée d'immixtion camouflée des dommages et intérêts punitifs peut également se retrouver dans le domaine du quasi-

---

211 Pour reprendre l'adjectif employé par C. GRARE. V. *Recherches sur la cohérence de la responsabilité délictuelle ; l'influence des fondements de la responsabilité sur la réparation*, Thèse Paris II 2003, préf. Y. LEQUETTE, coll. Nouvelle bibliothèque de thèses, Tome 45, Dalloz, 2005, n° 297. Adde. S. CARVAL, *La responsabilité civile dans sa fonction de peine privée*, Thèse Paris I 1993, préf. G. VINEY, coll. Bibliothèque de droit privé, Tome 350, LGDJ, 1995, n° 20 et 124.

212 MM. TERRE, SIMLER et LEQUETTE y voient une survie de l'idée de faute dans la fixation du montant de la réparation, justifiant finalement la présence de dommages et intérêts punitifs dissimulés sur ce point. V. *Droit civil, Les obligations*, coll. Précis Dalloz, 11ème éd., Dalloz, 2013, n° 688. De façon générale, sur cette situation, V. M. CREMIEUX, « Réflexions sur la peine privée moderne » in *Études offertes à Pierre Kayser*, PUAM, 1979, Tome I, p. 261.

213 S. CARVAL va plus loin, affirmant que l'indemnisation du dommage moral constitue nécessairement une peine privée infligée à l'auteur du dommage. V. *op. cit.*, n° 248.

214 V. J. FLOUR, J.-L. AUBERT et É. SAVAUX, *Les obligations, 2. Le fait juridique*, Sirey, 14ème éd., 2011, n° 388.

215 V. R. MESA, *Les fautes lucratives en droit privé*, Thèse dactyl. ULCO, 2006, n° 81.

contrat de loterie publicitaire, créé de toutes pièces par une chambre mixte de la Cour de cassation en 2002[216]. En effet, affirmer que l'auteur d'un stratagème visant à faire croire à la victime qu'elle est destinataire d'un gain avec pour seule intention de lui faire acquérir un certain nombre d'objets doit être condamné, sur le fondement quasi contractuel, à lui délivrer le gain promis peut s'analyser en dommages et intérêts punitifs : sa faute, nécessairement grave, justifie comme nécessite une condamnation plus lourde que le simple préjudice moral subi par la victime[217]. Le principe de la réparation intégrale apparaît alors, dans cette hypothèse, à nouveau écarté, le montant du dommage moral subi à la suite de la tromperie orchestrée étant d'une valeur plus faible que celle du gain promis et, *in fine*, délivré.

15. Cette exigence, quasi instinctive, voulant que l'auteur d'une faute particulièrement grave comme une faute lucrative doive, dans certaines situations, indemniser davantage qu'il n'a causé de préjudice permet au bout du compte de dresser un bilan non nécessairement négatif de ces différentes positions jurisprudentielles. La volonté du juge de sanctionner la faute lucrative apparait en effet « *compréhensible* »[218], même si cela a pour conséquence de le laisser en ce domaine décider de punir actuellement l'auteur du dommage sans aucun bornage juridique[219]. Mais au fond, l'on comprend sa gêne de voir s'achever le processus judiciaire en permettant, par une application classique des règles de la responsabilité civile, à l'auteur

---

[216] V. Mixte 6 septembre 2002, Bull. civ. n° 4 ; D. 2002, p. 2963, note D. MAZEAUD ; JCP G 2002, II, 10173, note S. REIFEGESTE ; JCP E 2002, 1687, note G. VINEY ; Defrénois 2002, 1608, obs. É. SAVAUX. Sur la problématique des loteries publicitaires, V. M. TCHENDJOU, « La responsabilité civile des organisateurs de loteries publicitaires », in *Propos sur les obligations et quelques autres thèmes fondamentaux du droit ; Mélanges offerts à Jean-Luc Aubert*, Dalloz, 2005, p. 311.

[217] Dans le même sens, V. M. LACROIX, *Pour une reconnaissance encadrée des dommages-intérêts punitifs en droit français privé contemporain, à l'instar du modèle juridique québécois*, La revue du barreau Canadien, 2006, vol. 85, p. 569, spéc. p. 577.

[218] F. GRAZIANI, « La généralisation de l'amende civile : entre progrès et confusions ; Commentaire de l'article 1266-1 du projet de réforme de la responsabilité civile », D. 2018, p. 428, I.

[219] V. G. VINEY, « Quelques propositions de réforme du droit de la responsabilité civile », D. 2009, p. 2944, I, A. Adde. Ph. BRUN, *Responsabilité civile extracontractuelle*, LexisNexis, 4ème éd., 2016, n° 599, qui évoque une situation qui n'est plus acceptable.

d'une faute lucrative de conserver un bénéfice ou une économie de son méfait, le tout à la suite d'une volonté préméditée de sa part.

16. C'est alors que la proposition contenue dans le projet d'article 1266-1 du Code civil, issu du projet de réforme de la responsabilité civile, de permettre au juge de prononcer une amende civile dont le montant apparaîtrait supérieur au dommage subi par la victime, fournit de ce point de vue une avancée positive, compte tenu de cette lacune incontestable du droit français de ne pas sanctionner efficacement l'auteur d'une faute lucrative[220]. Ce d'autant qu'il peut utilement être noté, afin de justifier davantage cette possibilité, que l'œuvre jurisprudentielle décrite dans ces dernières lignes met finalement en avant une malléabilité évidente du principe de la réparation intégrale. Face à cette fragilité, l'avènement d'une condamnation du défendeur à une somme supérieure au préjudice subi ne serait au fond pas si révolutionnaire que cela.

B. La malléabilité patente du principe de la réparation intégrale

17. La relativité du principe de la réparation intégrale se constate en droit positif sous deux angles différents : en jurisprudence, sa flexibilité est mise en lumière (1) et, d'un point de vue plus théorique, il peut être considéré comme une simple conséquence – et non une règle absolue – découlant de l'idée de rééquilibrage propre à la responsabilité civile, ce qui laisse alors la place, à ses côtés, à un concept de restitution intégrale du bénéfice ou de l'économie réalisés (2).

1. La relativité actuelle du principe de la réparation intégrale

18. S'il est classiquement présenté comme un incontournable du droit de la responsabilité civile, le principe de la réparation intégrale

[220] V. F. GRAZIANI, préc., I.

n'en demeure pas moins, à l'examen, aisé à réfuter dans certains domaines. C'est ainsi qu'en matière de responsabilité contractuelle, l'accord des parties peut le heurter, par le biais d'une transaction, ou encore d'une clause limitative ou exonératoire de responsabilité[221]. La volonté des parties, pourtant restreinte en droit contemporain des contrats, est apte à limiter voire à nier le principe de la réparation intégrale. Cet amenuisement n'est d'ailleurs pas propre à la matière contractuelle. Ainsi, la responsabilité du fait des produits défectueux prévoit que le dommage matériel n'est pas intégralement indemnisé, aux termes de l'article 1245-1 al. 2 du Code civil[222]. Il s'agit là en réalité d'une simple illustration de l'existence de régimes dans lesquels la réparation apparaît plafonnée, voire forfaitaire[223]. Le principe de la réparation intégrale doit alors baisser pavillon devant dans ces différentes hypothèses, ne dépassant alors guère le droit commun de la responsabilité civile[224].

19. Ces différentes restrictions à une réparation intégrale du préjudice ne se manifestent pas uniquement au stade de l'indemnisation du préjudice direct causé par l'accident. La situation de l'évolution du préjudice à la suite du jugement est particulièrement évocatrice : seule son aggravation sera prise en compte par le juge, et non son amélioration[225]. L'on comprend évidemment dans cette hypothèse la mansuétude du juge envers la victime, mais l'on doit cependant constater, vu sous l'angle de la réparation intégrale, que ce principe est également, dans cette situation, débordé. En effet, si la situation de la victime devait s'améliorer à l'avenir, l'absence de minoration de son indemnisation *a posteriori* a pour effet de lui permettre, au bout du compte, de s'enrichir.

20. Fragilisé dans son champ d'application comme dans ses modalités de mise en œuvre, le principe de la réparation intégrale ne peut non plus se targuer d'être constitutionnellement protégé. En effet,

---

[221] V. A. BENABENT, *Droit civil, Les obligations*, coll. Domat droit privé, 15ème éd., Montchrestien, 2016, n° 427.

[222] Le préjudice subi doit dans cette hypothèse être supérieur à 500 euros afin de pouvoir faire l'objet d'une réparation, depuis le décret n° 2005-113 du 11 février 2005.

[223] Sur ce point, V. Ph. BRUN, *op. cit.*, n° 601.

[224] *Idem.*

[225] V. Ph. BRUN, *op. cit.*, n° 616 et s.

si le Conseil constitutionnel a reconnu la valeur constitutionnelle du principe de responsabilité pour faute[226], il n'a pas pour autant fait de même avec le principe de la réparation intégrale. Le Conseil s'est uniquement attaché à ce qu'en toute hypothèse de dommage subi, une responsabilité, et notamment la responsabilité pour faute de l'article 1240 du Code civil, puisse être mise en œuvre : la finalité de la responsabilité – la réparation – lui importe finalement peu[227].

21. En soi, la porosité actuelle du principe de la réparation intégrale peut se justifier, de multiples manières, au regard de l'hypothèse considérée : logique indemnitaire, prise en compte de la volonté des parties, notamment. Il ressort cependant de ce panorama que ce principe n'est pas suffisamment solide en droit positif pour, à lui seul, empêcher le législateur d'introniser des dommages et intérêts punitifs, notamment par le jeu de l'amende civile proposée par le projet de loi du 13 mars 2017. D'autant plus que loin de constituer une opposition franche, la possibilité donnée au juge, jusqu'à un certain point, de condamner l'auteur d'une faute lucrative à des dommages et intérêts d'un montant supérieur à celui du préjudice subi pourrait également se fondre, comme le principe de la réparation intégrale au fond, dans la logique générale de rééquilibrage propre à la responsabilité civile.

2. La relativité notionnelle du principe de la réparation intégrale : l'avènement possible du principe de la restitution intégrale

22. Le principe de la réparation intégrale se justifie aisément, par la mission de la responsabilité civile, consistant à rétablir la victime au plus proche de la situation qui était la sienne avant le dommage. Il s'agit ainsi plus d'une conséquence que d'un principe directeur : puisque la responsabilité civile a pour finalité le replacement de la victime dans son état antérieur[228], son indemnisation ne doit pas

[226] V. Conseil constitutionnel 9 novembre 1999, n° 99-419 DC, JCP G 2000, I, 280, n° 1, obs. G. VINEY.

[227] Dans le même sens, V. F. TERRE, Ph. SIMLER et Y. LEQUETTE, *Droit civil, Les obligations*, coll. Précis Dalloz, 11ème éd., Dalloz, 2013, n° 686 ; Ph. BRUN, *Responsabilité civile extracontractuelle*, LexisNexis, 4ème éd., 2016, n° 602.

[228] V. Ph. BRUN, *op. cit.*, n° 593.

apparaître plus forte ou plus faible vis-à-vis de cette situation préalable servant nécessairement d'objectif au juge civil. La réparation intégrale est intimement liée avec cette philosophie de replacement, qui l'impose comme la justifie[229].

23. Le principe de la réparation intégrale n'est donc pas une fin en soi. S'il existe, c'est au regard d'une directive qui lui est supérieure, propre à la responsabilité civile, nécessitant, afin de réaliser sa mission de replacement, que la victime soit intégralement indemnisée de son préjudice, sans perte ni profit. Ainsi, « *la responsabilité civile doit rétablir aussi exactement que possible l'équilibre détruit par le dommage* »[230]. L'impérieuse nécessité du retour à cet équilibre explique au fond la gêne doctrinale face à une faute lucrative. Dans cette hypothèse, si la victime est complètement indemnisée par le jeu du principe de la réparation intégrale, il n'en demeure pas moins que ce retour à l'équilibre n'est pas atteint, puisque l'auteur de la faute lucrative conserve un bénéfice de son action : sa situation, à l'issue de l'instance, n'est pas identique à celle qui était la sienne avant la commission de cette faute, et l'équilibre n'est donc pas, *in fine*, rétabli.

24. Dès lors, puisque la matrice de la responsabilité civile est d'abord le retour à la situation antérieure au dommage, pourquoi ne pas instaurer afin de permettre ce retour, à l'image du principe de la réparation intégrale qui s'applique à la victime afin d'assurer cette mission, un principe de la restitution intégrale du bénéfice ou de l'économie qui lui, permettrait de concrétiser l'objectif initial de la responsabilité du côté du responsable ? S'il est évident que le principe de la réparation intégrale n'est que le soldat permettant à la responsabilité civile d'assurer sa mission première de replacement, il est en effet nécessaire d'y adjoindre, dans les rares hypothèses d'un bénéfice conservé par le responsable à la suite de l'indemnisation de

---

[229] Sur les rapports entre la réparation et le retour à l'équilibre propre à la responsabilité civile, V. R. ENCINAS DE MUNAGORRI (2003). Propos sur le sens de la réparation en droit français de la responsabilité. *Revue générale de droit* (Canada), *33*(2), pp. 211-221.

[230] N. DEJEAN DE LA BATIE, *Responsabilité délictuelle*, in AUBRY ET RAU, *Droit civil français,* Tome VI-2, Libraires techniques, 1989, n° 85.

la victime, un soldat aux mêmes fonctions, permettant d'assurer à son encontre le rééquilibrage nécessaire[231].

25. Ce principe de la restitution intégrale du bénéfice réalisé, loin d'être en contradiction avec la réparation intégrale, apparaît en réalité complémentaire à celle-ci. Il s'agit, simplement, au vu de la finalité de la responsabilité civile, d'une conséquence inéluctable et logique de cette mission de retour à l'équilibre. La seule différence induite par le principe de la restitution intégrale du bénéfice par rapport à une situation d'indemnisation classique de la victime est de braquer pour une rare fois cette idée de rééquilibrage vers le responsable. Mais la philosophie demeure la même : permettre, dans toutes ces facettes, le retour au *statu quo ante*, par la mise en œuvre de la responsabilité civile. Le principe de la restitution intégrale du bénéfice permet ainsi de montrer que, des deux côtés de l'instance en responsabilité civile, les parties sont soumises à cette logique de rééquilibrage.

26. Imposer à l'auteur d'une faute lucrative une restitution intégrale du bénéfice ou de l'économie réalisés apparaît tout autant légitime qu'indispensable au regard de la mission de la responsabilité civile. Cependant, si celle-ci permet à l'heure actuelle l'intronisation de cette obligation de restitution, il ne saurait être question d'aller au-delà, et de condamner l'auteur de la faute lucrative à une somme dépassant le montant des bénéfices réalisés. Cela impliquerait en effet une rupture de la logique de neutralisation propre à la responsabilité civile, le responsable s'appauvrissant au bout du compte. Dès lors, l'article 1266- 1 du Code civil tel qu'issu du projet de loi du 13 mars 2017 laisse un sentiment d'insatisfaction. En effet, s'il est tout autant essentiel que possible de dépasser le principe de la réparation intégrale, l'avènement de l'amende civile, outil permettant une condamnation d'un montant supérieur au préjudice subi par la victime et surtout au bénéfice réalisé par le responsable, se révèle douteuse face à l'objectif premier de rééquilibrage de la responsabilité civile.

---

[231] Dans le même sens, R. MESA, « L'opportune consécration d'un principe de restitution intégrale des profits illicites comme sanction des fautes lucratives », D. 2012, p. 2754.

II. L'indispensable limitation de la condamnation du responsable à des dommages et intérêts restitutoires

27. Puisque la responsabilité civile est bornée par un dessein commutatif, la mise en place de l'amende civile telle que proposée par le projet de loi du 13 mars 2017 est sujette à caution (A). Ce d'autant que la reconnaissance du principe de la restitution intégrale semble, en parallèle, relativement aisée (B).

A. Le douteux avènement de la logique des dommages et intérêts punitifs porté par le projet de loi de réforme de la responsabilité civile

28. L'article 1266-1 du Code civil, tel qu'issu du projet de loi du 13 mars 2017, n'échappe pas à la critique, tant dans ses imprécisions (1), que dans le glissement qu'il induit du droit de la responsabilité civile vers un droit répressif (2).

1. L'imprécision du régime issu du projet de loi

29. L'article 1266-1 du Code civil porté par le projet de réforme du 13 mars 2017 soumet principalement le prononcé d'une amende civile par le juge à la démonstration d'une faute lucrative commise par le défendeur. Ainsi, selon le texte, il faut que celui-ci ait « *délibérément commis une faute en vue d'obtenir un gain ou une économie* ». Il ne saurait donc être question d'amende civile sans l'établissement d'une faute. Cette faute doit-elle, au surplus, être intentionnelle ? Le texte est plus flou qu'il n'y parait. Il évoque certes le caractère « *délibéré* » de cette faute, mais, contrairement à la faute intentionnelle, il semble que cette volonté se rattache ici à son résultat pour son auteur, « *obtenir un gain ou une économie* », plutôt qu'aux conséquences de

la faute pour la victime[232]. Il apparait donc que, si cette faute doit receler une volonté de son auteur, elle n'est pas nécessairement intentionnelle au sens classique du terme[233]. Comme le note M. Dreyer, le comportement de l'agent doit certes être intentionnel dans la réalisation de la faute, mais sans obligatoirement que cette volonté se propage à la commission du dommage[234]. L'élément central de cette faute demeure la volonté de réaliser le bénéfice ou l'économie, non celle de causer un dommage.

30. Au-delà de la particularité de cette faute, il peut également être noté la difficulté à laquelle le juge sera confronté afin d'établir l'intention de la commettre. Il semble en effet délicat de réussir à démontrer une volonté inhérente de l'agent de réaliser un bénéfice ou une économie. En tous les cas, la seule réalisation de cette situation sera insuffisante afin d'établir la faute lucrative, le simple résultat ne valant pas l'intention. En outre, au surplus de cette difficulté probatoire, il est évident que la victime, ou le Ministère public[235], devra s'atteler à prouver la faute lucrative en elle-même, notamment en établissant le comportement fautif de son auteur[236]. Au bout du compte, l'évolution textuelle des conditions nécessaires afin d'établir la faute lucrative entre le projet de réforme du 13 mars 2017 et

---

[232] La faute intentionnelle nécessite en effet, traditionnellement, une démonstration d'une volonté de son auteur de causer le dommage. V. B. FAGES, *Droit des obligations*, LGDJ, 8ème éd., 2018, n° 394.

[233] Pour la victime, cette faute de l'auteur d'un comportement à visée lucrative peut se résumer à un « *risque de dommage* » : l'intention de l'auteur est focalisée sur le bénéfice, non sur le dommage que la victime va subir. V. F. ROUSSEAU, « Projet de réforme de la responsabilité civile : l'amende civile face aux principes directeurs du droit pénal », JCP G 2018, doctr. 686, n° 6.

[234] V. « La sanction de la faute lucrative par l'amende civile ; Article 1266-1 du projet de réforme de la responsabilité civile », D. 2017, p. 1136, n° 3.

[235] Le prononcé d'une amende civile peut en effet, selon le texte, avoir pour origine une demande tant de la victime que du Ministère public, V. art. 1266-1 al. 1er du projet de loi. Cette initiative laissée au Ministère public semble d'ailleurs contradictoire avec le rôle traditionnel du parquet, qui intervient en matière civile avec pour finalité la protection des victimes, et non la répression, fonction classiquement donnée à la matière pénale. Sur ce point, V. E. DREYER, « La sanction de la faute lucrative par l'amende civile ; Article 1266-1 du projet de réforme de la responsabilité civile », art. préc., n° 17.

[236] V. E. DREYER, art. préc., n° 4.

l'avant-projet du 29 avril 2016[237] ne permet pas de dissiper tous les doutes autour des éléments nécessaires à sa démonstration.

31. L'article 1266-1 alinéa 1er du Code civil tel qu'issu du projet de loi du 13 mars 2017 pose par ailleurs une importante limitation au champ d'application de l'amende civile proposée. Ainsi, son terrain d'élection est textuellement réduit à la responsabilité extracontractuelle. Cette restriction interroge. L'on peine en effet à comprendre en quoi un comportement aussi grave qu'une faute lucrative ne serait finalement sanctionné qu'en matière extracontractuelle, faisant du même coup échapper à toute sanction le cocontractant la commettant. Si l'on peut comprendre les arguments relatifs à une nécessaire compétitivité du droit français en matière contractuelle face à ses concurrents étrangers[238], il semble paradoxal de donner exceptionnellement au juge civil la possibilité de sanctionner par le jeu de dommages et intérêts punitifs – ce qui laisse à penser à une impérieuse volonté de sanction – et d'y exclure d'un revers de main un domaine où la commission d'une faute lucrative peut tout à fait se rencontrer[239]. De plus, l'application de l'amende civile pourrait s'insérer, en matière contractuelle, dans la lutte contre les abus commis par certains cocontractants peu scrupuleux.

32. Le prononcé de l'amende civile est ensuite, sitôt la faute établie, enserré dans un triple critère complété de plafonds, éloignant du même coup l'idée de clarté. Ainsi, au sein d'une décision « *spécialement motivée* »[240], le juge civil peut infliger une amende civile qui doit alors apparaître « *proportionnée à la gravité de la faute commise, aux facultés contributives de l'auteur et aux profits qu'il en aura retirés* »[241], tout en sachant que, par principe, « *l'amende ne peut*

---

[237] L'avant-projet de loi de réforme de la responsabilité civile exigeait sur ce point un discutable cumul entre une faute lourde et une faute délibérée afin d'établir la faute lucrative. V. F. GRAZIANI, « La généralisation de l'amende civile : entre progrès et confusions ; Commentaire de l'article 1266-1 du projet de réforme de la responsabilité civile », D. 2018, p. 428, I, B.

[238] V. S. CARVAL, « Le projet de réforme du droit de la responsabilité civile », JCP G 2017, 401.

[239] Dans le même sens, V. G. VINEY, « Quelques propositions de réforme du droit de la responsabilité civile », D. 2009, p. 2944, I, B, 7°.

[240] Art. 1266-1 al. 1er du projet de loi.

[241] Art. 1266-1 al. 2 du projet de loi. Ces critères ne sont pas sans rappeler ceux utilisés par le droit québécois, qui reconnaît les dommages et intérêts punitifs. Selon

être supérieure au décuple du montant du profit réalisé »[242], puisque des règles dérogatoires sur ce point sont édictées concernant les seules personnes morales autrices de fautes lucratives[243].

33. Ces multiples précisions textuelles, qui fleurent bon la peur du législateur de laisser le juge civil déterminer seul le montant de l'amende, n'empêcheront cependant pas un certain arbitraire de régner dans sa fixation. Ainsi, puisque les critères de la gravité de la faute commise, des facultés contributives de l'auteur et du profit retiré sont textuellement placés sur un pied d'égalité, *quid* de la situation d'une entreprise ayant commis une faute lucrative très grave, n'ayant finalement entraîné pour elle qu'un faible bénéfice ? Ou encore d'une société ayant réalisé une très grande économie, mais au jour du jugement civil placée en procédure collective ?[244] L'étonnante précision des critères de l'amende, sitôt comparée à la liberté du juge de fixer classiquement le montant des dommages et intérêts, n'est finalement qu'un écran de fumée, qui sera inapte à restreindre le pouvoir d'appréciation des juges. *A fortiori*, ces multiples critères ne permettent pas de poser à l'avance une limitation du montant de l'amende, qui pourra tout à fait être supérieure au montant du bénéfice retiré par l'agent, donnant au bout du compte un pouvoir de vie ou de mort sur l'entreprise au juge[245]. Cette extrême complexité contraste avec la solution de la Cour de cassation qui a, en 2010, posé un simple critère de proportionnalité, lorsqu'elle a considéré que des dommages et intérêts punitifs n'étaient par principe pas contraires à l'ordre public

---

l'article 1621 du Code civil du Québec, les dommages et intérêts punitifs « *s'apprécient en tenant compte de toutes les circonstances appropriées, notamment de la gravité de la faute du débiteur, de sa situation personnelle ou de l'étendue de la réparation à laquelle il est déjà tenu envers le créancier, ainsi que, le cas échéant, du fait que la prise en charge du paiement réparateur est, en toute ou partie, assumée par un tiers.* »

[242] Art. 1266-1 al. 3 du projet de loi.

[243] Art. 1266-1 al. 4 du projet de loi : « *si le responsable est une personne morale, l'amende peut être portée à 5% du montant du chiffre d'affaires hors taxes le plus élevé réalisé en France au cours d'un des exercices clos depuis l'exercice précédant celui au cours duquel la faute a été commise* ».

[244] Dans le même sens, V. E. DREYER, art. préc., n° 6.

[245] V. E. DREYER, art. préc., n° 12.

international, sous cette seule limite[246]. Sans doute le législateur aurait-il pu davantage s'inspirer de cette position.

34. Au bout du compte, l'amende civile telle que proposée par le projet de loi du 13 mars 2017 présente de nombreuses imprécisions et propose un maniement délicat, laissant augurer un épineux et disparate établissement de son montant. Plus profondément, elle remet aussi en cause de plein fouet la logique commutative de la responsabilité civile.

2. La mutation contestable de la responsabilité civile en droit répressif

35. L'amende civile présente au sein du projet de loi de réforme de la responsabilité civile crée une confusion au sein de ses missions. D'une logique purement commutative, suivant en cela sa quête du retour à la situation antérieure au dommage, l'article 1266-1 du Code civil issu de ce projet fait basculer la responsabilité civile vers une fonction punitive. En effet, à partir du moment où le texte permet au montant de l'amende d'être déconnecté de la hauteur du bénéfice ou de l'économie réalisés par le défendeur, une évidente logique de répression s'immisce dans l'institution, en permettant une condamnation de l'auteur de la faute au-delà du bénéfice réalisé par la commission de la faute lucrative[247]. Dans des droits étrangers connaissant ce type d'outil, le fait que le droit civil ait pour fonction de sanctionner est d'ailleurs entré dans les mœurs. Par exemple, au Québec, les dommages et intérêts punitifs sont considérés comme devant « *dissuader ou sanctionner ce que la société reconnait comme étant des comportements intolérables ou inacceptables* »[248], dépassant

---

[246] V. Civ. 1° 1er décembre 2010, n° 09-13.303 ; JCP G 2011, 140, note J. JUVENAL ; JCP G 2011, 435, n° 11, obs. Ph. STOFFEL-MUNCK ; D. 2011, p. 2434, obs. L. D'AVOUT ; RTD civ. 2011, p. 122, obs. B. FAGES ; Resp. civ. et assur. 2011, étude 5 par V. WESTER-OUISSE ; RDC 2011, 459, note S. CARVAL ; RTD com. 2011, p. 666, obs. Ph. DELEBECQUE.

[247] Dans le même sens, V. R. MESA, *Les fautes lucratives en droit privé*, Thèse dactyl. ULCO, 2006, n° 928.

[248] M. LACROIX, *JurisClasseur Québec*, coll. « Droit civil », vol. « Obligations et responsabilité civile », Fasc. 28, « Dommages-intérêts punitifs et modalités procédurales », n° 6.

d'autant l'idée de seule justice commutative. Le projet de loi du 13 mars 2017 transforme ainsi en partie le droit civil en droit pénal, alors même qu'il s'agit de deux branches du droit n'ayant pas les mêmes fonctions[249].

36. Si cette confusion des genres apparait en soi discutable, ses conséquences sont également source de difficultés. En effet, à partir du moment où une telle amende civile rend possible le prononcé d'une condamnation supérieure au bénéfice réalisé, il s'agit sans conteste d'une décision ayant le caractère de peine[250], ce qui nécessitera le respect par le juge civil la prononçant des règles du droit pénal. Ainsi, il devra observer le principe de légalité des délits et des peines[251], alors même que le texte issu du projet de loi ne semble pas suffisamment précis en l'état afin d'assurer les exigences d'accessibilité et de prévisibilité issues de ce principe[252]. Notamment, prévoir, comme le texte, que l'amende civile pourra être prononcée à

---

[249] Sur cette distinction, V. Ph. BRUN, *Responsabilité civile extracontractuelle*, LexisNexis, 4ème éd., 2016, n° 14 ; J. FLOUR, J.-L. AUBERT et É. SAVAUX, *Les obligations, 2. Le fait juridique*, Sirey, 14ème éd., 2011, n° 387 ; C. DUBOIS, *Responsabilité civile et responsabilité pénale, à la recherche d'une cohérence perdue,* Thèse Paris II 2014, préf. Y. LEQUETTE, LGDJ, 2016. Au Québec, la présence de tels dommages et intérêts a fait de la responsabilité civile un système qualité de mixte. V. L. PERRET (2003). Le droit de la victime à des dommages punitifs en droit civil québécois : sens et contresens. *Revue générale de droit* (Canada), *33*(2), pp. 233-256, spéc. p. 256.

[250] En effet, le Conseil constitutionnel, tout comme la Cour européenne des droits de l'homme, ont une vision large de la notion de décision ayant la nature de sanction. Ainsi, cette qualification n'est pas réservée à la décision rendue par le juge pénal, mais se rencontre dès que la sanction a le caractère d'une punition. C'est ainsi que l'amende civile particulière prévue par la loi NRE du 15 mai 2001 sanctionnant le déséquilibre significatif entre partenaires commerciaux et prévue à l'article L. 442-6-III du Code de commerce a été considérée comme ayant une nature de sanction. V. Conseil constitutionnel 13 janvier 2011, n° 2010-85 QPC, D. 2011, p. 415, note Y. PICOD ; *ibid.* p. 392, note M. CHAGNY ; RTD civ. 2011, p. 121, obs. B. FAGES. La qualification de sanction, selon les critères issus de la Cour européenne des droits de l'homme de l'amende civile portée par le projet de réforme de la responsabilité civile, ne fait également aucun doute. Sur ce point, V. J. PROROK, « L'amende civile dans la réforme de la responsabilité civile ; Regard critique sur la consécration d'une fonction punitive générale », RTD civ. 2018, p. 327, II, A, 2.

[251] V. E. JUEN, « Vers la consécration des dommages-intérêts punitifs en droit français », RTD civ. 2017, p. 565, n° 3 ; R. MESA, *Les fautes lucratives en droit privé*, *op. cit.*, n° 929.

[252] V. J. PROROK, art. préc., II, B, 1, b).

la suite de toute faute lucrative commise est insuffisant, au regard de la précision nécessaire des fautes pouvant entraîner la sanction que commande le droit pénal[253]. Le Conseil constitutionnel, s'appuyant sur cette trop grande généralité, a d'ailleurs récemment censuré une amende civile visant les sociétés mères que le législateur souhaitait créer[254]. En outre, le principe *non bis in idem* pourrait être contrarié, le juge civil punissant par l'amende civile un comportement qui pourrait très bien avoir été sanctionné par ailleurs par le juge pénal[255].

37. Nombre d'auteurs soulignent le risque de censure de l'article 1266-1 du Code civil proposé par le projet de loi du 13 mars 2017 par le Conseil constitutionnel[256]. Pourquoi alors prendre un tel risque ? Il apparaît dès lors indispensable d'appeler *a minima* le législateur à revoir à nouveau ce texte, comme il l'avait déjà fait en le modifiant pour ce projet de loi du 13 mars 2017 par rapport à l'avant-projet de réforme du 29 avril 2016[257]. La transformation doit être profonde. Que ce soit au regard de la finalité de la responsabilité civile que de la nécessaire application des principes du droit pénal qui en découlerait, il semble que le législateur se soit égaré en proposant l'instauration en droit français de dommages et intérêts véritablement punitifs, c'est-à-dire de dommages et intérêts dont le montant peut dépasser le montant du bénéfice ou de l'économie réalisé. La responsabilité civile n'est pas, et ne doit pas devenir l'instrument de l'application d'un droit

---

[253] *Idem.*

[254] La loi n° 2017-399 du 27 mars 2017 relative au devoir de vigilance des sociétés mères et des entreprises donneuses d'ordre prévoyait dans son article 1er de créer une amende civile pour les sociétés mères qui méconnaitraient un certain nombre de leurs obligations. Le Conseil constitutionnel a estimé que le manquement commis par la société tel que prévu par le texte était défini dans des termes insuffisamment clairs et précis. V. Conseil Constitutionnel 23 mars 2017, n° 2017-750 DC, D. 2017, p. 2501, obs. G. ROUJON DE BOUBEE ; Constitutions 2017, 234, chron. P. BACHSCHMIDT.

[255] V. J. PROROK, art. préc., II, B, 2.

[256] V. F. GRAZIANI, « La généralisation de l'amende civile : entre progrès et confusions ; Commentaire de l'article 1266-1 du projet de réforme de la responsabilité civile », D. 2018, p. 428, II, B ; S. CARVAL, « Le projet de réforme du droit de la responsabilité civile », JCP G 2017, 401 ; E. DREYER, « La sanction de la faute lucrative par l'amende civile ; Article 1266-1 du projet de réforme de la responsabilité civile », D. 2017, p. 1136, n° 11 ; F. ROUSSEAU, « Projet de réforme de la responsabilité civile : l'amende civile face aux principes directeurs du droit pénal », JCP G 2018, doctr. 686.

[257] V. *supra,* n° 30, *in fine.*

pénal déguisé. Cantonnée à une finalité principale de rééquilibrage, cette dernière semble par nature rétive à toute idée de dommages et intérêts punitifs. Toutefois, puisqu'il a été démontré que l'institution, du fait de son essence commutative, permet théoriquement l'apparition en droit français de dommages et intérêts restitutoires, strictement limités au bénéfice ou à l'économie réalisés par l'auteur d'une faute lucrative[258], il convient pour clore cette étude d'examiner l'indispensable restriction aux dommages et intérêts restitutoires de toute velléité de dépassement du principe de la réparation intégrale.

B. Le nécessaire avènement des seuls dommages et intérêts restitutoires en droit français

38. Contrairement aux dommages et intérêts punitifs envisagés par le projet de loi du 13 mars 2017 sous l'appellation d'amende civile, les dommages et intérêts restitutoires se fondent dans l'essence même de la responsabilité civile (1), et présentent une application souple et sans difficulté notoire (2).

1. La compatibilité du principe de la restitution intégrale avec la finalité de la responsabilité civile

39. À l'inverse de l'amende civile proposée par le projet de loi du 13 mars 2017, les simples dommages et intérêts restitutoires, matérialisés par l'avènement d'un principe de la restitution intégrale du bénéfice ou de l'économie, ne brusquent pas l'identité même de la responsabilité civile. En effet, limités à la seule restitution du bénéfice ou de l'économie réalisés, ils n'ont pas pour discutable conséquence d'empêcher, à la suite de leur versement, le retour au *statu quo ante*. Précisément, la victime est classiquement indemnisée de son préjudice et, dans l'hypothèse où cette indemnisation permet à l'auteur d'une faute de conserver un bénéfice ou une économie de son action, ce comportement – alors lucratif – imposera la restitution intégrale du

---

[258] V. *supra*, n° 22 et s.

bénéfice résiduel à des fonds d'indemnisation[259]. Que ce soit du côté de la victime ou de l'auteur de la faute lucrative, l'œuvre du juge civil aura pour effet un retour le plus précis possible à la situation préalable à la faute et au dommage : la logique de rééquilibrage de la responsabilité civile aura, dans ce système, fonctionné à plein, sans enrichissement permis par les règles actuelles ni appauvrissement de l'auteur de la faute lucrative, au contraire des effets du prononcé de l'amende civile telle que proposée par le projet de loi.

40. Les dommages et intérêts restitutoires ne heurtent ainsi pas les fonctions traditionnelles de la responsabilité civile[260]. Toute qualification de peine de ces dommages et intérêts semble devoir être écartée, puisqu'il ne s'agirait là que de la mise en avant d'une fonction encore méconnue de la responsabilité civile, marquée par cette volonté de rééquilibrage[261]. S'il a pu être objecté que ces dommages et intérêts restitutoires seraient en réalité des dommages et intérêts « *confiscatoires* », en ce qu'ils ne seraient pas destinés à la victime[262], ce qui induirait leur qualification de peine, le rattachement préalable de ces dommages et intérêts à une logique de pure responsabilité civile écarte le danger. Ce n'est pas en soi une volonté de punir l'auteur d'une faute lucrative qui doit inciter le législateur à introniser les dommages et intérêts restitutoires, mais uniquement un besoin issu de l'essence commutative de la responsabilité civile, et qui ne peut aujourd'hui fonctionner à plein. Aucune finalité pénale ni répressive n'est présente s'agissant de forcer, afin de neutraliser la situation, l'auteur d'une faute lucrative à restituer le bénéfice ou l'économie en résultant en le contraignant à verser des dommages et intérêts supérieurs aux effets de cette faute sur la victime. D'ailleurs, il ne peut être contesté que les dommages et intérêts restitutoires ont un effet dissuasif moindre que les dommages et intérêts punitifs[263], dénotant si

---

[259] Sur la destination des dommages et intérêts restitutoires, v. *infra*, n° 45.

[260] V. R. MESA, « L'opportune consécration d'un principe de restitution intégrale des profits illicites comme sanction des fautes lucratives », D. 2012, p. 2754, I, A. L'auteur y note l'« *absence de corrélation punitive* » induite par l'utilisation des dommages et intérêts restitutoires.

[261] V. R. MESA, *Les fautes lucratives en droit privé*, Thèse dactyl. ULCO, 2006, n° 1015 et s.

[262] V. J. PROROK, art. préc., I, A, 2.

[263] *Idem.* D'ailleurs, l'objectif visé des dommages et intérêts punitifs est bien souvent ce caractère dissuasif, mettant en avant leur logique de droit pénal « *privé* », ainsi éloigné de la seule idée de rééquilibrage gouvernant la responsabilité civile. V.

le besoin s'en faisait encore sentir au stade de cette étude, qu'il serait acrobatique de les qualifier de sanctions. La finalité de cet instrument nouveau doit – et surtout peut – demeurer conforme à la fonction de la responsabilité civile.

41. Puisque les dommages et intérêts restitutoires se rattachent à la mission de la responsabilité civile, il ne semble exister aucun obstacle théorique à leur application généralisée en la matière, que la faute lucrative se soit rencontrée en matière contractuelle ou extracontractuelle. En effet, dans chacune de ces deux hypothèses, la situation, du point de vue de l'asymétrie causée par la faute lucrative, est identique : l'auteur, sans obligation de restitution, pourra conserver une partie du bénéfice ou de l'économie réalisés. Il convient alors de se ranger derrière une doctrine appelant à cette généralité d'application des dommages et intérêts restitutoires[264]. En outre, ces dommages et intérêts n'auront aucune conséquence sur les autres conditions de la responsabilité : le préjudice aura été établi par la victime, tout comme le fait générateur, fautif, et le lien de causalité. Quant à la démonstration du bénéfice ou de l'économie résiduels, elle pèsera classiquement sur la victime ou encore le Ministère public.

42. Les dommages et intérêts restitutoires permettent ainsi une condamnation renforcée de l'auteur d'une faute lucrative, fondée sur la seule finalité de l'institution. Cela permet de mettre en avant la facette prophylactique de la responsabilité civile[265], tout en évitant les affres d'un mélange des genres entre le droit civil et le droit pénal. Ce d'autant qu'au fond, il appartient au législateur de prendre ses responsabilités s'il souhaite incriminer plus sévèrement un certain nombre de comportements qu'il souhaite punir. La voie du droit pénal lui demeure ouverte, par la création de nouvelles infractions ou encore le renforcement d'un certain nombre de peines[266]. De ce point de vue,

---

L. PERRET (2003). Le droit de la victime à des dommages punitifs en droit civil québécois : sens et contresens. *Revue générale de droit* (Canada), *33*(2), pp. 233-256, spéc. pp. 238-239.

[264] V. G. VINEY, « Quelques propositions de réforme du droit de la responsabilité civile », D. 2009, p. 2944, I, B, 7° ; R. MESA, art. préc., II, A, 1.

[265] Sur cette fonction préventive de la responsabilité civile, V. Ph. BRUN, *Responsabilité civile extracontractuelle*, LexisNexis, 4ème éd., 2016, n° 12.

[266] De plus, il apparait bien plus naturel, en présence d'une faute lucrative semblant si grave aux yeux du législateur qu'il en instaurerait un régime civil spécifique, de se

l'on demeure dubitatif quant à son choix d'utiliser le droit civil afin d'arriver à des fins purement pénales, par le truchement de l'amende civile proposée par le projet de loi du 13 mars 2017[267]. Au bout du compte, les dommages et intérêts restitutoires épousent la logique de la responsabilité civile. En outre, ils recèlent une intéressante souplesse dans leur mise en œuvre.

2. La mise en œuvre simplifiée des dommages et intérêts restitutoires

43. Là où les dommages et intérêts punitifs se perdent en conjectures concernant la fixation de leur montant – les multiples critères proposés par l'article 1266-1 du Code civil issu du projet de réforme du 13 mars 2017 établissant sans difficulté cet écueil[268], les dommages et intérêts restitutoires disposent de repères fixes afin d'être déterminés, le bénéfice ou l'économie réalisés par l'auteur de la faute lucrative d'un côté, et le montant des dommages et intérêts versés à la victime de l'autre. Cette logique de restitution intégrale apporte alors une clarté dans le régime, que les dommages et intérêts punitifs sont inaptes à proposer, sinon un arbitraire peu attirant dans leur fixation. Elle montre également toute la souplesse de l'établissement des dommages et intérêts civils, qui peuvent sans peine s'ajuster au montant du bénéfice ou de l'économie réalisés, au contraire de la matière pénale, où le juge est tenu en partie par le montant de l'amende à décerner[269].

44. Une certaine prophylaxie semble imposer en outre que les dommages et intérêts restitutoires ne puissent être assurables, comme

---

tourner vers le droit pénal, dont la sanction constitue l'une sinon la finalité première. Dans le même sens, V. E. DREYER, art. préc., n° 8.

[267] Des raisons de politique judiciaire, voulant en substance qu'il est souhaitable de faire échapper le procès pénal au monde des affaires, peuvent cependant être mises en avant. V. F. ROUSSEAU, art. préc., n° 3. Mais, au regard de la division de principe et des finalités différentes entre la responsabilité civile et la responsabilité pénale, l'argument semble léger.

[268] V. *supra,* n° 32 et s. Adde. E. DREYER, art. préc., n° 10 et s.

[269] V. E. JUEN, « Vers la consécration des dommages-intérêts punitifs en droit français », RTD civ. 2017, p. 565, n° 25.

d'ailleurs le projet de loi du 13 mars 2017 le prévoit[270]. D'autant plus que la faute lucrative, si elle n'apparaît pas comme une faute intentionnelle au sens classique du terme[271], en est cependant relativement proche, puisqu'une volonté malicieuse de son auteur est présente. La faute intentionnelle n'étant pas assurable, du fait notamment de cette volonté inhérente de causer un dommage, il semble que la faute lucrative doive emprunter le même chemin, afin d'empêcher une prise en charge collective des conséquences d'un acte malicieux désiré. Ainsi, même assuré pour le risque considéré à l'origine du dommage subi par la victime, l'auteur de la faute lucrative sera tenu personnellement de restituer le surplus bénéficiaire.

45. Enfin, sitôt le montant des dommages et intérêts restitutoires établi, se pose une ultime question, celle de leur affectation. Une fois encore, la logique de rééquilibrage inhérente à la responsabilité civile permet de résoudre efficacement cette difficulté. Si les dommages et intérêts restitutoires devaient en effet être attribués à la victime, cette dernière s'enrichirait à la suite de l'instance en responsabilité : son dommage serait certes indemnisé, mais elle aurait reçu au surplus le bénéfice résiduel réalisé par le responsable. Cette situation, s'approchant de l'enrichissement injustifié[272], apparaîtrait de toute façon incompatible avec l'idée de retour au *statu quo ante* guidant la responsabilité civile. Une situation paradoxale naîtrait alors : la nécessité d'introniser des dommages et intérêts restitutoires en droit français afin de rééquilibrer des situations qui ne le sont pas aujourd'hui se traduirait *in fine* par l'apparition d'un nouveau déséquilibre, au profit de la victime cette fois-ci. Dans ces conditions, il est indispensable d'affecter à des fonds d'indemnisation le montant des dommages et intérêts restitutoires versés par le défendeur[273].

46. Au bout du compte, la souplesse de mise en œuvre des dommages et intérêts restitutoires tranche avec la lourdeur de l'amende civile : parfaitement utilisables aujourd'hui, comme simple

---

[270] V. art. 1266-1 al. 6.
[271] V. *supra*, n° 29.
[272] Dans le même sens, V. F. GRAZIANI, « La généralisation de l'amende civile : entre progrès et confusions ; Commentaire de l'article 1266-1 du projet de réforme de la responsabilité civile », D. 2018, p. 428, I., B ; R. MESA, *Les fautes lucratives en droit privé*, Thèse dactyl. ULCO, 2006, n° 932 et s.
[273] *Idem*.

conséquence de la philosophie commutative de la responsabilité civile, non soumis à de sérieux doutes quant à leur application et leur constitutionnalité, puisque n'étant pas qualifiables de peine, ces dommages et intérêts, matérialisant un principe à découvrir et à préciser de restitution intégrale du bénéfice ou de l'économie réalisés apparaissent alors une bien meilleure option pour l'évolution du droit français de la responsabilité civile que l'amende civile proposée par le projet de loi du 13 mars 2017. La logique de rééquilibrage diffusée par les dommages et intérêts restitutoires irait au fond de pair avec l'idée d'équité, telle qu'on la trouve d'ailleurs dans le domaine proche des quasi-contrats[274]. La responsabilité civile serait alors dotée d'un moyen tout aussi souple qu'efficace afin de tendre vers cette équité et ce rééquilibrage nécessaires en cas de faute lucrative commise.

[274] V. G. VINEY, art. préc., I, B, 2°.

La minimisation du préjudice : d'une analyse générale à l'analyse particulière du préjudice corporel

Alicia MÂZOUZ
*Maîtresse de conférences à la Faculté de droit
de l'Université catholique de Lille,
Membre du Centre de recherche sur les relations
entre le risque et le droit (C3RD)
Chercheuse associée de l'IRJS
(Université Paris 1 Panthéon Sorbonne)*

Il a fermé la porte, descendu l'escalier et patienté pour traverser la chaussée. Il a entendu le choc, les sirènes, puis son cœur battre, encore, sur le moniteur. On a voulu le transfuser, il a dit oui, on a voulu le recoudre, il a dit oui, on lui a annoncé qu'il avait contracté une maladie nosocomiale, il a dit merde et il est parti de l'hôpital. Sans un signe, sans suivre les conseils, sans prendre son traitement et maintenant, il ne lâchera rien. La réparation sera intégrale. Cette histoire pourrait être celle de nombreuses personnes, qui, au cœur d'une journée ordinaire, se sont soudain trouvées confrontées au droit de la responsabilité civile. Cette histoire fait assurément partie de celles qui invitent à réfléchir sur une obligation ou peut-être, plus exactement, un devoir de minimiser son préjudice une fois celui-ci réalisé[275].

Rappelons donc brièvement, afin de ne pas payer tribut à l'évidence tout en permettant une lecture simplifiée des lignes qui vont suivre, les enjeux posés par le présent sujet. Une victime ou, autrement formulée, une personne lésée[276], pourrait se voir reprocher, postérieurement à la réalisation de son préjudice et avant l'évaluation de celui-ci, de ne pas avoir mis en œuvre certaines mesures ou acceptées celles-ci, qui auraient contribué, *in fine,* à limiter l'étendue de son préjudice. Le comportement de la personne lésée est ainsi apprécié postérieurement à la réalisation du préjudice ce qui distingue la problématique de la minimisation du préjudice de la question de la participation de la victime à la réalisation même de son préjudice[277].

Si cette problématique réapparaît avec une certaine acuité, à l'heure des projets de réforme de la responsabilité civile, il ne s'agit assurément pas d'une réflexion marquée du seul sceau de la modernité. Pothier, déjà, s'interrogeait sur la réparation du préjudice d'un éleveur qui, ayant acheté un animal malade, n'avait pas pris les mesures nécessaires pour protéger l'ensemble du troupeau. Pourtant,

---

275 Sur cette distinction voir notamment GREAU F., Le droit français peut-il faire une place au devoir de minimiser son dommage ? in BENISTY S. (dir.), *Les devoirs en droit*, Institut Universitaire Varenne, coll. Colloque & Essais, 2017, pp. 61 et s.

276 L'emploi de ce terme, moins connoté que celui de « victime » convient sans doute davantage dans un certain nombre d'hypothèses en particulier en matière de responsabilité civile contractuelle.

277 Voir DUMERY A., La faute de la victime en droit de la responsabilité civile, L'Harmattan, coll. « Droit, société et risques », 2011, pp. 341 et s.

nous verrons que le droit français fait preuve d'une certaine distance vis-à-vis du principe de minimisation, *a fortiori* lorsqu'il s'agit de réduire la réparation d'une atteinte corporelle. Il ne s'agit certes pas d'un refus catégorique, comme en témoignent l'évolution de la jurisprudence et les récents projets de réforme du droit de la responsabilité civile (I) mais il est vrai que les difficultés pratiques, que poserait l'introduction de ce principe en droit français, en particulier s'agissant du préjudice corporel, invitent, à défaut d'une franche opposition de principe, à une certaine méfiance (II).

I. L'évolution du refus de la minimisation du préjudice par la victime

A. Un refus des juges affirmé face au silence du législateur

Face au silence du législateur en droit commun, les juges ont accueilli avec frilosité la minimisation tout au long du XXème siècle tandis qu'au XXIème siècle, les magistrats du quai de l'horloge ont refusé, avec une grande fermeté, de reconnaître une obligation générale de minimiser son préjudice.

En effet, s'agissant plus particulièrement du préjudice corporel, il fut un temps pendant lequel, une distinction était opérée entre les actes bénins et les actes graves[278] : pour ces derniers, certaines décisions furent marquées par un refus de prendre en considération le comportement de la victime qui n'aurait pas permis de minimiser son préjudice. Au contraire, pour les actes bénins, l'absence de soins par la victime fut parfois retenue en vue de limiter le montant de sa réparation.

En 1997, un arrêt important entame une série de décisions consacrant un refus général de retenir le comportement de la victime

---

[278] Cass. 2e civ., 13 janv. 1966, n° 63-13.585, Gaz. Pal. 1966, p. 375 ; Cass. crim., 30 oct. 1974, *JCP G* 1975, II, n°18038, note MOURGEON L., *D.* 1975, somm., p. 178, note SAVATIER R.

conduisant à l'aggravation de son préjudice[279]. La Cour de cassation s'exprime alors en ces termes :

> « *Mais attendu qu'il résulte de l'article 16-3 du Code civil que nul ne peut être contraint hors les cas prévus par la loi, de subir une intervention chirurgicale ;*
>
> *Qu'ayant exactement énoncé que M. X... n'avait pas l'obligation de se soumettre à l'intervention destinée à la pose d'une prothèse demandée par la société des Transports Laronze-Auvergne et leur assureur la cour d'appel, répondant aux conclusions et retenant que M. X... avait subi un préjudice dont le principe n'était pas contesté, a souverainement décidé qu'il y avait lieu de lui allouer un capital...* ».

A la lecture de cette décision, devait-on conclure à l'abandon d'une distinction entre les actes graves et bénins ? Devait-on considérer que dès lors qu'il s'agit d'un préjudice corporel, le comportement de la victime postérieurement à la réalisation de son préjudice ne pouvait nullement être pris en considération dans l'évaluation de son préjudice ? Certains auteurs en douteront, à l'instar de Jean Hauser, pour qui un tel abandon aurait poussé « *beaucoup trop loin la protection du corps humain* » [280]. En effet, comme le soulignait également Patrice Jourdain, « *s'il n'a jamais été sérieusement envisagé d'imposer à la victime une intervention chirurgicale - attitude qui heurterait de front le principe d'inviolabilité du corps humain, aujourd'hui consacré par l'article 16-1 du Code civil -, ne devrait-on pas au moins tirer les conséquences d'un refus préjudiciable au responsable en réduisant le droit à réparation de la victime ?* »[281]

[279] Civ. 2e, 19 mars 1997, n° 93-10.914.

[280] HAUSER J., « Du respect du corps humain », *D*, 1997, 106 ; *RTD civ.*, 1997, p. 632.

[281] JOURDAIN P., « Quelle est l'incidence du refus, par la victime, d'une intervention chirurgicale sur l'indemnisation du dommage », *RTD civ.*, 1997, p. 675. Voir en ce sens V. DOLL P.-J., Des conséquences pécuniaires du refus par la victime d'un accident de se soumettre à une opération chirurgicale améliorante après consolidation des blessures, *JCP*, 1970, I, 2351.

Une décision rendue en 2003[282] vient contrarier les analyses précitées. L'attendu de principe est net et les faits à l'origine de la décision permettent à la haute juridiction de s'affranchir d'une distinction entre des actes qui seraient qualifiés de graves et des actes dits bénins. Elle s'exprime alors en ces termes :

« *Attendu que l'auteur d'un accident est tenu d'en réparer toutes les conséquences dommageables ; que la victime n'est pas tenue de limiter son préjudice dans l'intérêt du responsable ;*

Attendu que pour réduire le montant de l'indemnisation de l'aggravation de l'incapacité permanente partielle, l'arrêt retient que pour les troubles psychiques retenus par l'expert, Mme X... a été invitée par son neurologue en 1995, puis par son neuropsychologue en 1998, à pratiquer une rééducation orthophonique et psychologique, ce qu'elle n'a pas fait ; que ce refus de se soigner est fautif et que cette faute concourt pour partie à la persistance de troubles psychiques ...».

La formulation retenue dans l'attendu témoigne d'une volonté de la Cour de cassation d'étendre son refus de la minimisation à tous les préjudices, démarche confortée par l'existence d'une autre décision rendue le même jour, et dans le même sens, à propos d'un préjudice matériel[283]. La Cour de cassation conviendra, à travers son rapport annuel, que ces décisions s'inscrivent en rupture avec les évolutions passées et en particulier avec « *l'ancienne jurisprudence qui opérait classiquement une distinction selon qu'il s'agissait d'une opération grave ou sérieuse, de traitements douloureux, comportant des risques ou aléatoires, entraînant une véritable gêne, auquel cas le refus de la victime était considéré comme légitime et justifié et ne diminuait pas son droit à réparation, ou bien qu'il s'agissait, au contraire, de soins bénins, ne présentant aucun danger, ne causant aucune gêne appréciable et dont l'efficacité était à peu près certaine pour améliorer l'état et diminuer le dommage, auquel cas la victime qui s'y refusait, considérée comme fautive, devait prendre en charge la part de préjudice qui aurait pu être ainsi évitée* »[284].

---

[282] Civ 2e, 19 juin 2003, n°01-13.289.
[283] Civ. 2e, 19 juin 2003, n°00-22.302.
[284] *L'égalité, Rapport annuel de la Cour de cassation 2003*, La documentation française, 2004, pp. 412- 413.

Depuis, la position de la Cour de cassation ne semble pas s'infléchir. En 2006, la première chambre civile a eu l'occasion de rappeler que « *le refus de M. X... de se soumettre aux traitements préconisés, dès lors qu'il n'avait pas l'obligation de les suivre, ne pouvait entraîner ni la perte ou la diminution de son droit à indemnisation, ni la prise en compte d'une aggravation susceptible de découler d'un tel choix* »[285]. De même, dans une décision de 2015[286] cette même chambre a rappelé cette position au visa combiné des articles 16-3 du Code civil, L.1142- 1 et L. 1111-4 du Code de la santé publique. Il s'agissait dans cette affaire de l'évaluation du préjudice d'une victime d'une infection nosocomiale qui avait refusé de se soigner aggravant ainsi les conséquences de la maladie nosocomiale. En l'espèce, la victime était un professionnel de santé, qui pouvait connaître les conséquences de son refus catégorique de soins alors même qu'une intervention légère aurait pu lui éviter de subir, *in fine*, une intervention beaucoup plus lourde. La présente affaire illustre donc les limites du refus catégorique par la haute juridiction judiciaire d'un devoir de minimiser son préjudice, conduisant à traiter avec une grande sévérité le responsable. La chambre criminelle a également refusé de prendre en considération le comportement de la victime, qui avait fait le choix d'abandonner ses traitements d'antidépresseurs et thérapeutiques, dans l'évaluation de son préjudice[287].

On pourra en outre souligner que les juridictions administratives semblent s'inscrire dans une même tendance jurisprudentielle. Ainsi, à propos d'une décision rendue par la Cour administrative d'appel de Marseille le 14 mai 2012, une autrice considère que « *le refus de la minimisation du préjudice garantit assurément le respect de l'inviolabilité du consentement du patient à tout geste médical mais contribue également à assurer la « sanctuarisation du corps humain* » »[288]. Elle nuance toutefois la portée de ce principe dans l'hypothèse où l'obligation de soins serait prévue par la loi à l'instar de la vaccination obligatoire pour les enfants en vue de leur admission

---

[285] Civ. 1e, 3 mai 2006, n°05-10.411.
[286] Civ 1e, 15 janvier 2015, n°13-21.180.
[287] Crim, 27 septembre 2016, n°15-83.309.
[288] LOPA DUFRENOT M., « La victime d'un dommage corporel a-t-elle l'obligation de réduire l'étendue de son préjudice ou d'éviter son aggravation ? », *AJDA.*, 2012, p. 1509.

dans un établissement à caractère sanitaire ou scolaire ou pour les personnes exerçant certaines professions notamment médicales.

Mais cette « sanctuarisation du corps humain » ne conduit-elle pas finalement à faire preuve d'une grande sévérité à l'égard de l'auteur du dommage ? En ce sens, il convient à présent d'envisager l'introduction de la minimisation du préjudice à l'aune des récents projets de réforme et de réfléchir au sort particulier réservé au préjudice corporel.

B. Une introduction tempérée prônée : le choix justifié d'une particularité du préjudice corporel ?

1. Les voix en faveur d'une introduction de la minimisation

L'ouverture se fait particulièrement sentir du côté d'une partie de la doctrine influençant les projets de réforme. Au contraire de l'opposition prétorienne générale, certains auteurs et projets opèrent une distinction entre les préjudices économiques et les préjudices corporels ou du moins pour certains d'entre eux. Dans les années 20, une telle opposition de principe entre ces deux catégories de préjudices était pourtant loin de s'imposer pour René Demogue[289] ; ce dernier affirmant :

« *Lorsque la faute se produit et doit si la victime ne fait aucun acte spécial causer un dommage d'une certaine étendue, la victime est-elle en faute si elle ne prend pas d'elle-même les mesures nécessaires pour diminuer le dommage ? L'affirmative ne fait pour nous aucun doute. Celui dont la maison a pris feu par la faute d'un tiers doit travailler à éteindre l'incendie. Le blessé est en faute s'il ne se soigne pas et ne se soumet pas aux opérations nécessaires, sauf si elles sont graves et hasardeuses...* »

Exigeant à l'égard de la personne lésée, il précisait également :

---

[289] DEMOGUE R., *Traité des obligations en général*, Tome IV, Rousseau, 1924, pp. 127-128, § 463 bis.

« *Du principe posé, nous tirerons la conclusion qu'en cas de traumatisme psychique causé par l'accident, le blessé doit avoir la volonté de réagir. S'il ne le fait pas, il est en faute. Le tribunal doit donc lui refuser de ce chef une indemnité, à moins qu'il ne constate un état pouvant résister à une volonté même énergique* ».

Au contraire, les différents projets de réforme, portent la marque d'une distinction entre le préjudice corporel et les autres préjudices, et cette spécificité s'affirme particulièrement lorsqu'il est question de la minimisation du préjudice. Si les différentes propositions de réforme se montrent dans l'ensemble favorables à la reconnaissance d'une obligation de minimiser son préjudice tel n'est pas le cas pour ce qui est du préjudice corporel.

Dans le projet de réforme Catala[290], les auteurs ont tenu à rappeler que certains domaines juridiques doivent être réservés à la loi, seule en mesure de « *créer le droit ou le transformer* ». L'article 1373, qui prévoit la possibilité de tenir compte de l'abstention de la victime qui aurait pu limiter son préjudice, est cité comme relevant précisément de ce domaine réservé. Il est certain qu'une telle modification du droit positif français appelle la consécration d'une disposition spécifique et claire au sein du Code civil. S'agissant toutefois du préjudice corporel, l'article 1373, ainsi rédigé, atteste du régime particulier dont il pourrait bénéficier :

« *Article 1373. Lorsque la victime avait la possibilité, par des moyens sûrs, raisonnables et proportionnés, de réduire l'étendue de son préjudice ou d'en éviter l'aggravation, il sera tenu compte de son abstention par une réduction de son indemnisation, sauf lorsque les mesures seraient de nature à porter atteinte à son intégrité physique* ».

Dans le dernier projet de réforme de la responsabilité civile une formulation plus large encore est retenue[291] :

---

[290] *Avant-projet de réforme du droit des obligations (Articles 1101 à 1386 du Code civil) et du droit de la prescription (Articles 2234 à 2281 du Code civil)*, Rapport à Monsieur Pascal Clément Garde des Sceaux, Ministre de la Justice, 22 Septembre 2005.

[291] *Projet de réforme de la responsabilité civile*, mars 2017, présenté le 13 mars 2017, par Jean-Jacques Urvoas, garde des sceaux, ministre de la Justice.

« *Article 1263. Sauf en cas de dommage corporel, les dommages et intérêts sont réduits lorsque la victime n'a pas pris les mesures sûres et raisonnables, notamment au regard de ses facultés contributives, propres à éviter l'aggravation de son préjudice* ».

Ainsi, il ne suffit pas que le préjudice soit constitué d'une atteinte à « l'intégrité physique » mais simplement qu'il s'inscrive dans le cercle du dommage corporel, peu important qu'il s'agisse des conséquences économiques ou non économiques ou encore, selon une autre dichotomie, de conséquences patrimoniales ou non patrimoniales du préjudice corporel.

Les récents projets semblent donc écarter tout devoir de minimisation lorsqu'il est question du préjudice corporel. Pour autant, cette exclusion est-elle pleinement justifiée ? Quels motifs pourraient la confirmer ou au contraire l'infirmer ?

2. Les intérêts divergents en présence

Pour envisager la possibilité d'introduire un principe de minimisation en matière de préjudice corporel, il convient de s'interroger sur les différents buts qui pourraient être poursuivis par le législateur.

La protection du responsable ou sa sanction ? L'introduction d'un principe de minimisation pourrait tout d'abord viser à ne pas faire peser sur le responsable des conséquences du préjudice qui ne découlent pas véritablement de son acte mais de l'inaction de la victime. Une telle lecture du principe s'inscrit notamment dans une utilisation défendue par certains du lien de causalité. Mais s'il est question d'un traitement plus favorable du responsable pourrait-on considérer la minimisation comme un outil de sanction du responsable ? Dès lors, pourquoi ne pourrait-on pas envisager d'articuler le principe de minimisation en fonction de la gravité des fautes : un responsable d'un fait volontaire ou involontaire, civil ou pénal pourrait-il bénéficier d'un traitement différencié par le droit ? Mais est-il justifié de faire peser sur la victime un devoir de modération en fonction de la gravité de la faute ? La prévisibilité juridique pourrait être entachée par une telle utilisation de la minimisation.

La responsabilisation de la victime ? Peut-on davantage considérer que l'introduction d'une obligation de minimisation viserait, selon une formule récurrente, à « responsabiliser la victime » ? Cette analyse ne nous paraît pas pertinente en matière corporelle car elle induit de considérer un comportement fautif de la victime. Or comme le souligne très justement le professeur Patrice Jourdain, dans son commentaire de la décision de 1997 précitée, « *était-il logique d'affirmer le droit de refuser une intervention portant atteinte à l'intégrité physique et de se fonder sur un tel refus pour retenir une faute à la charge de la victime ?*»[292]. Le consentement tel qu'encadré par les articles 16-3 du Code civil et L. 1111-4 du Code de la santé publique pourrait-il encore être véritablement libre s'il était dicté par la considération d'une réduction de la réparation du préjudice ? On sent en outre poindre la délicate relation entre le consentement et la vénalité lorsqu'il est question du corps humain.

D'aucuns considèrent également que la bonne foi pourrait dicter une exigence de minimiser son préjudice[293]. Si cette notion joue un rôle classique en droit des contrats, elle nous paraît plus délicate à mettre en œuvre en matière extracontractuelle. Or, l'indemnisation du préjudice corporel doit gagner en uniformisation et non cultiver des particularités. Les projets de réforme vont en ce sens. Il convient donc de rechercher une unité dans la construction de la minimisation d'un tel préjudice et d'éviter autant que faire se peut de distinguer entre les différents régimes de responsabilité.

L'équilibre à trouver est donc délicat : d'un côté, la personne lésée doit pouvoir demeurer libre de consentir à des actes intervenants sur son corps et, de l'autre côté, le responsable ne doit pas être asservi par les choix de la victime. Mais au-delà de cette classique opposition

---

[292] JOURDAIN P., « Quelle est l'incidence du refus, par la victime, d'une intervention chirurgicale sur l'indemnisation du dommage », *RTD civ.*, 1997, p. 675.

[293] *Rapport du groupe de travail de la Cour de cassation sur l'avant-projet de réforme du droit des obligations et de la prescription*, 15 juin 2007, En ligne sur le site de la Cour de cassation : https://www.courdecassation.fr/institution_1/autres_publications_discours_2039/discours_2202/groupe_travail_10699.html (dernière consultation le 19 janvier 2019)

entre responsable et personne lésée ne pourrait-on pas également envisager l'introduction de la minimisation en fonction de ses éventuelles vertus sociales ou pour reprendre une notion économique, dans sa dimension macroéconomique ?

La recherche d'un équilibre économique favorable à l'ensemble de la société ? La *ratio legis* pourrait également se loger dans une volonté d'équilibrer non pas seulement les intérêts du responsable et de la personne lésée, mais également de préserver un intérêt collectif. N'était-ce pas au fond ce qu'affirmait René Demogue lorsqu'il considérait que « *l'utilité sociale crée donc un devoir d'arrêter le dommage si on le peut* »[294] ?

Revenons un instant sur la notion d'intérêt thérapeutique. L'intérêt thérapeutique d'autrui est apparu dans la loi du 6 août 2004 à l'article 16-3 du Code civil[295]. Évidemment, à première vue, aucun intérêt thérapeutique d'autrui ne semble en jeu lorsqu'il s'agit de la minimisation de son préjudice par la victime. Toutefois, s'il fallait pousser le raisonnement à ses extrémités, il pourrait être soutenu qu'en assurant un meilleur équilibre financier de l'ensemble du système de santé, indirectement, l'intérêt thérapeutique d'autrui pourrait s'en trouver renforcé. Mais encore faudrait-il que le coût réel du refus de soins puisse peser suffisamment dans la balance du côté des assureurs privés ou des fonds d'indemnisation pour qu'un tel raisonnement puisse être valablement soutenu. Pour conforter une telle analyse, il pourrait être opportun de bénéficier d'une étude d'impacts économiques des refus de soins par les victimes. On pourra noter qu'une commission, chargée d'évaluer les refus de soins a été désignée par un décret du 21 juillet 2016[296]. Ce décret institue, « *auprès de chaque conseil national des ordres des professionnels de santé médicaux, une commission chargée d'évaluer les pratiques de refus de soins opposés par les médecins, chirurgiens-dentistes et sages-femmes* ». Son domaine de compétence est donc fixé à l'évaluation des pratiques de refus de soins par les professionnels eux-

---

[294] DEMOGUE R., *Traité des obligations en général*, Tome IV, Rousseau, 1924, pp. 127-128, § 463 bis.

[295] PHILIPPE C., « Réflexion sur le nouvel article 16-3 du Code civil », *RGDM,* n°17, 2005, p. 377-382.

[296] Décret n° 2016-1009 du 21 juillet 2016 relatif aux modalités d'évaluation des pratiques de refus de soins, JORF n° 0170 du 23 juillet 2016, texte n° 21.

mêmes et non par les patients. Pourrait-on envisager une extension du champ de compétence de cette commission ? Si en théorie, l'objectif pourrait être souhaitable, la pratique laisse présager quelques difficultés. En effet, la commission, dans un récent rapport, dénonce une absence de moyens financiers qui complique sa mission[297]. En l'état actuel, il parait donc délicat de plaider en faveur de l'extension du champ d'expertise de cette commission à l'étude du refus de soins par le patient. Pourtant, la réflexion entourant l'introduction d'un principe de minimisation gagnerait d'un tel éclairage apporté par l'analyse économique.

Ainsi, à supposer qu'une ouverture favorable puisse être réservée à la minimisation du préjudice, et ce y compris pour le préjudice corporel, il faudrait alors envisager les difficultés de mise en œuvre pratique d'une telle introduction en droit français.

II. Les difficultés pratiques prévisibles en cas d'accueil du principe de minimisation du préjudice corporel

Une fois n'est pas coutume, qu'il nous soit permis de débuter cette seconde partie de la réflexion par un tableau synthétique des problématiques pratiques auxquelles il nous parait incontournable de se confronter lorsqu'il est question de la minimisation du préjudice corporel. En toute humilité, les lignes qui suivent ne prétendent aucunement faire un état exhaustif des problématiques et y apporter des réponses catégoriques. Elles constituent davantage une invitation à la réflexion à partir de ces premières difficultés identifiées.

---

[297] Commission d'évaluation des pratiques de refus de soins auprès du Conseil national de l'Ordre des médecins, *Rapport à Madame la Ministre de la Santé Approuvé par la Commission le 20 septembre 2018*, p. 4.

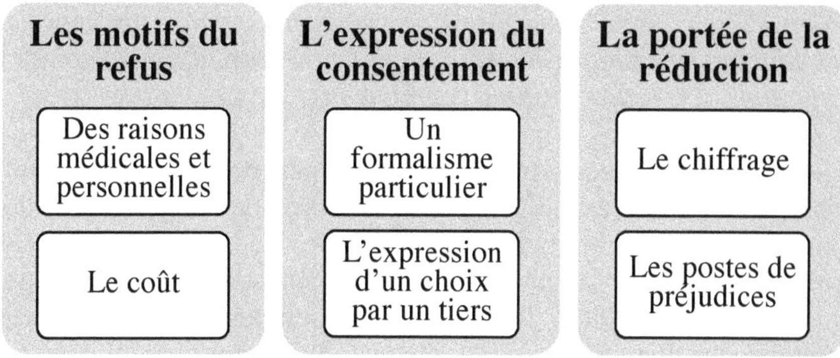

A. Les motifs du refus

1. Les raisons médicales : la distinction des actes bénins et non bénins

Accueillir la minimisation du préjudice en matière corporelle impliquerait probablement de mobiliser une distinction précédemment évoquée et employée par la jurisprudence entre les actes qualifiés de bénins et les actes qualifiés de graves. Pour ce faire, devrait-on alors s'en remettre uniquement à une distinction posée *in abstracto* ou une distinction *in concreto* pourrait-elle également trouver sa place ?

Les limites d'une distinction objective. Afin d'apprécier la gravité d'un acte, il pourrait être envisagé de déterminer, en amont, une liste répartissant en deux catégories les pratiques médicales. Mais une telle réalisation n'est pas chose aisée. Quelle frontière poser entre ce qui relève objectivement d'un acte grave ou non ? Reprenons l'analyse de Henri et Léon Mazeaud telle que citée par Jean-Pascal Chazal[298] :

« *il semble qu'il y ait là une question de mesure et qu'il faille se fonder sur le caractère dangereux ou douloureux du traitement et de l'opération. La victime est en droit de se refuser à toute intervention qui lui fait courir un risque et il faut admettre que ce risque existe dans toute opération comportant l'anesthésie. Elle peut également*

[298] CHAZAL J.-P. « L'ultra-indemnisation » : une réparation au-delà des préjudices directs, *D.*, 2003, p. 2326.

s'opposer à toute opération ou traitement que son caractère douloureux ferait appréhender à un individu normal. En dehors de ces situations, son refus constitue une faute ».

A la lecture de cet extrait, deux remarques peuvent être formulées. Tout d'abord, n'existe-t-il pas une part de risque dans toute intervention ? La particularité de l'acte de soin n'est-elle pas, précisément, de ne jamais pouvoir s'exercer avec une totale certitude quant à son innocuité ? Le critère de risque peut être très difficile à appréhender. Par ailleurs, il ne nous paraît pas possible, afin de poser une frontière entre les actes graves et bénins, de suivre la distinction qui existe d'ores et déjà entre les éléments du corps humain susceptibles d'être cédés et ceux qui ne le sont pas[299]. Si le prélèvement sanguin peut entraîner une cession à titre gratuit et être considéré comme un acte bénin, en revanche la cession d'un rein, bien que permise, ne peut conduire à considérer, à tout le moins en l'état des techniques actuelles, qu'il s'agit d'un acte bénin. L'introduction d'un devoir de minimisation du préjudice corporel imposerait donc au législateur ou au juge d'établir une distinction spécifique entre les actes considérés comme graves ou comme bénins.

Mais si elle pouvait seulement être établie, une telle liste serait assurément soumise aux évolutions scientifiques. En effet, le professeur Chazal consent après avoir cité Henri et Léon Mazeaud que « *les dangers de l'anesthésie doivent être révisés en fonction des progrès de la médecine* ». Cette affirmation est révélatrice : ce qui peut à une époque paraître comme dangereux peut ne plus l'être véritablement au regard des avancées scientifiques quelques années plus tard. On peut ainsi, dans une vision prospective, penser que là où, aujourd'hui, une greffe peut être considérée comme un acte grave, au regard de l'opération qu'elle impose et des risques de rejets subséquents, elle pourra, demain, grâce à des technologies telles que l'impression 3D, qui permettraient de créer un organe à partir des cellules souches du malade limitant les rejets, n'être plus qu'un acte bénin. Une appréciation objective nécessiterait donc une évolution au gré de ces avancées.

---

[299] Pour une typologie voir notamment nos travaux, MAZOUZ A., *Le prix du corps humain,* Thèse Université Paris 1 sous la direction de LOISEAU G., soutenue le 10 décembre 2014 (à paraître chez L'Harmattan).

La délicate prise en considération d'une dimension subjective. Si une distinction *in abstracto* opérée entre les actes bénins et les actes graves comporte sa part de critique, la prise en considération d'une analyse subjective n'est pas exempte de difficultés de mise en œuvre pratique. Pour reprendre l'exemple précédent du prélèvement sanguin, s'il s'agit d'un acte relativement bénin pour la majorité des personnes, il peut constituer, pour d'autres, un moment de grande violence émotionnelle. Doit-on dès lors refuser de prendre en considération ce ressenti personnel alors qu'il est question d'un acte éminemment intime car physique voire psychique ? La réponse affirmative ne satisfait pas pleinement tandis qu'une réponse négative conduirait à soumettre à la libre interprétation des juges, certes aidés par les experts, l'appréciation de la légitimité du refus de soin, au regard de l'histoire et du ressenti de la personne. Les convictions personnelles et religieuses pourraient également entrer en jeu comme par exemple en cas de refus de transfusion sanguine par les personnes témoins de Jéhovah. La conviction religieuse devrait-elle dès lors avoir une répercussion financière sur la réparation du préjudice ? A défaut de défendre une réponse catégorique, qu'il nous soit permis ici de nous cantonner à soulever toute la difficulté révélée par cette interrogation.

2. Le coût pour la victime de la minimisation

Si l'on revient un instant à l'analyse de René Demogue, assez sévère à l'encontre de la personne lésée qui n'aura pas cherché à minimiser son préjudice, il ne faudrait pas dénaturer sa pensée en omettant de préciser qu'il envisageait également le recouvrement des dépenses engagées par la victime[300]. En effet, la minimisation du préjudice par la victime ne peut être introduite en droit français sans prendre en considération le coût que pourrait représenter pour la victime le fait d'agir : la prise en considération du comportement de la victime dans l'évaluation de son préjudice aurait ainsi pour corollaire la prise en charge par le responsable des coûts supportés par la victime

[300] DEMOGUE R., *Traité des obligations en général*, Tome IV, Rousseau, 1924, pp. 127-128, § 463 bis.

pour tenter de réduire celui-ci[301]. Sandrine Tisseyre considère pour sa part que la victime n'est pas toujours obligée d'agir et qu'elle « *en est notamment dispensée lorsque le coût de son action serait trop important ou qu'elle ne dispose pas de moyens effectifs d'agir* »[302]. En matière de préjudice corporel, si certains actes médicaux sont pris en charge par des régimes de protection sociale ou par les assurances et mutuelles privées, des frais peuvent rester à charge de la personne. Peut-on dès lors exiger de celle-ci qu'elle avance les sommes nécessaires ? Doit-on faire varier l'exigence selon les ressources financières de la personne ? On nous objectera peut-être que dans cette hypothèse, une demande de provision, notamment en référé, peut-être formée par la victime. Toutefois, il ne faudrait pas méconnaître les difficultés pratiques pouvant s'ériger dans le cadre d'une telle procédure : le référé n'est pas toujours synonyme d'une date d'audience suffisamment proche pour que la victime n'ait pas à supporter une avance des sommes et par ailleurs, il n'est pas à exclure l'hypothèse d'un juge des référés, juge de l'évidence, qui ferait le choix de renvoyer l'affaire au fond. Une éventuelle procédure au fond ouvrirait alors un nouveau temps, en l'absence duquel les sommes nécessaires à la minimisation du préjudice ne pourraient pas être obtenues de la part du créancier. La question du coût pour la victime est donc loin d'être négligeable.

B. Les modalités pratiques de manifestation du choix

1. L'exigence d'un formalisme protecteur

La question du formalisme ne manquerait assurément pas de se poser dans l'hypothèse où le refus de soins pourrait entraîner la réduction de la réparation du préjudice. Faudrait-il dans cette hypothèse envisager un formalisme protecteur, consistant en la

---

[301] GREAU F., Le droit français peut-il faire une place au devoir de minimiser son dommage ? in BENISTY S. (dir.), *Les devoirs en droit*, Institut Universitaire Varenne, coll. Colloque & Essais, 2017, p.67.

[302] TISSEYRE S., « Le devoir de minimiser son dommage. L'hostilité du droit français est-elle toujours opportune ? » *Responsabilité civile et assurances*, n° 1, janvier 2016, étude 1.

délivrance d'un formulaire d'information portant la mention de cette possible réduction ? Il pourrait être envisagé que le document soit remis à la victime par les services hospitaliers par exemple. Néanmoins, on peut s'interroger sur la légitimité d'une telle information délivrée par un établissement de santé qui n'est pas lui-même le responsable de l'état de la victime ? Peut-on véritablement faire porter le poids de cette information sur des services qui connaissent déjà un grand nombre d'obligations d'information alors même qu'ils ne sont pas responsables du préjudice ?

2. L'auteur du choix

Si la victime n'est pas en mesure de manifester ses choix médicaux et que ceux-ci sont formulés par une autre personne, peut-on retenir cette décision pour réduire le montant de l'indemnisation de la victime ? La question se pose plus particulièrement dans l'hypothèse du concours de la personne de confiance prévue à l'article L. 1111-6 du Code de la santé publique et dont le rôle est, selon les termes de cet article de rendre « *compte de la volonté de la personne* » lorsqu'elle est hors d'état de se manifester. Une telle appréciation conduirait à une responsabilité très importante de la personne de confiance. Peut-elle au fond véritablement rendre compte de la volonté de la personne sur un point aussi précis qui n'a probablement pas fait l'objet d'une discussion entre la personne victime et sa personne de confiance. On pourra en outre souligner que la personne de confiance est désignée par un simple écrit co-signé. En l'absence d'acte notarié, un professionnel du droit n'intervient donc pas nécessairement dans cette désignation. Les informations qui sont échangées entre les personnes demeureront donc très générales : que faire en cas de fin de vie, d'acharnement thérapeutique, de soins particuliers (en cas de croyances personnelles par exemple) mais à moins d'être un juriste averti, il est peu probable que la conséquence d'une réduction de la réparation du préjudice ait été envisagée par la victime et sa personne de confiance.

C. L'application concrète d'une réduction du préjudice

1. Le chiffrage de la réduction

La particularité du préjudice corporel se révèle assurément lorsqu'est envisagée la question de la détermination de la réduction du préjudice. Si différentes méthodes[303], financières notamment, peuvent être proposées lorsqu'il est question de déterminer les conséquences du comportement de la victime pour moduler la réparation de son préjudice matériel, il est difficile de les appliquer par analogie à l'atteinte causée au corps. Faut-il alors envisager de déterminer, comme cela peut être le cas en cas de pluralité de responsables, un pourcentage de réduction ? En fonction du comportement de la personne lésée, de son action ou de son inaction, le juge pourrait être ainsi conduit à déterminer ce pourcentage. Se pose alors une autre interrogation : faut-il s'en remettre à sa libre appréciation ou doit-on envisager l'édiction de barèmes ? Les débats suscités par ces deux méthodes trouveraient ainsi un nouveau terrain d'expression.

2. L'étendue de la réduction : l'ensemble des postes de préjudice corporel ou les seuls postes économiques

La différence de rédaction entre les dispositions du projet Catala et du dernier projet de réforme de la responsabilité civile invite à penser l'étendue d'une éventuelle réduction de la réparation du préjudice. Faudrait-il choisir un pourcentage de réduction et l'appliquer à l'ensemble des postes de préjudices, économiques et non économiques compris ? A l'instar de la distinction retenue pour l'exercice du recours subrogatoire des tiers payeurs, il pourrait également être envisagé de préserver les postes non économiques de toute réduction.

---

303 Sur cette question voir la réflexion récente de THIBIERGE L. « La mesure des dommages-intérêts : question de fait ou question de droit ? Libres réflexions au travers du prisme de la minimisation du préjudice », RDC 2019, n°01, pp.193 et s.

Ainsi, on l'aura compris, l'introduction d'un éventuel devoir de minimisation du préjudice corporel suscite un déferlement d'interrogations, particulièrement délicates à résoudre. La présente étude n'avait aucunement pour prétention d'y apporter des réponses catégoriques et figées. Peut-être qu'au fond, cet alignement d'interrogations et les difficultés posées par les réponses à apporter conduiront finalement à suivre une ligne jurisprudentielle récente, refusant le principe de minimisation. Ainsi, le doute ne profiterait pas à la minimisation.

La notion d'intérêts protégés en droit québécois

Mariève LACROIX*
Professeure agrégée
Section de droit civil, Faculté de droit, Université d'Ottawa

* Le présent texte est inspiré, pour partie, de la conférence présentée dans le cadre du colloque « Les évolutions contemporaines du préjudice » à la Cour de cassation de Paris, le 1er février 2019. Il reprend également certaines idées développées dans l'article de la même autrice : « Le dommage en matière de responsabilité civile extracontractuelle : *continuum* de la lésion d'un intérêt à la lésion d'un droit », (2012) 46 *R.J.T.* 293.

Rétif à une quelconque systématisation ou à une tentative de fixation en termes précis, l'intérêt fait appel à un sentiment d'évidence, comme partie du sens commun. À une structure inflexible, l'intérêt doit prendre la forme d'un instrument ajusté à une fin[304]. Selon François Ost, l'intérêt représente, à défaut d'une définition opératoire, « *une notion à la fois omniprésente et ambiguë, souple et subversive* »[305].

Omniprésent, car doué du don d'ubiquité[306], l'intérêt représente la source du droit subjectif, mais ne s'y limite pas nécessairement ; « *il opère tout aussi bien en deçà et au-delà des prérogatives officiellement consacrées par le système juridique* »[307].

Imprécis, l'intérêt comporte une variété importante de significations possibles – il n'est qu'à penser au terme décliné au pluriel[308]. Il résiste à s'intégrer dans une quelconque catégorie juridique, d'où une confusion, voire un glissement possible, avec des notions de droit subjectif, de mobile, de cause et de préjudice.

Souple, l'intérêt est une notion fonctionnelle ou opératoire, qui s'accommode de titulaires diffus, d'objets multiples aux contours flous ; il présente une intensité variable et s'accompagne de

---

304 A. TRIBES, *Le rôle de la notion d'intérêt en matière civile*, Thèse de doctorat, Paris, Université Paris 2, Université de droit d'économie et de sciences sociales de Paris, 1975, p. XII.

305 P. GÉRARD, F. OST et M. VAN DE KERCHOVE (dir.), *Droit et intérêt*, vol. 2, « Entre droit et non-droit : l'intérêt. Essai sur les fonctions qu'exerce la notion d'intérêt en droit privé », par F. OST, Bruxelles, Facultés universitaires Saint-Louis, 1990.

306 G. CORNU, *Vocabulaire juridique*, 7e éd., Paris, P.U.F, 2005, sous « intérêt », p. 495. Le premier sens de la notion d'intérêt est le suivant : « *Ce qui importe (à l'état brut, avant toute qualification) : considération d'ordre moral (affection, honneur, haine) ou économique (argent, possession d'un bien) qui, dans une affaire (contrat, procès…), concerne, attire, préoccupe une personne (ce qui lui importe).* »

307 P. GÉRARD, F. OST et M. VAN DE KERCHOVE (dir.), *Droit et intérêt*, vol. 2, « Entre droit et non-droit : l'intérêt. Essai sur les fonctions qu'exerce la notion d'intérêt en droit privé », par F. OST, Bruxelles, Facultés universitaires Saint-Louis, 1990, p. 10.

308 Il est possible de remarquer que le terme « intérêts » se retrouve notamment au sein de l'expression « dommages-intérêts ».

protections différenciées et aléatoires[309]. Il prend consistance et se concrétise dans l'ordre juridique au gré des conflits qui surviennent. Sous cet angle, l'intérêt est, selon Ost, « *le « grand communicateur » de l'ordre juridique* »[310] ou son « *équivalent universel* »[311].

Subversif, l'intérêt est rebelle aux principes et aux mécanismes admis. Comme franc-tireur investi d'un rôle de promotion ou de création, il favorise de nouveaux acteurs qui deviendront parfois des sujets de droit et fait naître des obligations qui se traduiront possiblement en de nouveaux droits. Assorti d'une finalité de limitation, l'intérêt relativise l'exercice des facultés légales – il peut notamment expliquer la théorie de l'abus de droit, qui trouve une illustration patente, au Québec, dans l'affaire *Houle* c. *Banque Canadienne Nationale*[312]. Enfin, en tant que régulation générale, il limite des volontés que l'on croyait souveraines[313]. Le trinôme « intérêt-promoteur », « intérêt contrôleur » et « intérêt-régulateur » exprime les finalités diverses de l'intérêt.

De nature protéiforme, l'intérêt n'obéit donc pas à une classification uniforme et peut être à la fois matériel et immatériel, intéressé et désintéressé, économique et éthique. À cette ambiguïté conceptuelle[314], la diversité des rôles exercés par l'intérêt témoigne de sa complexité fonctionnelle.

---

309 P. GÉRARD, F. OST et M. VAN DE KERCHOVE (dir.), *Droit et intérêt*, vol. 2, « Entre droit et non-droit : l'intérêt. Essai sur les fonctions qu'exerce la notion d'intérêt en droit privé », par F. OST, Bruxelles, Facultés universitaires Saint-Louis, 1990, p. 13 et 185.
310 *Id.*, p. 13.
311 *Id.*, p. 185.
312 [1990] 3 R.C.S. 122. Dans cet arrêt de principe, la Cour suprême sanctionne un abus des droits contractuels de la Banque, au mépris d'un intérêt financier direct et personnel de la partie débitrice au litige.
313 P. GÉRARD, F. OST et M. VAN DE KERCHOVE (dir.), *Droit et intérêt*, vol. 2, « Entre droit et non-droit : l'intérêt. Essai sur les fonctions qu'exerce la notion d'intérêt en droit privé », par F. OST, Bruxelles, Facultés universitaires Saint-Louis, 1990, p. 13. L'auteur poursuit en ces termes : « *Plus généralement, il induit un nouveau « mode de production juridique » selon le modèle de la computation, de la négociation et de la pesée qui contraste avec l'adjudication ferme (« par droit et sentence ») des droits subjectifs et entraîne ainsi ces derniers dans une logique juridique qui leur est, au moins partiellement, étrangère.* »
314 Nous avons recensé plusieurs déclinaisons à partir du mot « intérêt », soit « intérêt à échoir », « intérêt composé », « intérêt conventionnel », « intérêt échu »,

Le *Code civil du Québec*[315] juxtapose divers adjectifs à la notion d'intérêt : « *intérêt sérieux et légitime* »[316] ou simplement « *intérêts légitimes* »[317] ou encore « *intérêts légitimes et manifestement prépondérants* »[318] ; « *intérêt patrimonial* »[319] ; « *intérêt général* »[320] ; « *intérêt assurable* »[321] ou « *intérêt d'assurance* »[322] ; « *intérêt commun* »[323] ; « *intérêt né et actuel* »[324] ; « *intérêt particulier* »[325] ou « *intérêt personnel et exclusif* »[326].

La variété de ces qualificatifs révèle à la fois la fréquence et la diversité des occurrences des intérêts consacrés par le législateur québécois[327]. Les intérêts traduisent une extension d'une logique

---

« intérêt général », « intérêt légal », « intérêt particulier », « intérêt simple », « intérêt usuraire », voir *Dictionnaire de droit privé et lexiques bilingues. Les obligations/Private Law Dictionary and Bilingual Lexicons. Obligations*, Cowansville, Éditions Yvon Blais, 2003, p. 189 et 190.

[315] L.Q., 1991 c. 64 (ci-après « C.c.Q. »).

[316] Art. 37 et 39 C.c.Q. (constitution d'un dossier et accès aux renseignements sur une autre personne) ; art. 1212, al. 3 C.c.Q. (stipulation d'inaliénabilité) ; art. 2649, al. 1 C.c.Q. (stipulation d'insaisissabilité).

[317] Art. 2089, al. 2 C.c.Q. (stipulation de non-concurrence dans un contrat de travail).

[318] Art. 3079, al. 1 C.c.Q. (conflits de lois en droit international privé).

[319] Art. 192, al. 2 C.c.Q. (représentation dans l'exercice des droits civils et administration du patrimoine de l'enfant conçu mais non encore né) ; art. 216 C.c.Q. (jugement relatif au mineur).

[320] Art. 63, al. 1 et 67, al. 2 C.c.Q. (changement de nom) ; art. 913, al. 1 C.c.Q. (usage de choses non susceptibles d'appropriation) ; art. 982, al. 1 C.c.Q. (droit à l'usage d'une source, d'un lac, d'une nappe d'eau ou d'une rivière souterraine, ou d'une eau courante) ; art. 1270, al. 1 C.c.Q. (fiducie d'utilité sociale) ; art. 1417 C.c.Q. (nullité absolue d'un contrat) ; art. 1472 C.c.Q. (secret commercial).

[321] Art. 1073, al. 1 C.c.Q. (droits et obligations d'un syndicat).

[322] Art. 2414, al. 2 ; 2418 ; 2419 ; 2475 ; 2476 ; 2481, al. 1 et 2 ; 2484 ; 2506, al. 1 ; 2511, al. 1 et 2 ; 2512, al. 2 ; 2513 ; 2514 ; 2515, al. 1 et 2 ; 2516 ; 2517 ; 2529 ; 2541, al. 1 et 2 ; 2594, al. 1 ; 2595, al. 2 ; 2620, al. 1 ; 2621 ; 3150 C.c.Q.

[323] Art. 1039, al. 1 C.c.Q. (collectivité de copropriétaires) ; art. 1083 C.c.Q. (syndicat de copropriété) ; art. 1310, al. 2 C.c.Q. (administrateur et bénéficiaire) ; art. 2651(1) et 2652 C.c.Q. (créances prioritaires : frais de justice et dépenses).

[324] Art. 1418, al. 1 C.c.Q. (nullité absolue d'un contrat).

[325] Art. 15 et 269 C.c.Q. (protection d'un majeur) ; art. 23, al. 1 C.c.Q. (demande d'autorisation relative à des soins ou à l'aliénation d'une partie du corps) ; art. 231, al. 2 C.c.Q. (protection d'un mineur) ; art. 1419 C.c.Q. (nullité relative d'un contrat).

[326] Art. 1494 C.c.Q. (enrichissement ou appauvrissement injustifié).

[327] Pour les fins de notre analyse, nous avons écarté le terme « intérêt » conçu comme étant un revenu produit au fil du temps par une somme d'argent et nous

privatiste ou individualiste, de même qu'un mouvement progressif vers une collectivisation des rapports sociaux et de contrôles publics. Bien plus, à la diversité des titulaires d'intérêts[328] correspond un contenu riche et varié de l'intérêt, à temporalité variable. Quant au caractère « légitime », « sérieux » ou encore « manifestement prépondérant » de l'intérêt, il renvoie sans ambages à une condition de l'intérêt afin qu'il puisse avoir une certaine effectivité.

***

La présente analyse commande de se poser derechef la question suivante : l'atteinte illicite à un simple intérêt légitime est-elle suffisante pour faire naître la responsabilité civile ? Ou ne s'agit-il,

---

avons exclu toutes les dispositions qui comportent le syntagme « dommages-intérêts » ou « dommages et intérêts ».

[328] Nous avons colligé, au sein du *Code civil du Québec*, les diverses mentions du mot « intérêt ». Nous en avons relevé les titulaires suivants : l'intérêt de l'enfant (art. 33, al. 1, 34, 495, al. 2, 496, 514, 521.17, al. 1, 2 et 3, 543, al. 1, 568, al. 3, 573, 574, al. 3, 604, 606, al. 1, 607 C.c.Q.) ; l'intérêt de personnes pour la délivrance de la copie d'un acte ou d'un certificat de l'état civil (art. 148, al. 1 et 2, 149 C.c.Q.) ; l'intérêt du mineur (art. 177, 190, 196, al. 2, 231, al. 2, 235, 252 C.c.Q.) ; l'intérêt du majeur protégé (art. 256, al. 1, 257, al. 1, 275, al. 2 C.c.Q.) ; l'intérêt de la personne morale ou de ses membres (art. 322, al. 2, 348 C.c.Q.) ; l'intérêt d'un administrateur (art. 324, al. 1 et 2 C.c.Q.) ; l'intérêt de la famille (art. 399, al. 1, 400, 462, al. 2, 488, 521.9 C.c.Q.) ; l'intérêt des époux (art. 488, 495, al. 2 C.c.Q.) ; l'intérêt d'un adopté (art. 545, al. 2, 547, al. 2 C.c.Q.) ; l'intérêt d'une succession et des héritiers (art. 642, al. 2, 842, 859 C.c.Q.) ; l'intérêt d'un usager (art. 1173, al. 2 C.c.Q.) ; l'intérêt d'un propriétaire du fonds servant (art. 1186, al. 2 C.c.Q.) ; l'intérêt de celui qui a stipulé une inaliénabilité (art. 1213, al. 2 C.c.Q.) ; l'intérêt du bénéficiaire d'une administration du bien d'autrui (art. 1306, 1309, al. 2, 1315, al. 1 C.c.Q.) ; l'intérêt de l'administrateur du bien d'autrui (art. 1310, al. 1, 1311, al. 1 C.c.Q.) ; l'intérêt d'un promettant (art. 1447, al. 2 C.c.Q.) ; l'intérêt de tiers de bonne foi (art. 1452 C.c.Q.) ; l'intérêt de débiteurs solidaires (art. 1537, al. 1 et 2, 1538, al. 1 C.c.Q.); l'intérêt d'un créancier (art. 1555, al. 2 C.c.Q.) ; l'intérêt d'un employeur (art. 2089, al. 2 C.c.Q.) ; l'intérêt d'un mandant (art. 2138, al. 2, 2140, al. 2, 2161 C.c.Q.) ; l'intérêt de témoins à un mandat (art. 2167, al. 2 C.c.Q.) ; l'intérêt d'une société (art. 2208, al. 1 C.c.Q.) ; l'intérêt des associés d'une société (art. 2216, al. 2 C.c.Q.) ; l'intérêt d'une association (art. 2271 C.c.Q.) ; l'intérêt d'un dépositaire (art. 2294 C.c.Q.) ; l'intérêt d'un adhérent ou d'un bénéficiaire d'une police d'assurance collective (art. 2401, al. 2 C.c.Q.) ; l'intérêt d'un individu contre qui le droit hypothécaire est exercé (art. 2785, al. 1 C.c.Q.) ; l'intérêt de personnes dans un acte notarié (art. 2819, al. 2 C.c.Q.) ; l'intérêt de celui à ce que la prescription soit acquise (art. 2887 C.c.Q.).

aujourd'hui, que d'une protection dérivée, secondaire, accessoire, *à l'occasion* d'une atteinte illicite à un droit subjectif ?

On a longtemps pensé que c'était le dommage qui *causait* une atteinte à un droit. Aujourd'hui, il faut plutôt constater que c'est l'atteinte à un droit qui *cause* le dommage, le préjudice ou, pour être plus précis, les *dommages*. Il ne s'agit pas là d'une quelconque causalité chronologique – la cause qui précède l'effet – mais rationnelle, juridique (plutôt que factuelle).

Bien qu'un auteur belge ait conçu le simple dommage comme la lésion d'un droit[329], il est désormais acquis que la violation d'un droit *ou* d'un intérêt stable et légitime conditionne l'apparition d'un dommage et donne lieu à réparation si cette transgression est fautive. On est passé du *dommage*, comme une simple question de fait, au *dommage*, telle une lésion du droit d'autrui, pour arriver au *dommage* assimilé à une lésion d'un intérêt légitime juridiquement protégé[330]. À ce titre, le détenteur d'un intérêt est protégé de la même façon que le titulaire d'un droit subjectif.

La notion d'intérêt est à la base non seulement de l'idée de *dommage*, mais de celle de *droit*[331] : « *Un droit protège un intérêt. Ce que le droit protège, le dommage lèse* »[332]. Par conséquent, un

---

[329] J. DABIN, « Lésion d'intérêt ou lésion de droit comme condition de la réparation des dommages en droit privé et public », (1948-49) *Annales de droit et de sciences politiques*, Bruxelles, p. 7.
[330] A. POPOVICI, « De l'impact de la *Charte des droits et libertés de la personne* sur le droit de la responsabilité civile : un mariage raté? », dans Conférences commémoratives Meredith 1998-99, *La pertinence renouvelée du droit des obligations : back to basics/The Continued Relevance of the Law of Obligations : retour aux sources*, Cowansville, Éditions Yvon Blais, 2000, p. 49, à la page 69, note 57. Voir également H. MAZEAUD, « La lésion d'un « intérêt légitime juridiquement protégé », condition de la responsabilité civile », D. 1954.chr.8; H. MAZEAUD, L. MAZEAUD et A. TUNC, *Traité théorique et pratique de la responsabilité civile délictuelle et contractuelle*, 6e éd., t. 1, Paris, Éditions Montchrestien, 1965, nos 277-7 et suiv., p. 375 et suiv.; B. STARCK, H. ROLAND et L. BOYER, *Obligations. 1. Responsabilité délictuelle,* 5e éd., Paris, Litec, 1996, nos 96-102, p. 51-56.
[331] J. RAZ, *The Morality of Freedom*, Oxford, Clarendon Press, 1986, p. 191 : « *All rights are based on interests.* »
[332] A. POPOVICI, « De l'impact de la *Charte des droits et libertés de la personne* sur le droit de la responsabilité civile : un mariage raté? », dans Conférences

approfondissement des notions de *dommage* et de *droit* passe impérativement par une analyse de l'*intérêt* ; concept incontournable pour un juriste.

« Lésion d'un *droit subjectif* de la victime » et « lésion d'un *intérêt* de la victime » : ces expressions semblent employées indifféremment dans la dogmatique juridique, en matière de responsabilité civile. Sans avoir aucune velléité de tenter une autre définition du droit subjectif[333], il est possible de formuler la proposition suivante : un

---

commémoratives Meredith 1998-99, *La pertinence renouvelée du droit des obligations : back to basics/The Continued Relevance of the Law of Obligations : retour aux sources*, Cowansville, Éditions Yvon Blais, 2000, p. 49, à la page 72.

[333] Une analyse (en profondeur) des droits subjectifs garantis à la victime et de leurs conceptions tantôt extensive, tantôt restrictive constituerait une digression à notre étude. Nous renvoyons le lecteur aux monographies qui traitent de façon exhaustive des droits subjectifs : J. DABIN, *Le droit subjectif*, Paris, Dalloz, 1952; P. ROUBIER, « Les prérogatives juridiques », dans *Archives de philosophie du droit*, t. 5, « La théologie chrétienne et le droit », Paris, Sirey, 1960, p. 65; P. ROUBIER, *Droits subjectifs et situations juridiques*, Paris, Dalloz, 1963 (2005); O. IONESCU, *La notion de droit subjectif dans le droit privé*, 2e éd., Bruxelles, Bruylant, 1978. Voir également J. GHESTIN, G. GOUBEAUX, avec le concours de M. FABRE-MAGNAN, *Traité de droit civil. Introduction générale*, 4e éd. sous la direction de J. GHESTIN, Paris, L.G.D.J., nos 187 et suiv., p. 139 et suiv. Sur des ouvrages en droit québécois, voir notamment A. POPOVICI, « De l'impact de la *Charte des droits et libertés de la personne* sur le droit de la responsabilité civile : un mariage raté? », dans Conférences commémoratives Meredith 1998-99, *La pertinence renouvelée du droit des obligations : back to basics/The Continued Relevance of the Law of Obligations : retour aux sources*, Cowansville, Éditions Yvon Blais, 2000, p. 49, aux pages 57-59, à la note 28; M.A. GRÉGOIRE, *Liberté, responsabilité et utilité : la bonne foi comme instrument de justice*, coll. « Minerve », Cowansville, Éditions Yvon Blais, 2010, p. 119 et suiv. En common law, le professeur Adrian Popovici, dans « Le rôle de la Cour suprême en droit civil » (2000) 34 *R.J.T.* 607, 615 et 616, signale que cette tradition juridique ne connaît pas la notion civiliste fondamentale qu'est le droit subjectif : « *Lorsque les auteurs anglo-canado-américains se penchent sur le concept de « right », c'est soit dans un contexte de philosophie du droit (Jurisprudence), soit dans un contexte constitutionnel. Et, dans ce contexte, les droits fondamentaux ont une saveur jusnaturaliste. Ce sont des valeurs sur le fondement desquels notre société est organisée. Ce sont des droits avec contour vague, indéfini, au départ, illimités ; des épigones des Droits de l'homme, universellement déclarés, menacés par l'État.* » Voir également G. SAMUEL, « « Le droit subjectif » and English Law », (1987) 46 *Cambridge L.J.* 264 ; G. SAMUEL, « La notion d'intérêt en droit anglais », dans P. GÉRARD, F. OST et M. VAN DE KERCHOVE, *Droit et intérêt*, vol. 3, « Droit positif, droit comparé et histoire du droit », Bruxelles, Facultés universitaires Saint-Louis, 1990, p. 405.

droit protège un intérêt. Il est même caractérisé par l'intérêt principal qu'il protège. Une telle proposition n'implique pas d'ailleurs que tous les intérêts sont nécessairement protégés par des droits subjectifs[334], ni même protégés par le Droit.

On peut bien nier que le droit subjectif *soit* un intérêt, mais il est indéniable qu'il *protège* un intérêt. Au lieu d'énoncer que le droit subjectif a pour *but* de protéger un intérêt, on pourrait affirmer qu'il est le *moyen* de protéger cet intérêt. Les deux approches sont valables et constituent des variations sur un même thème. Le droit n'est qu'un concept abstrait ; un instrument juridique.

Loin de s'opposer, les notions de « droit » et d'« intérêt » se chevauchent, sinon se présentent « *comme les deux pôles d'un* continuum *entre lesquels de nombreuses graduations peuvent être repérées* »[335]. Donc, sans être radicalement opposées, elles ne peuvent être assimilées purement et simplement. Elles doivent se situer sur une ligne continue qui marque des différences de degré, plus que de nature[336]. Une fois affranchi du droit lui-même, l'intérêt exige un examen de son caractère de légitimité et sa contrepartie que constitue la responsabilité civile (partie I). Sur la base d'une légitimité postulée des intérêts, il faut sonder l'existence d'une hiérarchie potentielle des intérêts (partie II).

---

[334] Il est intéressant de souligner que la notion de droit subjectif est le fruit de la science juridique, de la doctrine et n'est pas utilisée en tant que telle par le législateur, même si elle est maniée par la jurisprudence.

[335] P. GÉRARD, F. OST et M. VAN DE KERCHOVE (dir.), *Droit et intérêt*, vol. 2, « Entre droit et non-droit : l'intérêt. Essai sur les fonctions qu'exerce la notion d'intérêt en droit privé », par F. OST, Bruxelles, Facultés universitaires Saint-Louis, 1990, p. 17.

[336] *Id.*, p. 183 et 184 : « *Entre les deux modèles, les traits contrastés sont de l'ordre de la différenciation et non de l'exclusion, dès lors du moins qu'on les détache du dogmatisme théorique et politique qui en a souvent nourri l'énoncé. Ainsi entre « loi » et « norme », entre temporalité « assurée » et temporalité « aléatoire », entre jugement de « légalité » et jugement d'« équité », entre ... « droit » et « intérêt », les différences sont de degrés, plus que de nature.* »

I. La légitimité des intérêts sur un *continuum*

Si la reconnaissance d'un droit suppose l'existence d'un intérêt, l'existence d'un intérêt n'entraîne pas nécessairement la reconnaissance d'un droit. En effet, l'autorité sociale, par un jugement de valeur, reconnaît ou attribue une qualité de droit aux seuls intérêts qu'elle estime dignes d'une protection particulière, plus ou moins accentuée ; les autres demeurent au rang des intérêts et ne bénéficient pas d'une protection publique. Un jugement juridique de légitimité vient ainsi consacrer un ensemble plus circonscrit d'intérêts, élevés à la « dignité ».

Inspirée par la classification proposée par André Gervais, une déclinaison des intérêts « illicites », « purs et simples », « légitimes », « droits subjectifs » est ici pertinente[337]. Un travail de qualification est inhérent au confinement dans la catégorie des intérêts « légitimes-protégés »[338], dont la liste est invariablement évolutive. C'est dans la recherche de critères de sélection que l'on peut arriver à identifier certains intérêts qui s'avèrent dignes de protection[339].

---

[337] Voir A. GERVAIS, « Quelques réflexions à propos de la distinction des « droits » et des « intérêts » », dans *Mélanges en l'honneur de Paul Roubier*, t. 1, « Théorie générale du droit et droit transitoire », Paris, Dalloz & Sirey, 1961, p. 241, aux pages 243 et 244.

[338] S. MORIN, *Le dommage moral et le préjudice extrapatrimonial*, Thèse de doctorat, Montréal, Université de Montréal, Faculté des études supérieures, 2009, p. 169 : « *Car la question est là : pour être un droit ou un intérêt, un travail de qualification est nécessaire. Ainsi, les sentiments et les valeurs, s'ils ne sont pas reconnus comme des droits spécifiques, peuvent être reconnus comme un intérêt. L'atteinte à un intérêt ne constitue donc pas automatiquement un dommage [...]; encore faut-il que l'intérêt se qualifie juridiquement à ce titre.* »

[339] P. GÉRARD, F. OST et M. VAN DE KERCHOVE (dir.), *Droit et intérêt*, vol. 2, « Entre droit et non-droit : l'intérêt. Essai sur les fonctions qu'exerce la notion d'intérêt en droit privé », par F. OST, Bruxelles, Facultés universitaires Saint-Louis, 1990, p. 55 : « *Voilà donc relancé le travail du juriste positiviste qui, arrivé aux confins de la juridicité – en cette zone d'échange (qu'il se représente comme un abîme) du fait et du droit, ou, plus exactement, de l'infra-droit et du droit – part désespérément en quête d'un critère normatif formel qui devrait, pense-t-il, lui garantir quelque sécurité en assurant la clôture de son système de référence.* »

A. Les intérêts illégitimes

À l'extrémité, il est possible de concevoir les intérêts « illégitimes ». Un jugement de *condamnation* se pose, car l'intérêt est qualifié d'« illicite » et la poursuite de sa satisfaction est interdite par le droit objectif. Dans cette acception de l'illicéité juxtaposée à l'intérêt, une analyse d'une disposition législative qui se matérialise dans les règles générales des obligations, soit l'alinéa second de l'article 1373 C.c.Q., apparaît pertinente. En vertu de celle-ci, une prestation, comme objet d'une obligation, « *ne doit être ni prohibée par la loi ni contraire à l'ordre public* »[340]. Pour dire autrement, la prestation conventionnelle ou légale ne doit pas être illicite.

En matière de responsabilité civile, l'objet de l'obligation de réparation renvoie au préjudice à compenser, lequel ne doit pas être considéré comme illicite. Le principe généralement admis veut que la victime d'un préjudice n'ait droit à réparation qu'autant que l'avantage dont elle a été privée n'était pas illégitime, comme prenant sa source dans une situation contraire à la loi, à l'ordre public ou aux bonnes mœurs[341]. Ce caractère d'illégitimité peut entretenir, à cet égard, des liens étroits avec la morale[342]. En vertu des règles de la responsabilité civile, combinées avec les principes généraux du droit, la perte d'avantages obtenus au mépris de la loi, des mœurs ou des droits d'autrui ne peut justifier un droit à réparation[343].

Une réparation ne saurait être accordée pour un préjudice issu d'une situation illégitime ou immorale de la partie demanderesse.

---

[340] Art. 1373, al. 2 C.c.Q. En outre, la prestation doit être possible et déterminée ou déterminable.

[341] J. DABIN, « Les notions d'« intérêt légitime » et de « lésion de droit » dans la réparation des dommages » (1957), *Revue critique de jurisprudence belge* 8, 9.

[342] Une certaine « amoralisation » du préjudice est remarquée dans D. MAZEAUD, « Réflexions sur quelques aspects de « l'idéologie de la réparation » », dans *Études offertes à Pierre Catala. Le droit privé français à la fin du XX*e *siècle*, Paris, Litec, 2001, p. 569, à la page 585, no 27 : « *Appréhendée comme le déclin sensible de l'exigence du caractère légitime du dommage, l'idée d'amoralisation du préjudice traduit l'indifférence de principe que manifeste désormais le droit de la responsabilité civile à l'égard de toute considération d'ordre moral.* »

[343] J. DABIN, « Les notions d'« intérêt légitime » et de « lésion de droit » dans la réparation des dommages » (1957) *Revue critique de jurisprudence belge* 8, 14.

Deux cas peuvent justifier notamment le refus d'indemniser un préjudice, car considéré comme illégitime. D'une part, il peut y avoir atteinte à une activité illicite ou illégale. On peut penser à l'intérêt illégitime d'un contrebandier d'alcool de réclamer une compensation pour le dommage subi dans son activité de contrebande. De même, une prostituée ne pourrait obtenir des dommages-intérêts pour la perte de revenus à la suite d'un accident de voiture, car il ne s'agit pas d'un préjudice légitime[344]. S'est posée également la question de savoir si une cicatrice sur le corps d'une « strip-teaseuse », qui nuit à sa carrière artistique, peut constituer un préjudice légitime sujet à réparation[345]. D'autre part, lorsqu'il ne s'agit pas d'un préjudice spécifiquement reconnu par la loi – qui mérite protection – ou par la jurisprudence – au nom de l'ordre public[346]. À une époque passée de plus grande rigidité des mœurs, sous l'empire du *Code civil du Bas Canada*, une concubine n'avait pas droit à réparation pour le préjudice subi à la suite du décès accidentel du concubin, en vertu de l'article 1056. En revanche aujourd'hui, le *Code civil du Québec* n'opère nullement de distinction sur l'identité juridique de la victime et permet la compensation du préjudice subi par un concubin ou une concubine, sous réserve de la présence des autres critères d'admissibilité du préjudice[347].

Il serait possible d'étendre le principe à un avantage illégitime, toutes les fois qu'une personne détiendrait indûment le bien d'autrui – corporel ou incorporel, sous forme de droit réel ou de créance, de valeur patrimoniale ou extrapatrimoniale. Dans un tel cas, un individu

---

[344] J.-L. BAUDOUIN et P.-G. JOBIN, *Les obligations*, 6e éd. par P.-G. JOBIN avec la collaboration de N. VÉZINA, Cowansville, Éditions Yvon Blais, 2005, no 886, p. 894 : « *Par exemple, en France, on a jadis refusé d'indemniser une péripatéticienne pour la perte de revenu qu'elle avait subie à la suite d'un accident d'automobile, les séquelles de ses blessures l'empêchant de poursuivre son occupation; il n'est pas certain qu'un tribunal québécois, aujourd'hui, arriverait à la même conclusion.* »

[345] J. PINEAU et M. OUELLETTE, *Théorie de la responsabilité civile*, 2e éd., Montréal, Éditions Thémis, 1980, p. 20 et 21. Les auteurs précisent que la réponse fournie par la Cour de Paris était positive.

[346] J.-L. BAUDOUIN, P. DESLAURIERS et B. MOORE, *La responsabilité civile*, 8e éd., vol. 1, « Principes généraux », Cowansville, Éditions Yvon Blais, 2014, no 1-365, p. 404. À titre d'exemple, voir *Centre de Motivation personnelle Laurentien Ltée* c. *Lavoie*, [1974] C.S. 615.

[347] C. MASSE, « La responsabilité civile (Droit des Obligations III) », dans Barreau du Québec et Chambre des notaires, *La réforme du Code civil*, t. 2, Sainte-Foy, P.U.L., 1993, p. 235, aux pages 245 et 246, no 9 ; aux pages 268-270, nos 39-41.

qui viendrait à se plaindre de quelque dommage causé à ce bien ou à la jouissance qu'il en avait ne pourrait justifier ni d'aucun titre valable, ni d'aucune tolérance de la part du vrai titulaire. Il en va notamment d'un injuste possesseur ou d'un détenteur sans droit, par exemple le voleur ou l'usurpateur. On pourrait ranger cette série d'espèces sous le nom générique de « *situation acquise ou conservée en violation d'un droit positif* »[348] et, en ce sens, illégitime.

De telles hypothèses relatives à l'illicéité de l'intérêt puisent leur source dans la violation d'un droit subjectif de l'ordre privé consacré par la loi, mais aussi dans la transgression d'une règle d'ordre public et de bonnes mœurs, ainsi que suivant un exercice de pondération de l'intérêt illégitime et des intérêts auxquels il s'oppose – dont le cas de l'abus de droit[349]. Contrariété d'un intérêt *particulier* du titulaire et contrariété d'un intérêt *général* de la société permettent toutes deux de déclarer une situation illégitime, du point de vue de la réparation des dommages[350].

B. Les intérêts purs et simples

S'ensuivent les intérêts « purs et simples ». Un jugement d'*indifférence* se dégage, car l'intérêt est qualifié de « pur et simple » et sa satisfaction n'est ni interdite, ni encouragée par la moindre protection ou garantie sociale.

---

[348] J. DABIN, « Les notions d'« intérêt légitime » et de « lésion de droit » dans la réparation des dommages » (1957), *Revue critique de jurisprudence belge* 8, 12.
[349] T. LÉONARD, *Conflits entre droits subjectifs, libertés civiles et intérêts légitimes. Un modèle de résolution basé sur l'opposabilité de la responsabilité civile*, Bruxelles, Larcier, 2005, no 167, p. 266-272.
[350] Qu'il s'agisse d'injustes possesseurs ou de personnes vivant en concubinage, c'est la situation réelle et non l'apparence de situation qui compte, voir J. DABIN, « Les notions d'« intérêt légitime » et de « lésion de droit » dans la réparation des dommages » (1957), *Revue critique de jurisprudence belge* 8, 13.

C. Les intérêts légitimes

Se situent par la suite les intérêts « légitimes ». Il y a là une *reconnaissance*, puisque l'intérêt est qualifié de « légitime » et sa protection sociale, limitée, consiste à interdire aux tiers de méconnaître un tel intérêt et à reconnaître corrélativement au porteur d'un intérêt légitime le droit que son intérêt ne soit pas méconnu.

Il en va ainsi de l'intérêt de l'enfant[351], consacré à l'alinéa premier de l'article 33 C.c.Q. en ces termes : « *Les décisions concernant l'enfant doivent être prises dans son intérêt et dans le respect de ses droits.* » Pour ce faire, le juge est appelé à prendre en considération, « *outre les besoins moraux, intellectuels, affectifs et physiques de l'enfant, son âge, sa santé, son caractère, son milieu familial et les autres aspects de sa situation* »[352]. Une autre illustration est celle de l'employeur qui doit veiller à la bonne gestion de son entreprise et, s'il possède un intérêt sérieux et légitime, peut constituer un dossier sur un employé et faire primer cet intérêt sur le droit à la vie privée ou à la réputation de ce dernier[353]. La Cour d'appel, sous la plume des juges LeBel et Thibault[354], précise qu'il doit y avoir un lien entre la mesure prise par l'employeur et les exigences de bon fonctionnement de l'entreprise. Il ne peut donc s'agir d'une décision purement arbitraire et appliquée au hasard ; l'employeur doit posséder déjà des motifs raisonnables avant de décider de soumettre son salarié à une

---

[351] Sur le concept d'intérêt de l'enfant, nous renvoyons le lecteur au mémoire suivant : A. MALACKET, *L'intérêt de l'enfant : notion polymorphe susceptible d'instrumentalisation ou de détournement : l'exemple de l'avant-projet de Loi modifiant le Code civil et d'autres dispositions législatives en matière d'adoption et d'autorité parentale*, Mémoire de maîtrise, Montréal, Université de Montréal, Faculté des études supérieures, 2010.

[352] Art. 33, al. 2 C.c.Q.

[353] Art. 37 C.c.Q.

[354] *Syndicat des travailleuses et travailleurs de Bridgestone/Firestone de Joliette (C.S.N.)* c. *Trudeau*, [1999] R.J.Q. 2229 (C.A.). La Cour d'appel a repris ce principe notamment dans *Syndicat des chauffeurs de la Société de transport de la Ville de Laval (CSN)* c. *Ferland*, J.E. 2001-526 (C.A.) ; *Bellefeuille* c. *Morisset*, [2007] R.J.Q. 796 (C.A.); *Veilleux* c. *Compagnie d'assurance-vie Penncorp*, [2008] R.J.Q. 317 (C.A.); *Compagnie d'assurances Standard Life* c. *Tremblay*, [2010] R.J.Q. 1098 (C.A.). Voir également *Syndicat canadien des communications, de l'énergie et du papier, section locale 143 (FTQ) et Goodyear Canada inc. (grief syndical)*, [2005] R.J.D.T. 1409 (T.A.).

surveillance. Quant aux moyens, il faut que la mesure de surveillance, notamment la filature, apparaisse nécessaire afin de vérifier le comportement du salarié et qu'elle soit menée de façon la moins intrusive possible.

En outre, de nouveaux intérêts semblent poindre dans la jurisprudence québécoise. On remarque l'émergence d'un intérêt « esthétique » à l'endroit de certains objets, dont des arbres matures composant une forêt, en raison de leur valeur intrinsèque[355], ou encore des haies[356]. Quelques décisions des tribunaux inférieurs signalent également un intérêt « sentimental » des parties dans des clichés de mariage[357] ou dans un souvenir de famille[358]. Un attachement tout particulier relie l'objet à un individu en raison d'un lien conjugal, familial ou filial qui lui accorde une valeur supplémentaire et nécessite une protection accrue.

D. Les droits subjectifs

Se logent ensuite les « droits subjectifs ». Une *consécration* prévaut, car l'intérêt est érigé en « droit » et sa satisfaction est pleinement reconnue, tout comme sa réalisation est assurée par une protection sociale maximale, notamment par la sanction d'une atteinte qui y serait portée. Il n'est qu'à penser aux droits réels, dont le droit de propriété, ou encore aux droits personnels, notamment le droit de créance.

---

[355] *Colombie-Britannique* c. *Canadian Forest Products Ltd.*, [2004] 2 R.C.S. 74. Sur la coupe d'arbres qui occasionne un préjudice esthétique, voir notamment *Ribardière* c. *Québec (Ministre des Transports)*, J.E. 88-1022 (C.P.); *Ostiguy* c. *Wilson*, [1991] R.R.A. 798 (C.S.); *Larochelle* c. *Moulin de préparation de bois en transit de St-Romuald ltée*, J.E. 98-90 (C.A.); *Larouche* c. *Hydro-Québec*, J.E. 2002-778 (C.S.); *Lefebvre* c. *Barbeau*, [2005] R.L. 184 (C.Q.); *Dionne* c. *Caisse populaire Desjardins de St-Pascal de Kamouraska*, 2006 QCCQ 2205.

[356] *Axa Assurances inc.* c. *Automobiles Bertrand Boisjoly inc.*, [2002] R.R.A. 250 (C.Q.); *Daviault* c. *Boisvert*, [2003] R.D.I. 907 (C.Q.); *Danilov* c. *Wieslaw*, 2010 QCCQ 95.

[357] *Babisova* c. *Lajoie*, B.E. 2003BE-546 (C.P.p.c.).

[358] *Club international vidéo film C.I.V.F. inc.* c. *Galerie Encadrex 1991 inc.*, B.E. 2000BE-1105 (C.Q.).

E. Les droits fondamentaux

Au surplus, le législateur québécois édicte des « droits fondamentaux » de la personne au sein d'un instrument à caractère quasi constitutionnel, la *Charte des droits et libertés de la personne*[359]. Entrée en vigueur en 1976, la Charte québécoise possède un effet « horizontal » et trouve application entre particuliers. Des intérêts sont reconnus, classés et placés dans une enveloppe appelée « droits de la personnalité » ou « droits fondamentaux » en raison de leur caractère universel et primordial, justifiant une protection de l'ordre juridique. L'on peut citer le droit à la vie, ainsi qu'à la sûreté, à l'intégrité et à la liberté de sa personne (art. 1) ; le droit à la sauvegarde de sa dignité, de son honneur et de sa réputation (art. 4) ; le droit au respect de sa vie privée (art. 5) ; le droit à la jouissance paisible et à la libre disposition de ses biens (art. 6) ; le droit au secret professionnel (art. 9) ; mais également des libertés fondamentales telles la liberté de conscience, la liberté de religion, la liberté d'opinion, la liberté d'expression, la liberté de réunion pacifique et la liberté d'association (art. 3).

Voilà pour le *continuum* intérêt-droit : d'un jugement de condamnation à un jugement de consécration juridique, il s'agit d'analyser la nature du jugement de légitimité sur les divers intérêts sociaux, qui peut être marqué du signe positif, négatif ou de l'indice de neutralité. C'est ce critère de légitimité, opérant la frontière entre le droit et l'infra-droit, entre la norme sociale et la norme juridique, qui semble être l'opérateur décisif de la juridicité chez André Gervais. Une telle perception gradualiste de la légitimité juridique, qui s'exprime par une structure hiérarchique des intérêts, doit se substituer à une logique binaire du permis et de l'interdit.

Une hiérarchie des intérêts protégés semble se dégager par ailleurs. Elle s'opère selon l'importance accordée par l'ordre juridique et surtout par le législateur lui-même dans une société donnée à divers moments de son existence.

---

[359] L.R.Q., c. C-12 (ci-après « Charte québécoise » ou « C.d.l.p. »).

II. La hiérarchie des intérêts sur un même *continuum*

Il existe un certain nombre d'intérêts qui sont suffisamment caractérisés et d'une importance telle dans la société québécoise qu'ils sont protégés par des « droits de la personne »[360], des « droits politiques »[361], des « droits judiciaires »[362], ou encore des « droits économiques et sociaux »[363]. D'ailleurs, le premier considérant du Préambule de la Charte québécoise n'édicte-t-il pas « *que tout être humain possède des droits et libertés intrinsèques, destinés à assurer sa protection et son épanouissement* » ?

En établissant un catalogue des droits fondamentaux – droits individuels conformes à l'intérêt général de la société – le législateur québécois s'est souverainement exprimé par cette œuvre de systématisation juridique, néanmoins perfectible. Il a dressé une liste des principaux intérêts humains qu'il considère comme majeurs, comme des *valeurs* de la société, au point de les qualifier de droits « fondamentaux » ; il a fourni à des intérêts divers (contenu) des enveloppes (contenant) avec une étiquette propre.

Cette protection individuelle n'est toutefois pas absolue et elle doit se concilier, dans une visée collective, avec les droits d'autrui. En ce sens, le quatrième considérant du Préambule prévoit « *que les droits et libertés de la personne humaine sont inséparables des droits et libertés d'autrui et du bien-être général* »[364].

---

360 Art. 1-20.1 C.d.l.p.

361 Art. 21 et 22 C.d.l.p.

362 Art. 23-38 C.d.l.p.

363 Art. 39-48 C.d.l.p.

364 De façon générale, si le législateur a consacré des droits, il a aussi précisé des devoirs correspondants. À titre indicatif, voir les articles 10 et 35 C.c.Q. où l'alinéa premier énonce le *droit* et l'alinéa second, le *devoir* :
« *10. Toute personne est inviolable et a droit à son intégrité.*
Sauf dans les cas prévus par la loi, nul ne peut lui porter atteinte sans son consentement libre et éclairé. »
« *35. Toute personne a droit au respect de sa réputation et de sa vie privée.*
Nulle atteinte ne peut être portée à la vie privée d'une personne sans que celle-ci y consente ou sans que la loi l'autorise. »

Se pose néanmoins un problème d'envergure : peut-on affirmer que *certains* intérêts sont protégés par des droits fondamentaux et que d'*autres* intérêts, considérés comme de seconde catégorie, sont simplement et encore protégés par le droit de la responsabilité civile ? Cela revient à se questionner incidemment sur la coexistence de la *Charte des droits et libertés de la personne* et du droit commun de la responsabilité civile dont le socle repose sur le *Code civil du Québec*[365] – y a-t-il eu absorption par la Charte du droit de la responsabilité civile ? On peut penser que la Charte québécoise, qui se concilie sous un sceau harmonieux avec le Code civil, dicte une nouvelle manière de raisonner, une façon renouvelée de penser la responsabilité civile. Cette démarche n'est d'ailleurs pas une révocation ; elle s'inscrit dans une solution de continuité et de perfectionnement du Droit.

Dans le domaine extracontractuel, le principe général qui encadre la conduite de tout individu s'exprime à l'alinéa premier de l'article 1457 C.c.Q. : « *Toute personne a le devoir de respecter les règles de conduite qui, suivant les circonstances, les usages ou la loi, s'imposent à elle, de manière à ne pas causer de préjudice à autrui.* » On peut proposer deux lectures qui apparaissent équipollentes *a priori*, bien qu'elles divergent selon que l'accent est placé sur le comportement ou le préjudice : « toute personne a le devoir de bonne conduite de manière à ne pas causer de dommage à autrui » et « toute personne a le devoir de ne pas causer de dommage à autrui par sa bonne conduite ».

L'article 1457 C.c.Q. édicte une clause générale de responsabilité civile pour son fait personnel[366]. La règle suivant laquelle « tout ce qui n'est pas explicitement interdit est permis » ne trouve pas application.

---

[365] Il n'est pas dans notre propos de discuter exhaustivement de la coexistence, tentée sous un sceau harmonieux, de la Charte québécoise et du Code civil. Une cohérence souhaitée s'exprime dans la teneur formulée par la Disposition préliminaire du Code civil : « *Le Code civil du Québec régit, en harmonie avec la Charte des droits et libertés de la personne et les principes généraux du droit, les personnes, les rapports entre les personnes, ainsi que les biens.* »

[366] Pour une double acception de la responsabilité civile extracontractuelle envisagée comme une « responsabilité-source » et une « responsabilité-sanction », voir S. GAUDET et J. PINEAU, « La responsabilité légale : face cachée de la responsabilité extracontractuelle », dans B. MOORE (dir.), *Mélanges Jean-Louis Baudouin*, Cowansville, Éditions Yvon Blais, 2012, p. 751, aux pages 756 à 761.

Il n'est pas question, en effet, d'envisager le droit de la responsabilité civile comme un ensemble de règles qui protègent certains droits ou intérêts à l'exclusion d'autres. Une hésitation sur la hiérarchie des intérêts à protéger ou encore un parti pris d'indifférence à l'égard de la nature du dommage tient à la formulation large de la disposition législative.

Il s'agit d'une approche unitaire qui conduit, en théorie, à protéger tous les droits et les intérêts ; elle repousse toute différenciation entre les préjudices sur la base du principe de la réparation intégrale[367]. Il peut être intéressant de confronter ici le droit civil de la responsabilité – dont le schème général d'analyse renvoie à une faute, un lien de causalité et un préjudice – avec la tradition juridique de la *common law* qui fait correspondre la réclamation d'une victime à un délit (*tort*). En *common law*, l'étude d'un délit civil, c'est-à-dire un mécanisme visant à assurer la protection de certains droits, réfère aux composantes de la responsabilité à première vue, et ce, dans un contexte très précis. On forge et nomme les délits civils suivants sur la base d'une atteinte à un intérêt protégé[368].

Au Québec, si une conception large du dommage domine, ce sont les conditions de son appréciation pour être admissible à réparation qui sont ciblées. Seul le préjudice direct, certain et légitime peut être indemnisé[369].

Par ailleurs, une politique de protection de la personne humaine sur les plans physique et moral semble irriguer le Code civil et se révéler en filigrane[370]. Si l'on sonde la substance du préjudice et l'examen des

---

[367] Art. 1611, al. 1 C.c.Q.

[368] Il est possible de penser aux délits suivants : *negligence*, *trespass*, *nuisance*, *conversion*, *defamation* (*libel-slander*), *invasion of privacy*, *economic torts*, *deceit*, *fraud*, *fraudulent misrepresentation*.

[369] Art. 1607 et suiv. C.c.Q.

[370] J. PINEAU, « La philosophie générale du nouveau *Code civil du Québec* », (1992) 71 *R. du B. can.* 423, 434 et 435 : « *Il ne fait aucun doute que la primauté de la personne est une préoccupation majeure : le livre premier, consacré aux « Personnes », est précédé de la disposition préliminaire qui réfère à la* Charte des droits et libertés de la personne, *avec laquelle le Code se veut être en harmonie. Il n'y avait donc pas lieu de répéter, dans le Code, toutes les dispositions de la Charte, même s'il fut jugé utile d'en reprendre certaines, telles celles qui reconnaissent les*

droits et intérêts en présence, il est possible de signaler que l'intégrité physique et psychique représente une valeur primordiale à préserver. Au sein du *Code civil du Québec*, l'article 3 C.c.Q. renvoie à la vie, l'inviolabilité et l'intégrité de toute personne.

Le législateur québécois soumet les préjudices corporel[371] et moral à des règles particulières afin d'en assurer la réparation. C'est le cas notamment de l'alinéa 2 de l'article 1474 C.c.Q. quant à l'absence de tout effet conféré à une clause de non-responsabilité pour le préjudice physique ou moral subi par une victime[372]. Aussi, seul le préjudice corporel peut être actualisé en vertu de l'article 1614 C.c.Q.[373]. Le tribunal peut réserver par ailleurs à une victime d'un préjudice corporel le droit de réclamer des dommages-intérêts additionnels, lorsqu'il n'est pas possible de déterminer avec une précision suffisante l'évolution de sa condition physique au moment du jugement, pour une période d'au plus trois ans, en vertu de l'article 1615 C.c.Q.[374]. Enfin, l'alinéa 2 de l'article 1616 C.c.Q. prévoit une exception à l'octroi de dommages-intérêts sous la forme d'un capital payable au comptant. En présence d'une victime mineure qui subit un préjudice corporel, le tribunal peut imposer, en tout ou en partie, le paiement sous forme de rente ou de versements périodiques[375].

---

droits de la personnalité : droit à la vie, à l'inviolabilité et à l'intégrité de la personne [...] ».

[371] Pour une définition du préjudice corporel, voir D. GARDNER, *Le préjudice corporel*, 4e éd., Cowansville, Éditions Yvon Blais, 2016, no 17, p. 22 : « *le préjudice corporel résulte d'une atteinte à l'intégrité physique ou psychique de la personne avec toutes ses conséquences, pécuniaires et non pécuniaires* ».

[372] Art. 1474, al. 2 C.c.Q. : « *Elle ne peut aucunement exclure ou limiter sa responsabilité pour le préjudice corporel ou moral causé à autrui.* »

[373] Art. 1614 C.c.Q. : « *Les dommages-intérêts dus au créancier en réparation du préjudice corporel qu'il subit sont établis, quant aux aspects prospectifs du préjudice, en fonction des taux d'actualisation prescrits par règlement du gouvernement, dès lors que de tels taux sont ainsi fixés.* »

[374] Art. 1615 C.c.Q. : « *Le tribunal, quand il accorde des dommages-intérêts en réparation d'un préjudice corporel peut, pour une période d'au plus trois ans, réserver au créancier le droit de demander des dommages-intérêts additionnels, lorsqu'il n'est pas possible de déterminer avec une précision suffisante l'évolution de sa condition physique au moment du jugement.* »

[375] Art. 1616, al. 2 C.c.Q. : « *Toutefois, lorsque le préjudice est corporel et que le créancier est mineur, le tribunal peut imposer, en tout ou en partie, le paiement sous forme de rente ou de versements périodiques, dont il fixe les modalités et peut prévoir l'indexation suivant un taux fixe. Dans les trois mois qui suivent sa majorité,*

Il importe de relever au surplus l'article 2930 C.c.Q.[376] relatif à la prescription triennale pour le préjudice corporel, lequel a pour effet de neutraliser les courtes prescriptions et les avis en matière municipale[377].

En marge du droit commun, l'incidence des régimes spéciaux d'indemnisation sur la réparation du dommage corporel commande une dernière remarque. La *Loi sur l'assurance automobile*[378] distingue plus particulièrement l'indemnisation du préjudice corporel[379] de l'indemnisation du préjudice matériel[380] ; seul le premier type de préjudice étant garanti sur la base d'une collectivisation des risques par la société québécoise.

Conclusion

La notion d'intérêt, qualifiée à la fois d'omniprésente et de protéiforme, de souple et de subversive, a acquis son indépendance du droit. En justice, à l'image du glaive et de la balance, le droit doit pouvoir s'exprimer à travers des jugements de légalité ; tandis que la norme qui accorde au juge une marge de manœuvre importante afin de protéger un intérêt renvoie à des jugements d'équité et d'opportunité.

---

le créancier peut exiger le paiement immédiat, actualisé, de tout ce qui lui reste à recevoir. »

[376] Art. 2930 C.c.Q. : « *Malgré toute disposition contraire, lorsque l'action est fondée sur l'obligation de réparer le préjudice corporel causé à autrui, l'exigence de donner un avis préalablement à l'exercice d'une action, ou d'intenter celle-ci dans un délai inférieur à trois ans, 10 ans ou 30 ans, selon le cas, ne peut faire échec au délai de prescription prévu par le présent livre.* »

[377] Voir art. 585(5) et 586 de la *Loi sur les cités et villes*, L.R.Q., c. C-19; *Doré* c. *Verdun (Ville)*, [1997] 2 R.C.S. 862; *Montréal (Ville)* c. *Tarquini*, [2001] R.J.Q. 1405 (C.A.); *Montréal (Ville)* c. *Dorval*, 2017 CSC 48.

[378] L.R.Q., c. A-25.

[379] L'article 2 de la loi définit le préjudice corporel comme suit : « *Tout préjudice corporel d'ordre physique ou psychique d'une victime y compris le décès, qui lui est causé dans un accident, ainsi que les dommages aux vêtements que porte la victime.* »

[380] L'article 84.1 de la loi définit le préjudice matériel comme suit : « *Est un préjudice matériel, pour l'application du présent titre, tout dommage causé dans un accident à une automobile ou à un autre bien.* »

Si l'on postule un classement hiérarchique des types d'intérêts en fonction d'un degré variable de reconnaissance sociale, il est possible de situer sur une ligne continue des intérêts illégitimes aux droits subjectifs, en passant par les intérêts juridiquement indifférents et les intérêts protégés.

Lorsque l'intérêt est légitime, un consensus social peut exiger sa protection et son « élévation » au rang de droit, voire même de droit fondamental ; il y a alors reconnaissance d'un tel intérêt personnel dans l'exercice des prérogatives et sa consécration éventuelle par le droit positif. Sans doute le législateur québécois est loin d'avoir défini tous les droits et d'avoir résolu tous les conflits de droits ; c'est l'interprète, le juriste et le juge qui découvrent les droits nouveaux qui émergent selon les contingences mouvantes de la vie, les progrès techniques et les impératifs d'une justice commutative. Ils doivent tracer une ligne de séparation entre les droits qui s'entrechoquent, marquer les prévalences, aménager équilibres et compromis, dans une conception irénique des rapports sociaux.

L'intérêt protégé en droit français : un instrument de redéfinition du préjudice ?

Marie DUGUÉ
Professeure à l'Université de Tours

Envisagé du point de vue français, le recours à la notion d'intérêt protégé peut sans nul doute effrayer. La formule ne manque en effet pas de rappeler une tendance jurisprudentielle ancienne qui pêchait par excès de sévérité, en subordonnant l'indemnisation à la lésion d'« *un intérêt légitime juridiquement protégé* »[381]. Jusqu'à son abandon en 1970 avec l'arrêt *Dangereux*[382], cette exigence conduisait à refuser la réparation des préjudices par ricochet subis par ceux qui ne pouvaient se revendiquer d'aucun lien de droit avec la victime : les concubins[383] – notamment adultères –, mais aussi les fiancés[384], ou les enfants simplement recueillis[385].

Qu'on se rassure, l'utilisation contemporaine de la notion d'intérêt protégé n'a généralement pas pour ambition de faire renaître ces solutions rigoureuses. Reste que l'expression est opaque, et par là même, susceptible de faire naître de légitimes inquiétudes : on n'en trouve nulle trace dans le Code civil, dont on sait toutefois qu'il ne dit pas grand-chose de la responsabilité ; mais, de façon plus gênante peut-être, l'expression n'est pas davantage consacrée dans le projet de réforme publié par la Chancellerie en date du 13 mars 2017[386].

Pourtant, force est de constater que la formule est de plus en plus couramment utilisée par les spécialistes du droit de la responsabilité. On a ainsi relevé que « *ce n'[était] pas défendre une conception moralisatrice du droit que de définir le préjudice réparable comme la*

---

[381] Tendance inaugurée avec l'arrêt *Méténier,* Civ., 27 juillet 1937 *; GAJC, t. 2*, 13e éd., Dalloz, 2015, n° 188-189 ; *S.* 1938, 1, 321, note G. MARTY ; *D.* 1938, 1, 5 (4e espèce), note R. SAVATIER ; *JCP G* 1937, II, 466, note R. DALLANT.

[382] Ch. mixte, 27 février 1970, *Bull. crim.* n° 1 ; *GAJC, t. 2*, 13e éd., Dalloz, 2015, n° 188-190 ; *D.* 1970, p. 201, note R. COMBALDIEU ; *Gaz. pal.* 1970, 1, p. 163 ; *JCP G* 1970, II, 16305, concl. R. LINDON, note PARLANGE ; *RTD civ.* 1970, p. 353, obs. G. DURRY. V. J. VIDAL, « L'arrêt de la chambre mixte du 27 décembre 1970 », *JCP G* 1971, I, 2390.

[383] V. par exemple Crim. 21 décembre 1937, *Gaz. pal.* 1938, 1, 175 ; Civ., 28 novembre 1938, *D.* 1939, 97 ; Crim., 8 avril 1938, *D.* 1938, 310 ; Civ. 20 avril et 23 mai 1939, *Gaz. pal.* 1939, 2, 268 ; Crim. 2 juillet 1941, *Gaz. pal.* 1941, 2, 369.

[384] V. par exemple Civ., 19 octobre 1943, *JCP G* 1945, II, 2893, note R. RODIERE ; *D.* 1944, 14, note H. LALOU ; Crim. 16 mars 1950, *S.* 1950, 1, 182 ; *D.* 1951, somm. p. 7.

[385] V. par exemple Civ., 22 février 1944, *D.* 1945, p. 293, note J. FLOUR.

[386] Lequel se contente d'indiquer, en son article 1236, qu' « *est réparable tout préjudice certain résultant d'un dommage et consistant en la lésion d'un intérêt licite, patrimonial ou extrapatrimonial* ».

lésion d'un intérêt juridiquement protégé. […] Ce n'est pas parce que cette formule a été employée à mauvais escient et selon une compréhension discutable qu'elle doit être vouée aux gémonies »[387]. Dans un article consacré à la notion, un auteur a d'ailleurs vigoureusement plaidé en faveur du recours à l'intérêt protégé[388]. Et le projet Terré lui réservait une place de choix, en indiquant en son article 8 que « *constitue un dommage toute atteinte certaine à un intérêt de la personne reconnu et protégé par le droit* ».

Bien qu'il soit possible de l'intégrer à la définition de la faute[389], l'intérêt protégé est donc généralement utilisé comme un élément de définition du dommage ou du préjudice – selon que l'on distingue ou non les deux concepts, et selon le vocable ensuite préféré[390]. Il en est l'un des « *mots clés* »[391]; il en constitue l'envers. Ce faisant, l'intérêt protégé remplit deux objectifs distincts. Définir le dommage ou le préjudice comme l'atteinte portée à un intérêt protégé, c'est dans un premier temps laisser entendre que le droit de la responsabilité civile n'a pas vocation à réparer tous les maux ; c'est introduire l'idée d'une sélection parmi ces derniers, seuls certains méritant d'être qualifiés de dommage ou de préjudice, et donc réparés. Pour le dire autrement, le préjudice ne serait pas seulement la lésion de ce qui importe pour la victime, mais également la lésion de ce qui importe pour le droit. Ceci étant dit, la redéfinition du préjudice par référence à l'intérêt protégé permettrait dans un second temps d'ouvrir la voie à une hiérarchisation de ces préjudices ou de ces dommages, puisqu'on entrevoit la possibilité que certains intérêts soient mieux protégés que d'autres.

---

[387] Ph. BRUN, « Personnes et préjudice », *Revue générale de droit*, 2003, p. 187 et s., spéc. p. 200.

[388] J.-S. BORGHETTI, « Les intérêts protégés et l'étendue des préjudices réparables en droit de la responsabilité civile extracontractuelle », in *Études offertes à G. Viney*, LGDJ, 2008, p. 145 et s.

[389] C'est d'ailleurs tout l'intérêt de cette notion que d'être transversale ! V. notre thèse, *L'intérêt protégé en droit de la responsabilité civile*, préf. P. JOURDAIN, LGDJ, 2019, et spéc. les n° 177 et s., qui envisagent l'intégration, en droit français, de la théorie de la relativité aquilienne : lorsqu'elle résulterait de la violation d'une règle légale ou réglementaire, la faute n'existerait qu'à l'égard des victimes dont les intérêts étaient protégés par la règle.

[390] Nous renoncerons ici à toute distinction.

[391] Ph. BRUN, « Personnes et préjudice », art. préc., p. 201.

Ces deux mouvements au service desquels vient se placer l'intérêt protégé, notion finalement plus fonctionnelle que conceptuelle, inquiètent là encore. La consécration de la notion ne nous conduirait-elle pas à rompre trop franchement avec la philosophie altruiste qui innerve traditionnellement le droit français de la responsabilité civile, pour le rapprocher de ses homologues étrangers ? L'intérêt protégé est en effet connu de certains droits européens[392], souvent décrits comme moins favorables aux victimes ; ainsi du droit allemand, qui ne protège que certains intérêts limitativement énumérés contre la simple négligence[393], mais encore du droit anglais, qui engage plus volontiers la responsabilité civile à l'égard des dommages matériels que des dommages immatériels, entendus comme ceux dont le siège est dépourvu d'existence physique[394]. Partant, son utilisation ne remettrait-elle pas fondamentalement en question la vocation résolument indemnitaire de la matière telle que nous la concevons ? Les opinions exprimées en ce sens sont nombreuses. « *[L'] idée de modulation des conditions de la responsabilité en fonction de la nature de l'intérêt lésé* » serait « *purement et simplement inconciliable avec la tradition juridique française* »[395] ; même cantonné à certains domaines, le recours à l'intérêt protégé

---

392 Ce qui explique qu'il soit repris dans les projets de réforme édictés à l'échelle européenne. Ainsi, les Principes du droit européen de la responsabilité civile précisent que *« le préjudice consiste en une atteinte matérielle ou immatérielle à un intérêt juridiquement protégé »* (art. 2 : 101), et que *« l'étendue de la protection d'un intérêt dépend de sa nature : plus sa valeur est élevée, sa définition précise et la nécessité de le protéger évidente, plus sa protection sera étendue »* (art. 2 : 102 (1)). S'ensuit une échelle des intérêts : v. European Group on Tort Law, *Principes du droit européen de la responsabilité civile, textes et commentaires*, édition française sous la direction d'O. MORETEAU, trad. M. SEJEAN, Société de législation comparée, 2011.

393 Le § 823 I du BGB dispose ainsi que « quiconque, intentionnellement ou par négligence, porte atteinte illicitement à la vie, au corps, à la santé, à *la liberté, à la propriété d'autrui ou à tout autre droit d'autrui, est tenu à l'égard de celui-ci à réparer le préjudice qui en résulte »*. Si la jurisprudence n'a pas hésité à ajouter à cette liste, reste que la réparation des atteintes portées aux droits de créance et au patrimoine est généralement subordonnée à la commission d'une faute hautement blâmable (§ 826) ou à la transgression d'une norme qui protégeait spécifiquement l'intérêt lésé (§ 823 II).

394 Ce sont ainsi les préjudices purement économiques et purement moraux qui sont regardés avec une certaine sévérité : sur cette question et pour des références, v. notre thèse, *L'intérêt protégé en droit de la responsabilité civile*, *op. cit.*, n° 327 et s.

395 Ph. BRUN, « Regards hexagonaux sur les principes européens », in *Études offertes à Geneviève Viney*, LGDJ, 2008, p. 193.

conduirait « *à une remise en cause de la philosophie que véhicule l'article 1382 du Code civil et de la tradition dont il est porteur et qui irriguent l'ensemble de notre droit de la responsabilité civile* »[396].

Est-ce à dire que la notion d'intérêt protégé n'a pas d'avenir ? Nous ne le pensons pas. Nous voyons plutôt dans les réserves formulées une invitation à poursuivre l'analyse. Et cette analyse n'attise pas nécessairement les craintes. Elle nous semble plutôt révéler que l'intégration en droit français de la notion d'intérêt protégé pourrait s'avérer utile. Que l'on s'intéresse à sa fonction de sélection des préjudices (I), ou de hiérarchisation de ses derniers (II), l'intérêt protégé permettrait de rationaliser certaines des solutions actuellement consacrées par le droit positif, de même qu'il pourrait venir au soutien d'évolutions pertinentes de la matière.

I. La sélection des intérêts

Comme on l'a souligné, la définition du dommage comme l'atteinte portée à un intérêt protégé par le droit indiquerait d'abord que toutes les conséquences d'un fait générateur de responsabilité n'ont pas vocation à être réparées. Encore faudrait-il, premièrement, qu'un intérêt certain ait été atteint ; ensuite, que cet intérêt soit préservé par le droit. Ainsi, « *tout grief [ne constituerait] pas nécessairement un préjudice* »[397]. Encore resterait-il à préciser les intérêts dignes de protection. Sans aller jusqu'à en proposer une liste limitative, et sans aller jusqu'à assimiler l'intérêt protégé au droit subjectif[398], l'affirmation de ce que seuls les intérêts légitimes voire

---

[396] H. SLIM, *« Les intérêts protégés par la responsabilité civile en droit français », in* Recueil des travaux du Groupe de Recherche Européen sur la Responsabilité Civile et l'Assurance (GRERCA), *Le droit français de la responsabilité civile confronté aux projets européens d'harmonisation*, IRJS Éditions, 2012, p. 113 et s., spéc. p. 124.

[397] J.-S. BORGHETTI, « Les intérêts protégés et l'étendue des préjudices réparables en droit de la responsabilité civile extracontractuelle », art. préc., p. 149.

[398] Les deux notions, autrefois assimilées, sont aujourd'hui distinguées : le droit subjectif est une variété d'intérêt protégé. Sur cette question, v. A. GERVAIS, « Quelques réflexions à propos de la distinction des "droits" et des "intérêts" », in *Mélanges en l'honneur de Paul Roubier, t. 1, Théorie générale du droit et droit*

sérieux accèdent à ce rang pourrait constituer une source de progrès, tant méthodologique (A) que substantiel (B).

A. La méthode : l'exigence de légitimité de l'intérêt lésé

Notre droit positif n'est pas totalement hermétique à l'idée selon laquelle tous les maux n'ont pas à être indemnisés : il exclut d'ores et déjà certains intérêts du champ de l'indemnisation. Ces intérêts sont ceux qui sont regardés comme illégitimes[399], soit que l'intérêt lésé soit illégal, soit qu'il soit jugé immoral.

C'est ainsi que la Cour de cassation refuse traditionnellement de réparer le dommage résultant de la perte de profits tirés d'une activité prohibée : elle s'oppose par exemple à l'indemnisation de la victime pour l'impossibilité de poursuivre une activité constitutive d'un délit[400], pour la perte d'une construction irrégulière[401], ou de revenus non déclarés[402]. Si ces solutions semblent de bon sens en ce qu'elles garantissent une certaine cohérence du droit, leurs contours ne sont pas toujours aisés à cerner : ainsi on peut peiner à comprendre pourquoi, dans le même temps, le dommage corporel du voyageur monté sans billet dans le train qui a déraillé est indemnisable[403], ainsi que celui de la victime qui, au moment du drame, était en train de se

---

transitoire, Dalloz & Sirey, 1961, pp. 241 et s. ; F. OST, *Droit et intérêt, vol. 2, Entre droit et non-droit : l'intérêt,* Facultés universitaires Saint-Louis, 1990.

399 Sans que cette exclusion puisse se fonder sur l'article 31 du Code de procédure civile, qui ne permet pas d'apprécier le bien-fondé de la prétention, mais seulement la recevabilité de l'action.

400 Com., 30 novembre 1999, n° 97-15.978.

401 Crim., 4 novembre 2008, n° 08-82.591 ; *JCP G* 2009, I, 123, n° 1, obs. Ph. STOFFEL-MUNCK.

402 Civ. 2e, 24 janvier 2002, n° 99-16.576, *Bull. civ.* II, n° 5 ; *JCP G* 2002, I, 152, n° 22, obs. G. Viney ; *D.* 2002, p. 2559, note D. MAZEAUD ; *RCA* 2002, chron. 11 par S. HOCQUET-BERG ; *Defrénois* 2002, p. 786, obs. R. LIBCHABER ; *RTD civ.* 2002, p. 306, obs. P. JOURDAIN ; Civ. 2e, 22 février 2007, n° 06-10.131, *Bull. civ.* II, n° 49 ; *RCA* 2007, comm. 146, par S. HOCQUET-BERG ; *JCP G* 2007, II, 10099, note M. BRUSORIO-AILLAUD, et I, 185, obs. Ph. STOFFEL-MUNCK ; *RTD civ.* 2007, p. 572, obs. P. JOURDAIN.

403 Civ. 2e, 19 février 1992, n° 90-19.237, *Bull. civ.* n° 54 ; *JCP G* 1993, II, 22170, note G. CASILE-HUGUES.

ravitailler en stupéfiants[404]. Ici, le recours à l'intérêt protégé s'avère utile en précisant l'objet du contrôle : il n'y a que lorsque que l'intérêt lésé est en lui-même contraire au droit que la réparation est exclue, celle-ci restant possible lorsque l'illicéité affecte la seule situation de la victime[405]. En outre, cette présentation devrait conduire à une application plus mesurée de la règle. En effet, elle inciterait à n'exclure la réparation que dans les hypothèses où l'intégralité de l'intérêt atteint est frappée d'illicéité ; ainsi, dans l'hypothèse où la victime percevait des revenus non déclarés, on devrait hésiter à exclure totalement l'indemnisation, seule une fraction des sommes perçues étant souvent contraire au droit, en ce qu'elle aurait dû être reversée à l'Etat. En plus de fournir une clé de lecture du droit positif, la précision de ce que l'intérêt lésé doit être licite permet donc de restreindre les exclusions d'indemnisation, dont il convient de rappeler qu'elles ne sont pas sans écueil : elles libèrent « *l'auteur de la faute de toute obligation de réparation* », allant jusqu'à conférer « *un véritable blanc-seing pour détruire, à la limite même intentionnellement, toute chose acquise ou construite illégalement sans devoir craindre les conséquences civiles de ses actes, ce qui n'est évidemment pas souhaitable socialement* »[406].

Mais encore, la jurisprudence s'oppose vraisemblablement à l'indemnisation des atteintes portées aux intérêts qu'elle juge immoraux. C'est ainsi que les juridictions refusent traditionnellement de regarder la naissance d'un enfant en bonne santé mais non désiré – suite à échec d'IVG ou de contraception imputable au médecin – comme un préjudice réparable, sauf à ce qu'un dommage particulier vienne s'ajouter aux charges normales de la maternité[407]. On le

---

404 Civ. 2e, 2 févr. 1994, n° 92-14.005 ; *RCA* 1994, comm. 176.

405 En ce sens, Ph. BRUN, « Personnes et préjudice », art. préc., p. 199 ; J.-S. BORGHETTI, « Les intérêts protégés et l'étendue des préjudices réparables en droit de la responsabilité civile extracontractuelle », p. 158-159. V. encore P. JOURDAIN, obs. sous Civ. 2e, 24 janvier 2002, *RTD civ.* 2002, p. 306.

406 R. JAFFERALI, « L'intérêt légitime à agir en réparation – Une exigence… illégitime ? », *Journal des tribunaux*, 2012, p. 253 et s., spéc. p. 261-262.

407 Civ. 1re, 25 juin 1991, n° 89-18.617, *Bull. civ.* I, n° 213 ; *D.* 1991, p. 566 note Ph. LE TOURNEAU ; *JCP G* 1992, II, 21784, note J.-F. BARBIERI ; *RTD civ.* 1991, p. 753, obs. P. JOURDAIN ; Civ. 2e, 12 juillet 2007, n° 06-16.869 ; *JCP G* 2008, I, 125, n° 1, comm. Ph. STOFFEL-MUNCK. Le Conseil d'Etat adopte une solution similaire : CE 2 juillet 1982, n° 23141, *Mlle R…, Lebon* 266 ; *Gaz. pal.* 1983, 1, 193, note F. MODERNE ; *D.* 1984, 425, note J.-B. D'ONORIO.

devine, la solution se fonde sur l'idée selon laquelle la réparation serait inopportune, soit qu'on ne veuille pas signifier à l'enfant qu'il a été un préjudice pour ses parents, soit qu'on se refuse plus drastiquement à voir la naissance comme un mal[408]. D'autres décisions semblent reposer sur la même idée : on pense notamment à cette affaire dans laquelle les héritiers d'un patient mort prématurément en raison de la faute de son médecin réclamaient l'indemnisation d'un préjudice fiscal, le décès étant intervenu avant l'entrée en vigueur d'une révision légale des droits de succession qui leur aurait été favorable[409]. Si l'on ne s'étonnera guère que la Cour de cassation ait rejeté le pourvoi formé contre l'arrêt d'appel refusant l'indemnisation, la motivation pourra paraître alambiquée, la Cour approuvant les juges du fond d'avoir exclu toute perte de chance certaine, en ce que la date précise à laquelle la victime serait décédée en l'absence de fait générateur demeurait indéterminée. Difficile pourtant de nier qu'une probabilité existait de voir le décès survenir après la réforme… A ce titre, et quoi qu'on puisse par ailleurs penser de l'essence des solutions précitées, il faut bien admettre que le recours à l'intérêt protégé aurait au moins le mérite d'une certaine transparence : on indiquerait clairement que l'exclusion est commandée par des raisons de politique juridique, plutôt que d'en venir à déformer certaines conditions de la responsabilité.

Sur le plan de la méthode, définir le préjudice comme la lésion d'un intérêt protégé, entendu comme un intérêt légitime, ne serait donc pas dépourvu de tout apport. Mais la notion pourrait conduire à des changements plus substantiels.

B. La substance : l'exigence de sérieux de l'intérêt lésé ?

L'intérêt protégé, s'il devait participer à la définition du préjudice, serait-il uniquement l'intérêt légitime ? Ne pourrait-on pas également

---

[408] En ce sens, CA Riom, 6 juillet 1989 ; *D.* 1990, p. 284, note Ph. LE TOURNEAU : *« Tenue d'établir l'existence d'un traumatisme moral résultant de cette naissance, la mère n'apporte à cet égard, en l'espèce, aucune preuve que cet événement, présumé heureux, ait été pour elle la cause d'une souffrance morale certaine ».*

[409] Civ. 1re, 5 février 2014, n° 12-25.859.

exiger de lui qu'il soit sérieux, et s'en saisir pour accroître les contrôles opérés sur la notion de préjudice ?

Notre droit, là encore, n'est peut-être pas totalement réfractaire à cette idée. L'exigence d'un intérêt quantitativement sérieux semble s'inférer de l'adage *De minimis non curat praetor*[410]. L'exigence d'un intérêt qualitativement sérieux, commandant la mise à l'écart des préjudices dont la survenance relève finalement des risques normaux de la vie, n'est peut-être pas totalement ignorée non plus[411]. La jurisprudence a notamment pu être décrite comme peu encline à indemniser le préjudice moral résultant de l'atteinte à un bien[412], autre qu'un animal. La question de savoir s'il conviendrait d'aller plus loin, reste cependant entière.

Un certain nombre d'auteurs s'accordent en effet aujourd'hui pour dénoncer une expansion trop importante de la responsabilité civile, qui, si elle est favorable aux victimes, pourrait présenter plusieurs défauts. Celui, d'abord, de peser lourd sur certains acteurs de la vie économique, et notamment sur les assureurs qui décrivent parfois le système comme au bord de la rupture[413] ; celui, ensuite, d'inciter les victimes à monnayer leurs larmes, et de leur renvoyer, une fois l'indemnisation fixée, l'idée que leurs souffrances ne sont pas suffisamment prises en considération[414]. Ce sont alors les préjudices moraux qui sont souvent visés, l'évaluation étant en ce domaine utopique[415], tandis la palette des maux reconnus comme

---

[410] En ce sens, M. FABRE-MAGNAN, *Droit des obligations, t. 2, Responsabilité civile et quasi-contrats*, 4e éd., PUF, 2019, n° 105.

[411] V. notamment V. WESTER-OUISSE, « Le dommage anormal », *RTD civ.* 2016, p. 531, qui donne des illustrations jurisprudentielles d'une exigence d'anormalité du dommage, et milite pour une application plus poussée de celle-ci.

[412] On cite souvent pour exemple TGI Le Mans, 4 octobre 1966, *Gaz. pal.* 1967, 1, 29, refusant de réparer le préjudice moral causé par la destruction d'une voiture ; en outre, et bien que la solution ne relève pas à proprement parler du droit de la responsabilité, la Cour de cassation refuse l'indemnisation du « préjudice moral causé aux expropriés par la perte forcée de leur bien » : Civ. 3e, 16 mars 2011, n° 09-69.544 ; *D.* 2011, p. 948, note G. FOREST.

[413] V. H. GROUTEL, « Quelle prise en charge ? », in *La responsabilité à l'aube du XXIe siècle*, *RCA* numéro spécial juin 2001, chron. 12.

[414] M. FABRE-MAGNAN, « Le dommage existentiel », *D.* 2010, p. 2376.

[415] Le projet Terré préconise ainsi une limitation du nombre des personnes admises à se prévaloir d'un préjudice d'affection suite au dommage corporel subi par un proche : *« Le conjoint, les père et mère ainsi que ses enfants peuvent demander*

indemnisables est large[416] ; mais parfois également les préjudices purement économiques, telles les pertes de chances de gains, tant de telles pertes sont banales[417].

Certaines données peuvent il est vrai laisser penser que des défauts s'attachent à notre système, qui font douter de sa pérennité. Récemment, le rapport rendu par la Cour des comptes à propos du Fonds de Garantie des victimes des actes de Terrorisme et d'autres Infractions (FGTI) a pour illustration alerté sur le fait que la question de la soutenabilité du fonds se posera[it] à moyen terme, justifiant qu'on procède sans attendre à « *un réexamen de l'assiette de la contribution* » et qu'on assure « *le contrôle de son recouvrement* »[418]. Reste que les inconvénients attachés à nos règles de droit mériteraient de faire l'objet d'une évaluation approfondie avant qu'on décide d'en tirer de trop franches conséquences. La décision d'exclure purement et simplement certains intérêts du champ de la réparation est grave ; le renforcement de la dimension sélective du préjudice par l'exigence qu'il consiste en la lésion d'un intérêt qualitativement sérieux devrait

---

l'indemnisation de leur préjudice d'affection, ainsi que les autres proches de la victime habitant avec elle au moment du dommage » : F. TERRE (dir.), *Pour une réforme du droit de la responsabilité civile*, Dalloz, 2011, art. 63 al. 2. V. également sur cette question J. KNETSCH, « La désintégration du préjudice moral », *D.* 2015, p. 443.

416 V. récemment, Civ. 2e, 14 déc. 2017, n° 16-26.687, publié au *Bulletin ;* D. 2018, p. 386 note M. BACACHE ; *RTD civ.* 2018, p. 126 obs. P. JOURDAIN ; *RCA* 2018, étude 3, p. 5, par S. HOCQUET-BERG *:* la Cour de cassation accepte d'indemniser la souffrance morale d'un enfant, résultant du décès de son père avant sa naissance. V. cependant Civ. 2e, 13 décembre 2018, n° 18-10.277, 18-10.276, 17-28.716, publiés au *Bulletin* ; *D.* 2019, p. 182, note S. PORCHY-SIMON : la Cour de cassation s'oppose à la reconnaissance d'un préjudice autonome « d'avilissement » pour les victimes de prostitution forcée.

417 J.-S. BORGHETTI, « La perte de chance : rapport introductif », *LPA* 31 octobre 2013, p. 3 et s., spéc. p. 5. L'auteur suggère que les pertes de chance de nature patrimoniale ne devraient pas être regardées comme des intérêts protégés par la responsabilité délictuelle, notamment en ce que leur indemnisation serait susceptible de conduire à une paralysie sociale : *« puisque tout acte humain vient changer le cours des choses, il fait du même coup disparaître la possibilité que surviennent certains événements favorables, sur la réalisation desquels des personnes avaient pu compter. Or, si toute espérance était protégée, il ne serait plus possible de prendre une initiative susceptible de modifier le cours des choses, sans avoir à compenser la disparition des espérances que cette initiative entraînerait pour certains ».*

418 Cour des comptes, *La prise en charge des victimes du terrorisme, Communication à la commission des finances du Sénat*, Décembre 2018, p. 11-12.

alors venir s'appuyer sur une analyse d'ampleur de l'impact économique de notre droit de la responsabilité civile, qui fait pour l'heure défaut. Comme on a pu le noter, « *chacun s'afflige de l'état de notre Droit de la responsabilité, mais [...] nul ne songe à mesurer le coût invraisemblable et insupportable pour la Nation de cet embrouillamini* »[419].

En revanche, il serait envisageable se saisir sans tarder de la deuxième fonction de l'intérêt protégé, consistant à établir une hiérarchie entre les préjudices.

II. La hiérarchisation des intérêts

Notre droit commence à adhérer à cette idée, défendue par un certain nombre d'auteurs depuis la fin des années quarante, selon laquelle il convient de reconnaître ou d'instaurer un traitement différencié des préjudices[420]. Plusieurs options pourraient ici être explorées : indemniser en priorité les conséquences patrimoniales des dommages, plutôt que leurs conséquences extrapatrimoniales, compte tenu de ce que ces dernières ne peuvent jamais être effacées par l'allocation d'une somme d'argent ; ou encore, indemniser en priorité les conséquences des atteintes aux personnes, plutôt que les conséquences des atteintes aux biens ou aux sentiments. C'est dans cette voie que s'engage notre droit, dans la mesure où le dommage corporel et les conséquences qui en résultent qui font aujourd'hui l'objet d'un véritable traitement de faveur (A), qui gagnerait à être renforcé (B).

---

[419] Ph. LE TOURNEAU (dir.), *Droit de la responsabilité et des contrats, Régimes d'indemnisation*, 11e éd., Dalloz action, 2018-2019, n° 0124.11.

[420] V. notamment B. STARCK, *Essai d'une théorie générale de la responsabilité civile en sa double fonction de garantie et de peine privée*, L. Rodstein, 1947 ; O. BERG, *La protection des intérêts incorporels en droit de la réparation des dommages, Essai d'une théorie en droit français et allemand*, préf. G. VINEY, av.-prop. R. FRANK, Bruylant, LGDJ, 2006 ; J.-S. BORGHETTI, « Les intérêts protégés et l'étendue des préjudices réparables en droit de la responsabilité civile extra-contractuelle », *op. cit.* ; C. QUEZEL-AMBRUNAZ, « La responsabilité civile et les droits du titre I du livre I du Code civil, A la découverte d'une hiérarchisation des intérêts protégés », *RTD civ.* 2012, p. 251.

A. Le présent : la hiérarchisation latente des intérêts

La tendance à l'émergence d'une échelle des intérêts plaçant en son sommet l'intérêt à l'intégrité physique et psychique des personnes est manifeste au sein du droit spécial de la responsabilité civile. La loi du 5 juillet 1985 tendant à l'amélioration de la situation des victimes d'accidents de la circulation et à l'accélération des procédures d'indemnisation en témoigne : l'exonération se complique en présence d'un dommage corporel – si la victime n'est pas conductrice, il faut démontrer sa faute intentionnelle ou sa faute inexcusable, cause exclusive de l'accident –, tandis que les modalités de l'indemnisation sont simplifiées – l'assureur du responsable étant par exemple tenu de faire à la victime une offre spontanée d'indemnisation. La même priorité pour le dommage corporel est accordée par les articles 1245 et suivants du Code civil qui réglementent la responsabilité du fait des produits défectueux. Ainsi, alors qu'aux termes de l'article 1245-1, toutes les conséquences d'une atteinte à la personne sont réparables, l'indemnisation des préjudices résultant d'une atteinte aux biens fait l'objet de restrictions : l'atteinte au produit défectueux lui-même n'est pas susceptible d'ouvrir droit à réparation sur le fondement des articles 1245 et suivants, et il en va de même des atteintes aux biens n'excédant pas un montant fixé par décret à 500 euros[421].

Mais cette hiérarchie se retrouve également au sein du droit commun. Parfois de façon officielle : le délai de prescription est doublé au bénéfice des victimes de dommages corporels[422], sans qu'aucun délai butoir ne s'applique[423] ; une nomenclature des préjudices corporels a été élaborée, de sorte à améliorer la situation des victimes atteintes dans leur chair, et de permettre entre elles une véritable égalité de traitement. Plus souvent cependant, l'échelle des intérêts demeure occulte… C'est ainsi qu'on a pu relever qu'en présence de dommages corporels, les juridictions avaient parfois énoncé des solutions singulières à propos du fait générateur de responsabilité ou du lien causal : une tendance à déduire la faute du

---

[421] Sur cette question, L. MORLET-HAÏDARA, « Vers la reconnaissance d'un droit spécial du dommage corporel ? », *RCA* 2010, étude 13.

[422] Article 2226 du Code civil.

[423] Article 2232 du Code civil.

dommage a pu être observée[424], de même qu'une certaine propension à apprécier avec sévérité la possibilité de s'exonérer[425], pour ne citer que ces deux exemples. Mais la protection différenciée se fait alors discrète, difficile à démontrer, à tel point qu'on soutient parfois qu'existerait en droit français un principe d'équivalence des dommages qui trouverait sa source dans l'article 1240 du Code civil, et qui commanderait que « *tous les préjudices [aient], de manière indifférenciée, une égale vocation à être réparés* »[426].

Outre que c'est faire dire beaucoup à cette disposition, il convient de relever que le projet de réforme de la responsabilité civile prend très nettement ses distances avec un tel principe d'équivalence, qu'il pourrait donc prochainement reléguer aux oubliettes. En l'état en l'effet, le projet fait éclater au grand jour la supériorité de l'intérêt à l'intégrité des personnes[427] – et on ne saurait l'en blâmer dans la mesure où la préservation de cet intérêt conditionne assez largement l'existence des autres[428]. Pour illustration, il énonce qu'« *en cas de dommage corporel, seule une faute lourde peut entrainer l'exonération partielle* » (art. 1254) ; et que « *sauf en cas de dommage corporel, les dommages et intérêts sont réduits lorsque la victime n'a*

---

[424] Civ. 2e, 18 mai 2000, n° 98-12.802, *Bull. civ.* II, n° 85 ; *Gaz. pal.*, 23 avril 2002, p. 15, note A. BOLZE : « le fait de provoquer la chute d'un autre grimpeur constitue une faute », sans égard *a priori* pour les circonstances dans lesquelles une telle chute a pu intervenir.

[425] Civ. 2e, 13 mars 2008, n° 05-12.551, *Bull. civ.* I, n° 76 ; *RDC* 2008, p. 763, obs. G. VINEY ; *RTD civ.* 2008, p. 312, obs. P. JOURDAIN ; *RCA* 2008, étude 6, par S. HOCQUET-BERG ; *RCA* 2008, comm. 159, obs. F. LEDUC ; *JCP G* 2008, II, 10085, note P. GROSSER : l'arrêt refuse toute possibilité d'exonération partielle au transporteur ferroviaire contractuellement tenu d'une obligation de sécurité de résultat.

[426] F. LEDUC, « Les préjudices réparables, synthèse des travaux du GRERCA », *in* Recueil des travaux du Groupe de Recherche Européen sur la Responsabilité Civile et l'Assurance (GRERCA), *Le droit français de la responsabilité civile confronté aux projets européens d'harmonisation*, IRJS Éditions, 2012, p. 899 et s., spéc. p. 899-900.

[427] V. à propos du projet du 29 avril 2019, J. KNETSCH, « Le traitement préférentiel du dommage corporel », *JCP G* juillet 2016, suppl., p. 9. Regrettant, à propos de ce même projet, que le mouvement ne soit pas accentué, M. FABRE-MAGNAN, « Un projet à refaire », *RDC* 2016, p. 782.

[428] Le droit à la vie et à l'intégrité physique n'est-il pas le support nécessaire des autres intérêts de la personne ? Sur cette idée, B. STARCK, H. ROLAND, L. BOYER, *Obligations, t. 1, Responsabilité délictuelle*, 5e éd., Litec, 1996, n° 61 et s.

pas pris les mesures sûres et raisonnables […] propres à éviter l'aggravation de son préjudice » (art. 1263).

Avec cette conséquence qu'il devient difficile de nier l'apparition, en droit français, d'une hiérarchisation des intérêts qui soit au moins « *positive* »[429] : les règles régissant la réparation s'assouplissent en présence d'un dommage corporel. En revanche, il est aujourd'hui plus délicat d'affirmer que la hiérarchie est également « *négative* » : autrement dit, on peine à déterminer si l'engagement de la responsabilité est corrélativement complexifié pour freiner la réparation d'autres préjudices jugés moins importants, tels que les préjudices économiques. Un tel mouvement ne serait pourtant pas nécessairement dénué d'intérêt.

B. L'avenir : la hiérarchisation structurante des intérêts ?

Il a parfois été avancé qu'il serait plus difficile, en droit français, d'obtenir réparation des préjudices purement économiques que des autres. Définis comme ceux qui n'atteignent que le portefeuille de la victime[430], sans découler d'une atteinte portée à sa personne ou à ses biens, ces intérêts suscitent une certaine méfiance de la part des systèmes juridiques étrangers en raison de leur caractère évanescent[431]. Méfiance qui semble parfois avoir contaminé notre

---

[429] La formule est empruntée à M. BACACHE, « Le préjudice économique pur, rapport français », *in* Travaux de l'Association Henri Capitant des amis de la culture juridique française, *Le préjudice, entre tradition et modernité*, Bruylant, LGDJ, 2015, p. 39 et s., spéc. p. 45-46

[430] M. BUSSANI, V. V. PALMER, *Pure Economic Loss in Europe*, Cambridge University Press, 2003, p. 6.

[431] Les arguments sont certes historiques et philosophiques, mais on souligne également le risque que ces préjudices se propagent de façon démesurée jusqu'à engorger les juridictions ; leur caractère immatériel, le fait qu'ils appartiennent au monde des idées les prive de tout contour clair. V. M. BUSSANI, V. V. PALMER, *Pure Economic Loss in Europe*, *op. cit.*, p. 16 et s. ; J.-S. BORGHETTI, « Les intérêts protégés et l'étendue des préjudices réparables en droit de la responsabilité civile extra-contractuelle », *op. cit.*, p. 165 : *« en raison du caractère illimité de l'univers incorporel, il n'existe pas de borne naturelle au domaine des intérêts incorporels susceptibles d'être lésés et de donner lieu à des demandes de réparation ».*

jurisprudence ! Viennent notamment à l'esprit les décisions qui refusent d'indemniser l'employeur[432] ou le créancier[433] dont le salarié ou débiteur est décédé ou blessé, ou plus récemment, celle qui subordonne l'indemnisation du parieur dont les prévisions ont été déjouées par le geste d'un footballeur à la démonstration de ce que ce dernier a commis « *un fait ayant pour objet de porter sciemment atteinte à l'aléa inhérent au pari sportif* »[434]. Toutefois, d'autres solutions font naître une impression contraire : l'instauration d'une présomption de préjudice en matière de concurrence déloyale[435] ; l'ouverture d'une action de groupe en matière de consommation[436]... De sorte qu'il est aujourd'hui difficile de conclure à une dégradation de l'attention portée aux intérêts purement économiques[437].

Certains s'en féliciteront[438], d'autres regretteront cette absence de hiérarchisation vers le bas[439], qui pourrait d'ailleurs s'étendre aux préjudices purement moraux et aux dommages causés aux biens matériels. D'abord, parce que l'impératif de protection qui s'attache aux intérêts autres que corporels n'est peut-être pas tel qu'il nécessite

---

[432] Civ. 2e 14 novembre 1958 ; *Gaz. pal.* 1959, 1, 31 ; Civ. 1re, 27 juin 1973, *n*° 72-11.129, *Bull. civ.* I, n° 218 ; Crim. 27 novembre 1979, n° 78-93.150, *Bull. crim.*, n° 339 ; *D.* 1980, IR, p. 345 ; Crim., 15 mai 1987, n° 86-91.015, *Bull. crim.*, n° 198.

[433] CA Paris, 6 mars 1964, *D.* 1964 p. 642 note P. ESMEIN ; CA Paris 9 juillet 1975, *JCP G* 1976, IV, p. 175 ; Civ. 2e, 21 février 1979, n° 77-13.951, *Bull. civ.* II, n° 56 ; *JCP G* 1979, IV, 145 ; *D.* 1979, IR, p. 344 ; *RTD civ.* 1979, p. 612, obs. G. DURRY ; Crim., 2 mai 1983, n° 81-94.911, *Bull. crim.* n° 122, *JCP G* 1983, IV, 215.

[434] Civ. 2e, 14 juin 2018, n° 17-20.046, publié au *Bulletin* ; *D.* 2018, p. 1784 note J.-S. BORGHETTI ; *RLDC* 2018 n° 165, note M. DUGUE.

[435] Com., 9 février 1993, n° 91-12.258, *Bull.* IV n° 53, *JCP E* 1994, II, 945, note C. DANGLEHANT ; *JCP G* 1993, I, 3727, obs. G. VINEY ; Com., 22 févr. 2000, n° 97-18.728, *Contrats, conc. consom.* 2000. comm. 81, par M. MALAURIE-VIGNAL ; Com., 9 octobre 2001, n° 99-16.512, *Contrats, conc., consom.* 2002, comm. n° 6, par MALAURIE-VIGNAL ; *RCA* 2001, comm. n° 8 ; *RTD civ.* 2002, p. 304, obs. P. JOURDAIN ; Com., 2 décembre 2008, n° 07-19.861 ; *Prop. Ind.* 2009, chron. 5, n° 32, obs. J. LARRIEU.

[436] V. les articles L. 623-1 et s. du Code de la consommation.

[437] En ce sens, M. BACACHE, « Le préjudice économique pur, rapport français », art. préc., p. 49-51.

[438] V. récemment J. TRAULLE, « La réparation du préjudice économique "pur" en question », *RTD civ.* 2018, p. 285.

[439] Notamment J.-S. BORGHETTI « Les intérêts protégés et l'étendue des préjudices réparables en droit de la responsabilité civile extracontractuelle », art. préc., p.159 et s.

qu'on fasse jouer à leur égard tous les régimes de responsabilité. Ainsi, nous ne trouverions pas choquant que certains cas de responsabilité sans faute puissent uniquement fonder des actions en réparation de dommages corporels. On pense notamment à la responsabilité du fait des choses, dont certaines des règles sont tellement souples – ainsi de la présomption irréfragable de rôle actif qui s'applique lorsque la chose en mouvement est entrée en contact avec le siège du dommage – qu'elles en deviennent difficiles à justifier, si ce n'est par leur ambition originelle de protection des victimes de dommages corporels graves[440].

Si l'instauration d'une hiérarchisation négative peut également séduire, c'est ensuite parce qu'il n'est pas interdit de penser qu'un abaissement de la prise en charge de certains intérêts pourrait permettre, corrélativement, d'accroître encore la protection de l'intégrité physique et psychique des personnes. Pour ne prendre qu'un exemple, si le dommage matériel résultant d'un accident de la circulation était moins bien réparé[441], ne multiplierait-on pas les chances de voir aboutir un renforcement de la protection due au conducteur victime d'un dommage corporel, auquel les assureurs s'opposent[442] ? On se rappellera en effet que pour l'heure, si la hiérarchie s'opère certes un peu entre les dommages sur le fondement du droit spécial, elle joue aussi entre les victimes : si la victime non conductrice d'un dommage corporel est bien protégée, le conducteur blessé peut quant à lui se voir opposer sa faute simple, laquelle a

---

[440] En ce sens, le projet Terré limite en son article 20 le jeu de la responsabilité du fait des choses aux atteintes à l'intégrité physique ou psychique d'une personne.

[441] Il pourrait revenir à chacun d'assurer son véhicule contre les dégradations susceptibles de l'affecter sans pouvoir être rattachées à une faute quelconque ; de même que l'on pourrait refuser sur ce fondement d'indemniser les préjudices purement économiques, tels que la perte de gains subie par la société d'autoroute suite à l'accident qui a bloqué son péage (en ce sens, CA Versailles, 5 novembre 1999, *D.* 2001, p. 30, note E. GALANT). Le projet d'A. TUNC, en faveur de la mise en place d'une assurance directe obligatoire, limitait l'indemnisation des dommages atteignant le véhicule, laquelle pouvait « légitimement apparaître comme un peu secondaire » : *La sécurité routière, Esquisse d'une loi sur les accidents de la circulation*, Dalloz, 1966, n° 66.

[442] A l'heure où ces lignes sont écrites, une grande société d'assurance mutuelle française fait la publicité de ses produits en usant de la formule suivante : *« vous trouvez normal qu'un véhicule soit mieux assuré que votre famille ? »*. Ladite société indique par ailleurs que 63% des véhicules sont assurés tous risques, là où seulement 13% des familles sont couvertes contre les accidents de la vie courante.

parfois fait l'objet d'une appréciation très restrictive en jurisprudence[443].

Or, l'idée qu'à dommage égal, des victimes puissent être traitées foncièrement différemment dérange aujourd'hui, et amène à réfléchir à l'avènement d'un droit dont les règles ne varieraient plus en considération des personnes, et plus généralement du contexte de la survenance du dommage, mais en considération de la nature de l'intérêt lésé. L'intérêt protégé viendrait alors structurer la responsabilité, au détriment des distinctions fondamentales qui parcourent aujourd'hui la matière. La frontière entre droit commun et droit spécial pourrait ainsi s'effacer au profit d'un droit du dommage corporel[444], de même que la *summa divisio* des responsabilités contractuelle et délictuelle.

A dire vrai, des deux envisagées, c'est là bien le déclin de cette dernière distinction qui semble le plus probable. Le fait que le contractant et le tiers ne voient pas toujours les conséquences de leur dommage corporel réparées de la même façon attise depuis longtemps de vives critiques[445], l'un étant contraint de fonder sa demande sur le terrain contractuel et l'autre délictuel. Or, « *la souffrance est fonction de sensibilité humaine et si un même homme peut être plus sensible qu'un autre, il ne le devient pas davantage parce qu'il est contractant ou parce qu'il est* tiers »[446]. La tendance est donc à faire varier les règles applicables en considération de la nature du dommage causé, au détriment d'autres paramètres pourtant plus classiques, tels que la nature des relations unissant l'auteur du dommage à la victime.

Dans le projet du 13 mars 2017, la sécurité est ainsi « décontractualisée » : par principe, tous les dommages corporels

---

443 V. Ph. BRUN, *Responsabilité civile extracontractuelle*, 5e éd., LexisNexis 2018, n° 721 et s.

444 C'est ainsi qu'on milite depuis longtemps pour l'avènement d'un droit uniforme des accidents : v. notamment A. TUNC, « Evolution juridique du concept de responsabilité », *Revue Droits et culture*, 1996/1, p. 19 et s., spéc. p. 27 ; Ph. LE TOURNEAU (dir.), *Droit de la responsabilité et des contrats, Régimes d'indemnisation*, 11e éd., Dalloz action 2018-2019, n° 0124.12.

445 V. not. P. ESMEIN, « La chute dans l'escalier », *JCP G* 1956, I, 1321.

446 E. JUEN, *La remise en cause de la distinction entre la responsabilité contractuelle et la responsabilité délictuelle*, préf. E. LOQUIN, LGDJ, 2016, n° 608.

seront réparables sur le terrain délictuel (art. 1233-1). Mais encore, les clauses limitatives de responsabilité sont reconnues comme valides, tant en matière contractuelle que délictuelle, sauf en matière de dommage corporel (art. 1281). Il faut donc comprendre que si le projet était adopté en l'état, la distinction de la responsabilité contractuelle et délictuelle reculerait, au profit de la distinction des intérêts !

En droit français, la hiérarchisation des intérêts a donc de beaux jours devant elle : l'intérêt protégé pourrait devenir le pivot de la responsabilité civile ; et avec lui le dommage ou le préjudice, qui en constitue le versant.

Les spécificités du préjudice concurrentiel : regards croisés de droit européen et de droit interne

Emmanuel GARDOUNIS
Maître de conférences à Université catholique de Lille
Membre du C3RD

1. Le Code civil ne contient aucune définition du préjudice, du moins pour le moment. Ses rédacteurs ont privilégié plutôt l'utilisation de la notion de dommage comme condition substantielle pour l'exercice de la fonction réparatrice de la responsabilité civile. Malgré le sens différent des deux termes[447], il est devenu d'usage de considérer le préjudice comme synonyme du dommage[448]. Or, le préjudice est l'effet ou la suite d'un dommage ouvrant droit à réparation au profit d'une personne victime, à cause de la lésion portée à un intérêt légitime de celle-ci[449]. Autrement dit, si le dommage consiste dans l'atteinte portée sur un intérêt légitime, le préjudice décrit les conséquences patrimoniales ou extrapatrimoniales de cette atteinte[450] ; et, le plus souvent, c'est l'effet qui est réparé, à savoir le préjudice et pas le dommage proprement dit. Cette idée, qui établit un lien de cause à effet entre le dommage et le préjudice, est reprise par l'article 1235 du projet de réforme de la responsabilité civile : « *Est réparable tout préjudice certain résultant d'un dommage et consistant en la lésion d'un intérêt licite, patrimonial ou extrapatrimonial* »[451]. Cependant, le texte ne donne pas de plus

---

[447] Ph. LE TOURNEAU, *Droit de la responsabilité et des contrats, Régimes d'indemnisation,* 11ème édition, Dalloz 2018/2019, p. 505, n° 2122.11 et 2122.12.

[448] H. et L. MAZEAUD, J. MAZEAUD, F. CHABAS, *Leçons de droit civil, t. II, vol. 1, Obligations, théorie générale*, 8ème éd., 1991, Montchrestien, n° 407, p. 395 ; J.-C. CARBONNIER, *Droit civil*, t. IV, *Les obligations*, PF, coll. Thèmis 1996, n° 205 p. 351. Même dans l'avant-projet de loi portant réforme de la responsabilité civile, nous avons constaté parfois l'utilisation indifférenciée des deux termes. En effet, dans les articles 1241 et 1282, la faute cause un préjudice, alors que, selon les articles 1243 et 1245 de l'avant-projet, on est responsable des dommages causés par le fait des choses corporelles dont on a la garde ou par le fait d'autrui dont on doit répondre. En même temps, la faute de la victime qui a contribué à la réalisation de son dommage, aux termes de l'article 1254, est partiellement exonératoire de la responsabilité. Enfin, l'alinéa 2 de l'article 1254 de l'avant-projet se réfère au dommage corporel et l'article 1268 à l'appréciation du préjudice résultant d'un dommage corporel, qui ne doit pas prendre en compte d'éventuelles prédispositions de la victime.

[449] Cass. civ., 27 juillet 1937, *DP* 1938, 1, 5, note R. SAVATIER, *S.* 1938, 1, 321, note Marty, *Gaz. Pal.*, 1937, 2, 376, Grands Arrêts de la Jurisprudence Civile, t. 2, n° 188 ; Ph. LE TOURNEAU, L. CADIET, *Droit de la responsabilité, D.* 1996, 606, p. 174.

[450] Ph. BRUN, *Responsabilité civile extracontractuelle*, 5ème éd., LexisNexis, 2018, n° 176, p. 122.

[451] Dans le même sens, avant-projet de réforme du droit des obligations dirigé par professeur Catala, art. 1343. V. aussi *infra*, n°42bis, sur la suppression dans la

amples informations sur ce lien de cause à effet entre le dommage et le préjudice ; et pourtant en matière d'actions en dommages et intérêts pour violation des règles qui prohibent les pratiques anticoncurrentielles, les victimes doivent établir un lien de causalité entre la pratique mise en cause, à savoir entre le dommage à l'économie et le préjudice qu'elles ont individuellement subi[452].

2. Pour ce qui est du dommage, il n'est toujours pas défini dans la loi et l'avant-projet de loi portant réforme de la responsabilité civile, comme le projet de loi du 13 mars 2017, restent silencieux sur ce point. Le principe de la réparation intégrale tendant à compenser la perte subie (*damnum emergens*) et le gain manqué (*lucrum cessans*), qui était implicitement présent dans l'ancien article 1149 du Code civil, est confirmé dans l'article 1231-2 nouveau de ce même code issu de l'ordonnance du 10 février 2016 portant réforme du droit des contrats, du régime général et de la preuve des obligations. Ce principe est énoncé dans une disposition qui relève de la responsabilité contractuelle, mais il est communément admis aussi en matière de responsabilité délictuelle. Cependant, il convient de noter qu'en matière contractuelle l'ancien article 1150 du Code civil devenu l'article 1231-3 nouveau, limite le dommage réparable au seul dommage prévisible ou prévu[453].

3. Néanmoins, le dommage prend en pratique diverses formes, en fonction de la nature des intérêts protégés et est régi par plusieurs dispositions spécifiques, telles que celles qui s'appliquent au droit de la propriété intellectuelle[454] ou en matière des pratiques restrictives à la concurrence[455]. Pour ce qui est du droit de la propriété intellectuelle, à côté du concept classique du dommage tel que connu en matière de responsabilité civile, qui couvre traditionnellement la perte subie et le gain manqué, émerge un autre aspect du dommage, en raison de la nature particulière des droits de la propriété intellectuelle,

---

rédaction initiale de l'article 1235 de l'avant-projet de réforme de la responsabilité civile de la référence figurait *in fine* à un intérêt licite *« ... individuel ou collectif »*.

[452] V. *infra*, n° 12 et s.

[453] JCl. Code civil, anc. articles 1146-1155, Fasc. 10, n° 21.

[454] Art. L.331-1-3 CPI (propriété littéraire et artistique), L.521-7 CPI (dessins et modèles), L.615-7 CPI (brevets), L.623-28 CPI (obtentions végétales), L.716-14 CPI (marques) et L.722-6 CPI (indications géographiques).

[455] Art. L.442-6 C.com.

de la nécessité de protection de leur auteur et des difficultés particulièrement délicates liées à la preuve de l'étendue exacte du préjudice subi par la victime d'actes de contrefaçon[456]. C'est ainsi qu'en droit de la propriété intellectuelle lorsque les juges fixent le montant des dommages et intérêts, ils prennent en considération distinctement les conséquences économiques négatives de l'atteinte aux droits, dont le manque à gagner et la perte subis par la partie lésée ; les bénéfices réalisés par le contrefacteur, y compris les économies d'investissements intellectuels, matériels et promotionnels que celui-ci a retirées de la contrefaçon et enfin le préjudice moral causé au titulaire des droits, du fait de l'atteinte. Les juges ont également à leur disposition une autre alternative, qu'ils peuvent mettre en œuvre à la demande de la partie lésée, celle d'allouer à titre de dommages et intérêts une somme forfaitaire qui doit être supérieure au montant des redevances ou droits qui auraient été dus si le contrefacteur avait demandé l'autorisation d'utiliser le droit auquel il a porté atteinte[457].

4. Cette approche du dommage en droit de la propriété intellectuelle démontre que celui-ci ne se limite point aux « *droits éludés* »[458], qui sont considérés comme le dommage minimum. Elle tient également compte de la nature de l'atteinte, de ses conséquences effectives sur le droit patrimonial, des bénéfices réalisés par le contrefacteur et elle a tendance à augmenter le préjudice réparable, afin qu'il corresponde, autant que possible, à une « *redevance indemnitaire* »[459] et à une compensation équitable. Ces dispositions particulières en matière de propriété intellectuelle rompent avec le principe de la réparation intégrale du dommage prévu par le droit

---

[456] A. LUCAS, H.-J. LUCAS, A. LUCAS-SCHLOETTER, *Traité de la propriété littéraire et artistique*, 5ème éd., LexisNexis, 2017, p. 994 et s., n° 1271-1280.
[457] V. article L.331-1-3 du CPI et les dispositions identiques aux articles L.521-7, L.615-7, L.623-28, L.716-14, avec une nuance à l'article L.722-6 de ce même code, qui reprend la possibilité d'octroi d'une indemnisation forfaitaire, mais ne mentionne pas qu'elle est supérieure au montant des redevances ou droits qui auraient été dus si le contrefacteur avait demandé l'autorisation d'utiliser le droit auquel il a porté atteinte.
[458] E. DREYER, *JCl. Propriété littéraire et artistique*, Fasc. 1612, 2018, n° 70 et s.
[459] S. MANDEL, *L'indemnisation du préjudice en cas de contrefaçon de marque ou de modèle, Gaz. Pal.* 1996, 1, doctr. p. 600, qui se réfère à la réparation du préjudice résultant d'une atteinte aux droits de propriété industrielle.

commun de la responsabilité civile, principe régi par l'idée de réparer tout le préjudice, mais rien que le préjudice[460].

5. Nous retrouvons un autre régime dérogatoire au principe de la réparation intégrale du dommage dans l'ancien article L.442-6 du Code de commerce devenu les articles L.442-1 à 4 de ce même code relatifs aux pratiques restrictives. Ces articles sanctionnent une série de pratiques qui, sans porter nécessairement une atteinte au marché en question, sont prohibées dans l'objectif de préserver la loyauté dans les relations économiques. Outre l'annulation des clauses ou contrats prohibés et la cessation des pratiques illicites mentionnées, l'article L.442-4, I du Code de commerce permet au demandeur devant la juridiction civile ou commerciale d'obtenir la « *restitution des avantages indument obtenus* » et « *le prononcé d'une amende civile* » à l'encontre de l'auteur des pratiques restrictives. Le montant de cette amende civile ne peut excéder le plus important des trois montants suivants : cinq millions d'euros[461] ; le triple du montant des avantages indument perçus ou obtenus ; 5 % du chiffre d'affaires hors taxes réalisé en France par l'auteur des pratiques lors du dernier exercice clos depuis l'exercice précédant celui au cours duquel les pratiques ont été mises en œuvre.

6. Il en résulte qu'en droit des pratiques restrictives, comme matière de contrefaçon, le législateur a tenu compte des spécificités des préjudices subis par les victimes, qui sont souvent le résultat de « *fautes lucratives* »[462]. Il s'est exprimé sans équivoque dans des textes spéciaux en faveur du renforcement de la fonction dissuasive de la responsabilité civile dans ces domaines. C'est ainsi que ces textes

---

[460] A cette fin, la Cour de cassation affirme depuis la moitié du XXe siècle que « *le propre de la responsabilité civile est de rétablir, aussi exactement que possible, l'équilibre détruit par le dommage et de replacer la victime, aux dépens du responsable, dans la situation où elle se serait trouvée si l'acte dommageable ne s'était pas produit* » (Cass. civ. 2ème, 28 oct. 1954, *Bull. civ.* 1954, II, n° 328, *J.C.P.* 1955, éd. G, II, 8765, note R. SAVATIER).

[461] Le plafond de cette amende civile a été porté de 2 millions à 5 millions d'euros avec la loi n° 2016-169 du 9 décembre 2016 relative à la transparence, à la lutte contre la corruption et à la modernisation de la vie économique, dite « loi Sapin II ».

[462] Il s'agit d'une faute dont les conséquences profitables pour son auteur ne sont pas neutralisées par une simple réparation des dommages causés. V. G. VINEY, *Quelques propositions de réforme du droit de la responsabilité civile, D.* 2009, p. 2944 ; D. FASQUELLE, *L'existence de fautes lucratives en droit français, LPA*, 20 nov. 2002, n° PA200223204, 27.

prévoient l'octroi de dommages et intérêts dont le montant peut dépasser le préjudice effectivement subi par la victime et tendent à la restitution des profits indûment perçus par l'auteur de l'infraction et à la sanction de ce dernier. La fonction dissuasive, restitutoire et punitive s'est accrue en matière de pratiques restrictives, comme en témoigne la référence au rôle réservé à la fonction réparatrice de la responsabilité civile. Celle-ci intervient de manière presque accessoire lorsque l'ancien article L.442-6, III du Code de commerce énonçait, après avoir analysé les modalités d'évaluation de l'amende civile, que « *la réparation des préjudices subis peut également être demandée* ». La nouvelle disposition issue de l'ordonnance du 24 avril 2019 sur les pratiques restrictives essaye de mettre en avance l'idée de réparation de la victime des pratiques restrictives de concurrence.

7. La multiplication des dispositions rompant avec le principe de la réparation intégrale était signalée aussi par l'avant-projet de loi portant réforme de la responsabilité civile, qui dans son article 1258 disposait : « *Sous réserve de dispositions ou de clauses contraires, la réparation doit avoir pour objet de replacer la victime autant qu'il est possible dans la situation où elle se serait trouvée si le fait dommageable n'avait pas eu lieu. Il ne doit en résulter pour elle ni perte ni profit* ». Malgré la réaffirmation du principe de réparation intégrale, les réserves mentionnées au début de cette disposition confirmaient la présence aussi de règles spéciales dérogatoires à ce principe, telles que celles en matière de propriété intellectuelle ou des pratiques restrictives à la concurrence. On peut regretter que, dans le texte du projet de réforme de la responsabilité civile, présenté le 13 mars 2017, la formule « *sous réserve de dispositions ou de clauses contraires* », qui précédait le principe de réparation intégrale et ainsi lui faisait perdre en partie de sa force, a été supprimée.

8. Dans ces conditions, la question qui se pose inéluctablement est celle du dommage issu des pratiques anticoncurrentielles. Dans quelles conditions peut-on parler d'un dommage à la concurrence et en quoi consiste le préjudice concurrentiel ? Dans un premier temps, il convient d'esquisser cette notion ambiguë et à double sens (I), avant d'aborder les caractères qui rendent un préjudice concurrentiel réparable (II). Les spécificités de ce préjudice justifient la mise en place d'un régime de responsabilité civile particulier favorisant la preuve de son existence et l'accès des victimes aux éléments de

preuve leur permettant de déterminer son *quantum* (III). En fin, le préjudice concurrentiel est au cœur des débats sur la réforme du droit de la responsabilité civile à venir et, en particulier, sur les fonctions qui doivent être attribuées à celle-ci, notamment à la suite de la consécration de l'amende civile dans le projet de réforme du 13 mars 2017 (IV). Avec le nombre d'interrogations soulevées à propos du préjudicie concurrentiel, il nous paraît justifié de lui attribuer la qualification d'hydre juridique moderne.

I. La notion de dommage en droit de la concurrence

9. Le cadre juridique national et européen (A) est révélateur de la dualité du concept (B).

A. Le cadre juridique

10. La liberté du commerce et de l'industrie, issue de l'article 7 du décret d'Allarde des 2 et 17 mars 1791, constitue une liberté fondamentale, dont le premier corollaire est la liberté d'entreprendre, érigée en « *règle à valeur constitutionnelle* »[463]. La liberté de la concurrence, qui en constitue le second corollaire, est aussi un principe général protégé par les juridictions[464], sans disposer pour autant d'une valeur constitutionnelle. La liberté de la concurrence, comme toute liberté, peut être entachée d'usage abusif. C'est ainsi que les anciens articles 85 et 86 du Traité CEE (devenus les articles 81 et 82 du Traité CE, puis les articles 101 et 102 du TFUE) et l'ordonnance du 1er décembre 1986 sont venus protéger la liberté elle-même contre ses propres excès, afin d'assurer que la liberté de l'un s'arrête là où commence la liberté de l'autre. Il en résulte une distinction entre la liberté concurrentielle en tant que droit subjectif attribué à chaque opérateur économique et la liberté de la concurrence en tant que situation juridique recherchée par le droit. La première

---

463 Cons. Constitutionnel, 16 janv. 1982, *AJDA* 1982, 206 ; J.-J. MESTRE, *Le Conseil Constitutionnel, la liberté d'entreprendre et la propriété, D.* 1984, chron., 1.
464 Cass. com., 30 mai 2012, n° 11-18024, qui vise *« ensemble les principes de la liberté contractuelle et de la liberté de la concurrence »*.

confère à l'individu le droit d'exercer une activité économique et de déterminer librement les actes et les moyens mis en œuvre dans le cadre d'un marché déterminé, conformément aux règles de l'offre et de la demande applicables dans ledit marché ; la seconde vise à restreindre la première afin de protéger les intérêts des consommateurs, l'intérêt général et à assurer le fonctionnement normal du marché, exempt de tout abus. Ainsi une forme de cercle vertueux de la libre concurrence s'esquisse-t-elle : il faut assurer des conditions de libre concurrence entre les opérateurs, mais ce « *principe cardinal* » selon les termes employés par le professeur Jean-Jacques Burst[465], on le sait, peut être perverti par un usage abusif[466]. Comment mesurer alors le degré de concurrence à autoriser pour atteindre le juste équilibre entre la liberté économique et la liberté de la concurrence ?

11. A l'échelon européen, l'encadrement de l'état de concurrence protégée était plutôt l'œuvre de la Cour de justice, qui a jugé que l'objet de protection de ces dispositions est la « *concurrence efficace* » (*workable competition*)[467], c'est-à-dire la dose de concurrence nécessaire pour que soient respectées les exigences fondamentales et atteints les objectifs du Traité. Il résulte des constatations précédentes que la liberté économique et la liberté de la concurrence sont des notions distinctes et les atteintes à l'une ou à l'autre ne sont pas forcément identiques.

---

[465] J.- J. BURST, *Concurrence déloyale et parasitisme*, Droit usuel, Affaires, 1993, p. 1.

[466] C. CHAMPALAUNE, *Le principe de la liberté du commerce et de l'industrie et de la libre concurrence*, Rapport annuel 2001 de la Cour de cassation, 2ème partie : Etudes et documents, Etudes sur le thème des libertés, p. 1.

[467] CJCE, arrêt du 30 juin 1966, aff. 56/65 *Société Technique Minière (L.T.M.) c/ Maschinenbau Ulm GmbH (M.B.U.), Rec.* 1966, p. 337 ; CJCE, arrêt du 25 nov. 1971, aff. 22/71 *Béguelin Import Co. c/ S.A.G.L. Import Export*, *Rec.* 1979, p. 949 ; CJCE, arrêt du 25 oct. 1977, aff. 26/76 *Metro/Saba I*, *Rec.* 1977, I, p. 1875, 20.

B. Un concept à double sens

12. La notion du dommage concurrentiel revêt deux formes[468] : selon une approche macro-économique, constitue un dommage concurrentiel toute atteinte au fonctionnement normal de la concurrence dans un marché. Il s'agit de ce qu'un auteur appelle le « *dommage au processus concurrentiel* » ou, pour reprendre l'expression utilisée plus récemment par l'Autorité de la concurrence, le « *dommage causé à l'économie* »[469]. Cette approche macro-économique du dommage à la concurrence évalue les conséquences d'une pratique au fonctionnement efficace de la concurrence sur le marché en question. L'Autorité de la concurrence déclare que le dommage à l'économie « *ne se limite... pas aux seuls gains illicites que son ou ses auteurs ont pu escompter en retirer, mais englobe tous les aspects de la perturbation qu'elle est de nature à causer au fonctionnement concurrentiel des activités, secteurs ou marchés directement ou indirectement concernés, ainsi qu'à l'économie générale. Il intègre non seulement le transfert et la perte de bien-être que l'infraction est de nature à engendrer au détriment des consommateurs intermédiaires ou finals et de la collectivité dans son ensemble, mais aussi, notamment, son incidence négative sur les incitations des autres acteurs économiques, par exemple en matière d'innovation. Il ne se réduit donc pas à une perte précisément mesurable* »[470].

13. Par conséquent, les dommages concurrentiels sont multiples et ils peuvent être entendus comme l'ensemble des dommages consécutifs à la violation d'une règle de concurrence, fondée sur le droit spécial ou même sur le droit commun[471]. Les atteintes au fonctionnement normal de la concurrence résultent souvent du comportement adopté par des entreprises, qui rompent avec le cadre réglementaire des pratiques anticoncurrentielles, communautaire et/ou

---

[468] N. DORANDEU, *Le dommage concurrentiel*, éd. 2000, Presses Universitaires de Perpignan.
[469] Communiqué du 16 mai 2011 relatif à la méthode de détermination des sanctions pécuniaires, point 27.
[470] *Ibid.*
[471] M. CHAGNY, *Quelle(s) mutation(s) dans la réparation des dommages concurrentiels, RLC* 2010/22, p. 88.

national. Elles dérivent aussi de violations des règles en matière de pratiques restrictives à la concurrence. Même si elles sont prohibées indépendamment de leurs effets sur le marché, ces pratiques peuvent néanmoins porter atteinte à ce cadre. Enfin, un dommage concurrentiel résulte aussi des pratiques déloyales, qui sont sanctionnées sur le fondement des règles de droit commun de la responsabilité civile[472].

14. En effet, la jurisprudence en matière de concurrence déloyale indemnise divers types de préjudices : de la simple perte ou baisse du chiffre d'affaires liées à une perte de clientèle, jusqu'à l'atteinte à la notoriété, ou à l'image du produit/service ou de l'entreprise elle-même. Même si l'action en concurrence déloyale tend à la protection des concurrents, aujourd'hui elle sert également à établir une loyauté du processus concurrentiel dans le marché. La jurisprudence retient parfois la notion de « *trouble commercial* » en admettant que « *le préjudice s'infère nécessairement de l'acte déloyal* »[473] dans une finalité normative plus qu'indemnitaire. Il en va de même lorsque les tribunaux se contentent de constater un « *préjudice moral* » de façon à permettre la réparation, alors même que la victime n'a pas subi de baisse de son chiffre d'affaires[474]. Que l'on raisonne sur le terrain de l'imitation suscitant un risque de confusion dans l'esprit du public, de la désorganisation, du dénigrement ou de la concurrence parasitaire, la condition dommageable, indispensable pour la mise en œuvre de l'action en concurrence déloyale, est appréciée, alternativement ou cumulativement, eu égard au préjudice subi par le concurrent et/ou au dommage résultant pour le processus concurrentiel. Par conséquent, en matière de concurrence déloyale les tribunaux font preuve depuis plusieurs années d'une compréhension qu'on ignorait jusqu'à tout

---

[472] M. MALURIE-VIGNAL, *Droit de la concurrence interne et européen*, 7e éd. Sirey, 2017, p. 176 et s.

[473] Cass. com., 22 mai 1984, n° 82-13.482, *Bull. civ.*, IV, n° 172 ; Cass. com., 22 oct. 1985, n° 83-15.096, *Bull. civ.*, IV, n° 245, p. 206, *D.* 1986, Somm. 339 et s. obs. Y. SERRA ; Cass. com., 18 oct. 1994, n° 92-18.114, *RJDA* 2/1995, n° 237 ; Cass. com., 14 juin 2000, n° 98-10.689, *RJDA* 12/2000, n° 1195 ; Cass. com., 22 févr. 2000, *Sté Guérin c/ Sté Romuald et Sté Cindarella, Contrats-Conc.- Cons.,* mai 2000, n° 81, p. 20, obs. M. MAULAURIE-VIGNAL ; Cass. com., 1er juillet 2003, *Propr. industr.*, nov. 2003, comm. 96, obs. SCHMIDT-SZALEWSKI.

[474] Paris, 29 mars 1993, *RJDA* 1/1994, n° 128 à propos de l'atteinte à la réputation en cas de dénigrement.

récemment, lorsqu'il s'agissait de réparer les dommages issus de pratiques anticoncurrentielles.

15. Il résulte des constatations précédentes que le dommage au processus concurrentiel est une condition préalable à la mise en œuvre des règles concernant les pratiques anticoncurrentielles. En même temps, il constitue un facteur à prendre en considération lors de l'appréciation des comportements déloyaux des opérateurs économiques dans le cadre d'une action en concurrence déloyale. Il en va de même en matière des pratiques restrictives, où le dommage concurrentiel est pris en compte pour préserver l'ordre public de direction en sanctionnant des pratiques réputées nocives pour l'économie[475].

16. En revanche, selon une approche micro-économique, le dommage concurrentiel est assimilé au préjudice individuel illicite subi par une entreprise à cause de la modification injustifiée de la capacité concurrentielle d'un ou plusieurs autres opérateurs, une modification due à des pratiques faussant le jeu de la concurrence sur ledit marché et cela par voie de pratiques anticoncurrentielles ou par voie de pratiques restrictives de la concurrence, voire de pratiques déloyales. La présente étude se limite à l'examen des diverses questions soulevées autour de ce préjudice individuel illicite issu des seules pratiques anticoncurrentielles. Ce préjudice est une condition indispensable pour le bien-fondé d'une action en dommages et intérêts pour violation des règles en matière de pratiques anticoncurrentielles et pas une condition pour la qualification de l'infraction. Celle-ci constitue le fait générateur de ce préjudice et elle repose sur la preuve d'une pratique ayant causé un dommage à l'économie. Voici un aspect de la relation cause à effet qui lie les notions de dommage et de préjudice en matière de contentieux indemnitaire issu des pratiques anticoncurrentielles. Cependant, tout préjudice concurrentiel n'est pas forcément réparable.

---

[475] M. CHAGNY, B. DEFFAINS, *Réparation des dommages concurrentiels*, Essai, Dalloz 2015, n° 64-65, p. 56-58.

II. La réparation du préjudice concurrentiel

17. Afin que le préjudice concurrentiel soit réparable, il doit présenter, à la fois, les caractères requis par le droit commun de la responsabilité civile (A) et certaines autres caractéristiques, qui lui sont propres et qui déterminent les limites du préjudice concurrentiel réparable (B).

A. Les exigences du droit de la responsabilité civile pour un préjudice concurrentiel réparable

18. Le préjudice concurrentiel, qu'il soit d'origine contractuelle ou extracontractuelle, doit présenter les caractères que tout préjudice doit revêtir pour être qualifié de réparable, à savoir être certain (1), personnel (2) et direct (3).

1. Un préjudice certain

19. Il s'agit d'un préjudice très vraisemblable et non éventuel ou hypothétique[476]. Il doit en principe être actuel, mais il peut aussi être futur, surtout si son lien avec le fait générateur est évident et son évaluation judiciaire possible. La perte d'une chance, définie comme la disparition actuelle et certaine d'une éventualité favorable[477], est aussi réparable. Cette éventualité favorable peut consister en l'obtention d'un avantage ou profit à venir ou en la limitation voire même en l'évitement d'une perte. Elle ne se répare pas intégralement, mais se limite à une certaine somme correspondant à la seule chance perdue, son montant est souverainement apprécié par les juges du fond[478]. Le préjudice concurrentiel pose souvent des difficultés quant à l'appréciation de la certitude de son existence, mais aussi quant à la certitude de l'évaluation de son étendue. Lorsque, par exemple, les

---

476 Ph. BRUN, *Responsabilité civile extracontractuelle, préc.*, n° 181 et s.
477 Cass. civ. 1ère, 8 mars 2012, n°11-14.234.
478 Cass. civ. 3ème, 7 avril 2016, n°15-11.342.

victimes d'une pratique anticoncurrentielle à l'origine de leur éviction du marché, se plaignent des bénéfices perdus à cause de cette pratique, elles cherchent à établir la perte d'une chance et à cette fin, elles doivent établir à la fois les gains manqués et un taux de chance suffisamment fort qu'elles avaient à obtenir l'avantage perdu, en l'absence de la pratique en cause. Si la pratique examinée ne soulève pas de difficultés lorsque la responsabilité de son auteur est une responsabilité extracontractuelle, il n'en va pas de même lorsque la responsabilité de l'auteur de l'infraction est cherchée sur le terrain contractuel. Dans ce dernier cas, le préjudice réparable est uniquement un dommage prévu ou prévisible lors du contrat[479]. Comme un auteur a remarqué[480], le nouvel article L.481-8 du Code de commerce issu de l'ordonnance du 9 mars 2017 relatif à la réparation du préjudice, qui se réfère *in fine* à « *l'évolution raisonnablement prévisible* » du préjudice, pourrait permettre au juge d'assouplir ses exigences quant à la certitude de l'évaluation d'un préjudice qui repose sur des scénarios contrefactuels et donc, par nature, discutables.

2. Un préjudice personnel

20. En droit de la responsabilité civile, ce caractère signifie qu'en matière de responsabilité contractuelle c'est la personne du créancier qui doit souffrir de l'inexécution du contrat et qu'en matière délictuelle c'est la personne de la victime qui doit éprouver les conséquences du fait générateur de responsabilité. L'atteinte concerne dans les deux cas une personne[481] considérée comme une victime directe, mais également ses proches considérés comme des victimes par ricochet. En droit de la concurrence, ce caractère personnel est la conséquence du préjudice individuellement subi par chaque opérateur victime d'un comportement anticoncurrentiel, qui est à l'origine d'un dommage à l'économie. Sur ce point on ne retrouve aucune

---

[479] V. *supra*, n° 2.

[480] R. AMARO, *Transposition de la directive Dommages en France : Regards sur le nouveau titre VIII du livre IV du Code de commerce, Concurrences*, n° 2-2017, n° 25.

[481] Sur le préjudice écologique pur : M. MEKKI, *Le projet de réforme du droit de la responsabilité civile : maintenir, renforcer et enrichir les fonctions de la responsabilité civile, LPA* 14 juin 2016. Doctr. 17.

particularité affectant le préjudice concurrentiel. En même temps, ce caractère personnel ne contrevient pas à la qualification du préjudice concurrentiel comme un préjudice subi parfois par une masse de personnes, dès lors que, dans cette dernière hypothèse, il s'analyse comme l'addition de plusieurs préjudices personnels[482].

3. Un préjudice direct

21. L'exigence d'un caractère direct du dommage figurait dans l'ancien article 1151 du Code civil relatif à la seule hypothèse de la responsabilité contractuelle, mais il était admis que l'exigence d'un dommage directement lié au fait générateur s'étendait également en matière de responsabilité extracontractuelle. L'article 1231-4 nouveau du Code civil issu de l'ordonnance du 10 février 2016, qui se prête également à une interprétation extensive, reprend cette exigence que le préjudice éprouvé doit être une suite immédiate et directe de l'inexécution de la convention ou du fait générateur de responsabilité. Elle se traduit donc par l'exigence d'un lien de causalité directe entre le fait générateur de responsabilité et le préjudice occasionné. Le mécanisme de la causalité partielle reste aussi envisageable, lorsque plusieurs causes, dont les pratiques anticoncurrentielles, ont concouru à la réalisation du préjudice subi[483].

22. En matière de contentieux indemnitaire issu des pratiques anticoncurrentielles, la question souvent posée est celle de définir la victime directe d'une infraction. Il s'agit sans doute d'une catégorie de personnes qui n'est pas homogène[484] et qui s'étend selon le nombre d'intermédiaires intervenus dans la chaîne de commercialisation d'un produit ou de fourniture d'un service. La qualification de victime directe est retenue sans difficulté pour les personnes liées contractuellement avec les auteurs de l'infraction (rapport vertical),

---

[482] V. aussi *infra*, n°42 et s.

[483] Tb de com. de Paris, 30 mars 2015, *SARL DKT International c/ SA Eco-Emballages et SA Valorplast*, RG 2011023307.

[484] Dans un arrêt du 6 novembre 2012 (aff. C-199/11, *Europese Gemeenschap contre Otis NV et autres*), la CJUE pose même la question de savoir si le marché lui-même et l'UE, en tant qu'opérateur économique, ne peut être victime d'une pratique anticoncurrentielle.

ainsi que pour leurs concurrents (rapport horizontal). En revanche, il y a des victimes qui n'ont pas un lien direct avec les pratiques anticoncurrentielles, mais que l'augmentation des prix ou la perte de qualité des produits ou services les affecte. Dans cette dernière catégorie appartiennent généralement les consommateurs et les entreprises intermédiaires clients des victimes, acheteurs indirects, auxquels le dommage est répercuté. Or, rien n'interdit de qualifier ces victimes comme directes, lorsqu'elles entrent elles-mêmes en relation contractuelle avec les auteurs des pratiques. Pour emprunter l'expression de Muriel Chagny : « *Plus on s'éloigne du premier cercle de dommage ou de la première victime, plus la certitude du lien causal s'amenuise* »[485].

23. La véritable question qui découle de cette distinction entre victimes directes et indirectes, est celle de savoir si les premières peuvent prétendre à une réparation de leur préjudice, tandis que les secondes sont privées de ce droit. La Cour de justice de l'Union européenne dans ses arrêts *Courage*[486] et *Manfredi*[487] reconnaît ce droit d'agir en dommages et intérêts à « *toute personne qui aurait subi un préjudice* », même lorsqu'elle « *est partie à un contrat susceptible de restreindre ou de fausser le jeu de la concurrence* »[488]. Mais faute de législation communautaire, ces arrêts renvoient aux droits nationaux pour définir la notion de dommage et celle du lien de causalité[489]. Il s'agit du principe de l'autonomie procédurale, qui est encadré par les principes d'effectivité et d'équivalence. La Cour de justice décide qu'il est nécessaire, pour préserver l'effet utile des articles 101 et 102 TFUE, de permettre à toute personne « *de*

---

[485] M. CHAGNY, B. DEFFAINS, *Réparation des dommages concurrentiels*, Essai, Dalloz, 2015, § 154, p. 124.
[486] CJCE, arrêt du 20 sept. 2001, aff. C-452/99, *Courage and Crehan*, *Rec.* 2001, p. I-6297, pt. 23-26.
[487] CJCE, arrêt du 13 juillet 2006, aff. jointes C-295/04 à C-298/04, *Manfredi c/ Lloyd Adriatico Assicurazioni SpA, Cannito c/ Fondiaria Sai SpA et Tricarico et Murgolo c/ Assitalia SpA*, *Rec.* 2006, p. I-6619, pt. 58-62.
[488] CJCE, arrêt *Courage* préc., pt. 24.
[489] Solution réaffirmée : CJUE, arrêt du 14 juin 2011, aff. C-360/09 *Pfleiderer AG contre Bundeskartellamt*, Rec. 2011 I-05161 ; CJUE, 6 juin 2013, aff. C-536/11, *Donau Chemie AG et autres*, JO C 252, p. 11 et à propos de cet arrêt, L. COUTRON, *Du difficile équilibre à trouver entre l'accès au dossier des victimes de pratiques anticoncurrentielles et la protection de la confidentialité*, *RTD eur.* 2014, n° 2, p. 478.

demander réparation du préjudice subi lorsqu'il existe un lien de causalité entre ledit préjudice et une entente ou une pratique interdite par ces dispositions »[490]. La Directive 2014/104/UE a confirmé cette approche jurisprudentielle en attribuant un rôle important à ces principes[491], notamment au principe de l'effectivité. Elle affirme plus spécifiquement le besoin d'en assurer le respect par les règles nationales, « *y compris [par] celles concernant des aspects non traités dans la présente directive, tels que la notion de lien de causalité entre l'infraction et le préjudice* »[492]. En France, les préjudices indirects ne sont pas réparables, à l'exception du préjudice par ricochet, mais cette exigence d'un préjudice direct est désormais soumise à l'épreuve de l'effectivité.

24. Un exemple illustre la manière dont la Cour de justice de l'Union européenne s'appuie sur le principe de l'effectivité pour affirmer l'existence d'un lien de causalité entre l'entente et le préjudice résultant de celle-ci, ainsi que le contour du préjudice concurrentiel. Il est fourni par l'arrêt rendu le 5 juin 2014 dans l'affaire *Kone AG*[493]. Cet arrêt vise un phénomène économique original, généralement appelé « effet d'ombrelle » ou « effet protecteur » (*umbrella effect* ou *umbrella pricing*). Cet effet décrit l'exploitation de l'existence d'une entente illicite par des entreprises étrangères à celle-ci pour élever artificiellement leurs prix à un niveau supérieur à ce qu'il aurait été en l'absence de cette entente. Ces

---

490 V. les arrêts *Courage, préc.,* pts 26 et 27, *RTD com.* 2002, p. 398, obs. S. POILLOT-PERUZZETTO, *RTD eur.* 2002, p. 103, chron. L. IDOT ; *Manfredi e.a., préc.*, pts 59-61, 90 et 91, *RTD eur.* 2008, p. 313, chron. J.-B. BLAISE et L. IDOT ; *Pfleiderer, préc.*, pts 28 et 29, *AJDA* 2011, p. 1614, chron. M. AUBERT, E. BROUSSY et F. DONNAT, *RTD eur.* 2011, p. 844, obs. J.-B. BLAISE ; *Otis e.a., préc.*, pts 41-43, *RSC* 2013. 167, chron. L. IDOT, *RTD eur.* 2013, p. 316, obs. L. COUTRON, p. 682, obs. F. BENOIT-ROHMER et p. 849, obs. L. IDOT ; *Donau Chemie e.a.*, préc., pts 21-24, *AJDA* 2013. 1684, chron. M. AUBERT, E. BROUSSY et H. CASSAGNABERE, *RTD civ.* 2013, p. 843, obs. H. BARBIER, *RTD eur.* 2013, p. 849, obs. L. IDOT.

491 Art. 4 de la Directive de 2014/104/UE du Parlement européen et du Conseil du 26 novembre 2014 relative à certaines règles régissant les actions en dommages et intérêts en droit national pour les infractions aux dispositions du droit de la concurrence des États membres et de l'Union européenne.

492 *Ibid*, considérant 11.

493 CJEU, arrêt du 5 juin 2014, aff. C-557/12 *Kone AG et autres contre ÖBB-Infrastruktur AG*, *RLDA*, 2014/95 n° 5208 obs. D. CHELLIAH, *D.* 2014, 1525, obs. S. CARVAL, *JCP, éd. E*, 2014, n°1401, obs. C. MARECHAL.

entreprises ne font pas partie de l'entente et peuvent même ignorer son existence, mais elles se placent dans son sillage protecteur, en pratiquant des prix dépassant le prix qui s'établirait par le libre jeu de la concurrence.

25. La question de la causalité surgit lorsque les clients des entreprises ayant profité de l'effet d'ombrelle, assignent en réparation les membres de l'entente[494]. Pour pouvoir prétendre à une réparation, ces clients doivent démontrer l'existence d'un lien de causalité entre, d'une part, leur préjudice, qui consiste au surcoût payé par ceux-ci à leurs fournisseurs placés dans l'ombre de l'entente et, d'autre part, la faute, à savoir la pratique anticoncurrentielle. Néanmoins, cette preuve d'un lien causal peut heurter aux dispositions d'un droit national, qui retiennent une conception restrictive du lien de causalité et qui seraient de nature à empêcher l'aboutissement de ces actions en dommages et intérêts. La directive 2014/104/UE n'y fait pas obstacle car elle ouvre le droit d'action en dommages et intérêts à toute personne ayant subi un préjudice à cause d'une infraction aux articles 101 et/ou 102 TFUE. Cependant, ce texte n'envisage le préjudice indirect que dans le cadre de chaînes de contrats en prévoyant en faveur des acheteurs indirects (sous-acquéreurs) une présomption de répercussion des surcoûts à leur encontre de la part du défendeur[495].

26. Dans ce contexte, la Cour a profité du vide législatif issu de la directive 2014/104/UE et, en se fondant sur le principe de l'effectivité, a admis que les victimes directes ne doivent pas être assimilées aux seules personnes contractuellement liées à un membre de l'entente, de sorte que les victimes de prix de protection *(umbrella pricing)* pouvaient obtenir réparation de leur préjudice, dès lors qu'il était établi que cette entente était, — selon les circonstances de l'espèce et, notamment, les spécificités du marché concerné, — susceptible d'avoir pour conséquence l'application d'un prix de protection par des tiers agissant de manière autonome, et que ces circonstances et spécificités ne pouvaient être ignorées par les membres de l'entente.

---

[494] S. CARVAL, *La responsabilité civile des membres d'une entente peut être engagée du fait du dommage causé par un effet d'ombrelle sur les prix*, *D.* 2014, 1525, pt. 2.
[495] Art. 14 §2 de la Directive 2014/104/UE.

Cependant, ce faisant la Cour a réduit l'autonomie procédurale des États membres[496].

27. De plus, étant donné qu'assez souvent les produits visés par l'infraction passent des mains des acheteurs directs aux mains des acheteurs indirects successifs, se pose la question de la répercussion du surcoût par les acheteurs successifs, répercussion qui est au cœur de la qualification d'un lien causal direct entre l'infraction et le préjudice subi par la victime. Cette question a soulevé en jurisprudence énormément de difficultés d'ordre probatoire, comme nous allons constater[497]. Le Livre blanc avait fait bénéficier les acheteurs indirects d'un droit d'agir en dommages et intérêts, tout en instaurant une présomption selon laquelle le surcoût illégal avait été répercuté sur eux en intégralité[498]. Il s'agissait d'une présomption réfragable, la charge de la preuve contraire incombant au défendeur à l'action en responsabilité.

28. La directive 2014/104/UE rend aussi possible à toute personne de demander réparation du préjudice subi, que celle-ci soit ou non un acheteur direct ou indirect d'un auteur de l'infraction, sans reprendre la présomption de répercussion du surcoût au profit du demandeur en justice. Lorsque le préjudice résulte de la différence entre le prix effectivement payé et celui qui l'aurait été en l'absence d'infraction et que la partie lésée a réduit sa perte subie en la répercutant, pour tout ou partie, sur ses propres acheteurs, c'est-à-dire en augmentant elle aussi ses prix, le surcoût répercuté ne constitue plus un préjudice à indemniser pour la partie qui a profité de cette répercussion[499]. En même temps, la directive instaure une présomption simple de non-répercussion du surcoût par l'acheteur, direct ou indirect, de biens ou de services sur ses contractants directs[500]. Par conséquent, les clients de la partie lésée par la pratique anticoncurrentielle peuvent demander

---

[496] C. MARECHAL, *« Ombrelle sur les prix » : quand le principe d'effectivité du droit de l'Union fait de l'ombrelle à l'autonomie procédurale des Etats membres, JCP Entreprises et Affaires*, n° 30, 24 juillet 2014, 1401.
[497] V. *infra*, n° 46 et s.
[498] Livre blanc de la Commission européenne du 2 avril 2008 sur les actions en dommages et intérêts pour infraction aux règles communautaires sur les ententes et les abus de position dominante, COM (2008) 165 final, point 2.6.
[499] Art. 12 de la Directive 2014/104/UE.
[500] V. *infra*, n° 50*bis* et 50*ter*.

l'indemnisation de leur propre préjudice dès lors qu'ils démontrent que la partie lésée a répercuté un surcoût sur eux[501]. De son côté, le défendeur peut invoquer la répercussion du surcoût comme moyen de défense, aussi appelé *« passing-on defence »*[502].

28*bis*. L'exigence d'un préjudice direct étant applicable à toutes les pratiques anticoncurrentielles, elle s'applique également en matière d'actions en dommages et intérêts fondées sur un abus de position dominante. Dans un arrêt du 10 mai 2017 *société Outremer Télécom*[503], la Cour d'appel de Paris a eu l'occasion d'affirmer que « *si le préjudice dont il est demandé réparation est susceptible de trouver son origine dans d'autres faits que les pratiques anticoncurrentielles, il n'existe pas de lien de causalité suffisamment direct et certain permettant l'application de l'article 1382 du Code civil (devenu l'article 1240 du Code civil)* ». En l'espèce, Orange avait adopté un certain nombre de pratiques qui, dans leur large majorité, étaient qualifiées d'abus d'éviction (pratiques d'exclusivité de distribution, d'exclusivité de réparation avec un réparateur de terminaux agrée et différenciation tarifaire abusive entre les appels « on net » vers son réseau et les appels « off net » vers un réseau concurrent). Néanmoins, la société Outremer Télécom, qui avait heurté aux barrières artificielles à l'entrée sur le marché des services de téléphonie mobile dans la zone Antilles-Guyane mis en place par Orange et sa filiale Orange Caraïbes, n'obtiendra pas réparation de son préjudice. Malgré la constatation d'une faute civile caractérisée par ces abus d'éviction, le lien de causalité entre ces pratiques et le préjudice invoqué n'était pas démontré, dès lors que la société demanderesse avait effectué un choix stratégique qui lui avait permis d'entrer sur le marché en question après la cessation de ces pratiques.

---

[501] Art. 14 de la Directive 2014/104/UE.

[502] Art. 13 de la Directive 2014/104/UE.

[503] Paris, Pôle 5 - Chambre 4, 10 mai 2017, RG 15/05918, *SA Orange Caraïbe et SA Orange c. SAS Outremer Télécom*, obs. M. CHAGNY, *Actu-concurrence*, n° 23/2017, 6 juin 2017 ; R. AMARO, *Le contentieux indemnitaire des pratiques anticoncurrentielles (janvier 2017-juillet 2017), Concurrences* n°4, p. 116.

B. Les caractères propres au préjudice concurrentiel

29. A la fois concurrentiel (1) et illicite (2), ce préjudice présente, en sus, un caractère économique (3) et différé (4) et il finit souvent par être un préjudice de masse (5).

1. Le caractère concurrentiel

30. Un préjudice est concurrentiel lorsqu'il survient à cause du processus concurrentiel et du comportement des différents opérateurs économiques intervenant au sein d'un marché. Il constitue l'issue d'une pratique qui fausse le libre jeu de la concurrence. Autrement dit, le préjudice concurrentiel regroupe tout préjudice subi par une entreprise à la suite d'un dommage à l'économie dû aux méthodes anticoncurrentielles adoptées par un ou plusieurs autres opérateurs. Par conséquent, il s'agit d'un préjudice qui ne doit pas trouver son origine dans la mauvaise santé financière de l'entreprise victime, dans la gestion ou dans la politique du demandeur de réparation, dans le contexte économique ou dans le fonctionnement du marché[504].

2. Le caractère illicite

31. Un préjudice concurrentiel est illicite, lorsqu'il constitue la conséquence de la violation d'une règle du droit de la concurrence et, plus particulièrement dans le cadre de la présente étude, des règles relatives aux pratiques anticoncurrentielles. Il a pour résultat de soumettre l'auteur de ce préjudice à des sanctions administratives et pénales. En même temps, il ouvre droit aux victimes à une réparation, en raison des effets que le comportement illicite peut avoir pour le libre jeu de la concurrence. Il en résulte qu'un préjudice concurrentiel illicite présuppose l'existence et la preuve d'un dommage à l'économie suffisant pour infliger de telles sanctions. Toute violation

---

[504] Paris, 1ère ch. civ., 19 mars 1993, *Mors c/ Labinal*, *Rev. arb.* 1993, n° 4, p. 645, note C. JARROSSON, *RTD com.* 1993, p. 494, obs. E. LOQUIN.

des règles du droit de la concurrence ne donne pas nécessairement lieu à une sanction infligée contre l'auteur et n'ouvre pas forcément droit à une indemnisation au profit de la victime. C'est ainsi que le caractère illicite du préjudice concurrentiel se distingue de son caractère concurrentiel. Différents dispositifs permettent à l'auteur d'une pratique d'éviter la condamnation par les autorités de la concurrence : régimes d'exemption individuelle, règle de la raison, règle *de minimis*, souscription d'engagements ou mise en œuvre de la procédure de clémence. Dans les deux premiers cas, à défaut d'acte illicite, la victime ne peut prétendre à une indemnisation. En revanche, l'absence de condamnation de l'auteur pour le motif du non-franchissement du seuil de sensibilité, l'application des engagements qu'il a souscrits ou la clémence dont il bénéficie, ne privent point la victime du droit à réparation de son préjudice[505].

31*bis*. Il résulte de ces constatations qu'il y a aussi un préjudice concurrentiel licite inhérent au processus concurrentiel et que le préjudice concurrentiel illicite intervient uniquement en prolongement d'un dommage à l'économie suffisamment grave pour qu'il fasse l'objet d'une sanction et d'une réparation. On pourrait même s'interroger si, en exigeant par la victime d'une pratique anticoncurrentielle d'établir un préjudice concurrentiel illicite, afin de pouvoir prétendre à l'octroi de dommages et intérêts, on ne lui demande pas, en réalité, d'apporter la preuve d'un « *intérêt légitime juridiquement protégé* »[506]. Cette condition équivoque et controversée de responsabilité civile, selon laquelle un préjudice n'est réparable qu'autant qu'il consiste dans la lésion d'un intérêt que le droit prend en compte ou protège[507], ne semble pas avoir disparu du droit commun de la responsabilité civile. En tout cas, on la retrouve dans l'actuel projet de réforme de la Chancellerie, qui dans son article 1235, décrit le préjudice réparable comme un préjudice certain qui

---

[505] M. CHAGNY, *La place des dommages-intérêts dans le contentieux des pratiques anticoncurrentielles*, *RLC*, 2005/4, p. 186 et spéc. p. 191.

[506] Cass. mixte, 27 févr. 1970, n° 68-10.276, *Dangereux*, qui marque la fin cette exigence (ex. de jurisprudence antérieure appliquant cette exigence pour refuser la réparation du dommage par ricochet subi par des concubins : Cass. civ. 2ème, 4 mars 1964, *Gaz. Pal.* 1964, I, 392 ; Cass. civ. 2ème, 18 mars 1965, *Bull. civ.*, II, n° 290, p. 200).

[507] Ph. BRUN, *Responsabilité civile extracontractuelle*, préc., n° 189 et s.

résulte d'un dommage et qui consiste « *en la lésion d'un intérêt licite, patrimonial ou extrapatrimonial* ».

32. En sus, le résultat de la violation de la règle de droit ou de la loi du contrat est que son auteur réalise un gain ou une économie qui pourra venir se cumuler avec le préjudice subi par la victime ou par le créancier insatisfait[508]. S'ajoute donc aux conséquences économiques néfastes pour l'entreprise victime de pratiques anticoncurrentielles, un profit illicite dont bénéficient les auteurs de ces pratiques et qui amplifie l'avantage concurrentiel procuré à ces derniers et, inévitablement, le préjudice concurrentiel subi par les victimes. C'est à la fois un transfert indu et illicite de richesses des entreprises victimes qui subissent des pertes vers les entreprises auteurs de l'infraction, mais aussi toute une série de coûts pris en charge par les victimes destinés à redresser cette situation et assurer leur maintien sur le marché.

33. L'affaire *Kone AG*[509] témoigne que parfois ce transfert indu et illicite de richesses issu d'une entente ne profite pas directement à ses membres. Elle peut profiter aussi à des tiers, étrangers à celle-ci, mais placés dans son sillage pour en profiter. Nous pouvons déduire de cette affirmation que le préjudice concurrentiel ne résulte pas forcément d'une faute lucrative[510], puisqu'il peut être la conséquence des profits illicites réalisés aussi par des opérateurs tiers à l'entente. Par conséquent, l'étendue du préjudice peut largement dépasser les profits réalisés par les seuls membres de l'entente. Tel était le cas dans l'affaire précitée, où le dommage né de l'effet d'ombrelle n'avait procuré aucun bénéfice direct aux participants à l'entente.

---

508 R. MESA, *L'opportune consécration d'un principe de restitution intégrale des profits illicites comme sanction des fautes lucratives, D.* 2012, p. 2754.

509 CJUE, arrêt du 5 juin 2014, *Kone AG, préc.* n°24-26.

510 D. FASQUELLE, *L'existence de fautes lucratives en droit français*, in *Faut-il moraliser le droit français de la réparation du dommage ?*, *LPA* 20 nov. 2002, n° 232, p. 27 ; Groupe de travail de la Cour de cassation sur le projet intitulé *« Pour une réforme du droit de la responsabilité civile »* sous la direction de François Terré, févr. 2012, p. 21 ; A. PERROT, *L'efficacité des sanctions pécuniaires*, in *L'efficacité de la politique de concurrence, Gaz. Pal.* 29 et 30 janv. 2003.

3. Le caractère économique

34. Une pratique anticoncurrentielle peut être à l'origine de préjudices patrimoniaux, comme d'un préjudice moral pour l'entreprise victime. Le préjudice concurrentiel est, principalement, un préjudice patrimonial et, en particulier, un préjudice économique au sens de tout préjudice lié à une activité économique de production ou de service d'une entreprise[511]. Cette affirmation ne signifie point que les entreprises victimes de pratiques anticoncurrentielles ne peuvent demander la réparation de leur préjudice moral issu de ces pratiques. Elle va plutôt dans le sens qu'assez souvent, le montant attribué par les tribunaux à titre de dommages et intérêts pour le préjudice moral vise à réparer un préjudice économique difficile à quantifier[512]. Afin qu'il soit réparable, il doit consister en une perte subie (*damnum emergens*) ou en un manque à gagner (*lucrum cessans*), voire même en la perte d'une chance et couvre également le paiement des intérêts[513].

34*bis*. L'article L.481-3 du Code de commerce issu de l'ordonnance du 9 mars 2017 nous fournit actuellement une nomenclature non exhaustive de préjudices réparables résultant de pratiques anticoncurrentielles : « *Le préjudice subi par le demandeur du fait de la pratique anticoncurrentielle mentionnée à l'article L.481-1 comprend notamment : 1° La perte faite, résultant : a) Du surcoût correspondant à la différence entre le prix du bien ou du service qu'il a effectivement payé et celui qui l'aurait été en l'absence de commission de l'infraction, sous réserve de la répercussion totale ou partielle de ce surcoût qu'il a éventuellement opérée sur son contractant direct ultérieur ; b) De la minoration résultant d'un prix plus bas que lui a payé l'auteur de l'infraction ; 2° Le gain manqué résultant notamment de la diminution du volume des ventes liée à la répercussion partielle ou totale du surcoût qu'il a été amené à opérer sur ses contractants directs ou de la prolongation certaine et directe des effets de la minoration des prix qu'il a dû pratiquer ; 3° La perte de chance ; 4° Le préjudice moral* ». En tant que perte subie on

---

[511] M. NUSSENBAUM, *L'évaluation des préjudices économiques, RD banc. fin.* n°3, mai-juin 2013, étude 13.
[512] Fiche méthodologique n° 1 publiée sur le site de la CA de Paris.
[513] CJCE, arrêt *Manfredi, préc.*, pt 95.

retrouve, selon que l'on se situe au marché en amont ou en aval, le surcoût que le client de l'auteur a dû lui payer pour acheter ses produits ou utiliser ses services, ou la minoration du prix payé par l'auteur de l'infraction à son vendeur ou fournisseur. Quant au manque à gagner, il prend la forme d'une perte des revenus passés et/ou d'une insuffisance de revenus futurs, voire d'une perte de capacité concurrentielle de la victime[514]. Néanmoins, une pratique anticoncurrentielle peut provoquer des distorsions à plusieurs niveaux et ainsi provoquer, entre autres, une perte de chance.

35. Nous constatons que le préjudice concurrentiel peut consister en des majorations du prix payé à l'auteur de l'infraction par ses clients ou des minorations du prix payé cette fois par l'auteur de la pratique anticoncurrentielle à ses fournisseurs. Dans la première hypothèse qui vise le marché en aval, il s'agit de surcoûts illégaux car les clients directs et indirects des entreprises contrevenantes doivent payer chaque produit qu'ils achètent plus cher qu'en l'absence d'infraction. Ce surcoût est, tout d'abord, un surcoût initial payé par le client direct des entreprises auteurs de l'infraction. Il consiste en la différence entre le prix effectivement payé, multiplié par les quantités consommées pendant que le prix subissait l'effet de la pratique anticoncurrentielle et le prix contrefactuel qui serait établi en situation de concurrence et en l'absence de l'infraction. Il convient de souligner que ce prix contrefactuel est nécessairement hypothétique et ne peut donc être qu'une estimation. Par ailleurs, il faut prendre en compte les variations de quantités, puisque le surcoût a des effets sur les quantités. D'où la nécessité de déterminer les élasticités de la demande pour pouvoir déterminer ces variations de quantités. Sur ce point, il convient de préciser que le terme « *surcoût* » couvre aussi l'hypothèse où la pratique anticoncurrentielle ne visait pas à l'augmentation des prix, mais plutôt à leur stabilisation artificielle pendant une certaine période au cours de laquelle, dans des conditions de marché normales et en l'absence d'infraction, les prix auraient baissé[515].

---

[514] M. NUSSENBAUM, *L'évaluation des préjudices économiques, préc.* V. aussi, fiche méthodologique n° 6 publiée sur le site de la CA de Paris sur la notion de marge sur les coûts variables.

[515] Guide pratique concernant la quantification du préjudice dans les actions en dommages et intérêts fondées sur des infractions à l'article 101 ou 102 TFUE, n°135 (http://ec.europa.eu/competition/antitrust/actionsdamages/quantification_en.html).

36. En même temps, il peut arriver que les clients directs des entreprises auteurs de l'infraction, qui paient un surcoût initial en raison de la pratique en question, revendent eux-mêmes les produits concernés ou les utilisent pour produire d'autres biens ou services. Ces clients directs peuvent, en réaction à la hausse de prix à laquelle ils sont confrontés, augmenter à leur tour le prix de leurs propres produits ou services et répercuter ainsi tout ou partie du surcoût initial sur leurs propres clients. Or, ces derniers ne sont pas liés contractuellement avec les entreprises contrevenantes et s'éloignent de « l'épicentre du dommage », mais ils subissent eux aussi un préjudice à cause de la répercussion des surcoûts.

37. L'augmentation des prix génère aussi, à titre d'effet subséquent, un manque à gagner à cause de la baisse de la demande par les clients de la victime qui utilisent le produit en cause pour les besoins de leur propre activité. Dans la mesure où les clients directs des entreprises contrevenantes répercutent le surcoût à leurs propres clients (acheteurs indirects) et aux consommateurs finaux, ils peuvent en atténuer l'incidence financière défavorable pour eux, au prix toutefois d'une baisse de la demande, certains de ces acheteurs indirects estimant que ce surprix répercuté dépasse la valeur de l'obtention du produit ou du service. En revanche, certains clients de l'entreprise contrevenante peuvent, au lieu de répercuter le surcoût, prendre la décision de renoncer à acheter le produit ou service, ou même de l'acheter, mais en plus petites quantités qu'auparavant. Ces acheteurs directs sont privés du profit qu'ils auraient réalisé s'ils avaient été en mesure d'acheter ces produits ou services au prix appliqué par l'entreprise contrevenante avant la mise en place de sa pratique anticoncurrentielle et subissent un manque à gagner réparable. Cet effet subséquent de volume se traduit par une perte de parts de marché et/ou par une perte de clientèle pour la victime qui a nécessairement une conséquence sur l'innovation. Si l'on se situe du côté des clients indirects de l'auteur de l'infraction, voire des consommateurs, ils sont privés de la jouissance d'un bien ou service qu'ils obtenaient auprès des clients directs de l'auteur de l'infraction à un prix inférieur. Ils peuvent être amenés à supporter la répercussion des surcoûts par l'acheteur direct ou à payer plus cher pour obtenir ailleurs un produit ou service de substitution.

37*bis*. Sur le marché en amont, les fournisseurs de l'auteur d'une pratique anticoncurrentielle peuvent subir deux types de préjudices : d'une part, une minoration du prix payé au fournisseur par l'auteur de l'infraction et, d'autre part, un manque à gagner dû à la prolongation des effets de la minoration des prix qu'il a dû pratiquer. Le fournisseur d'une entreprise participant à un cartel ou d'une entreprise en position dominante, qui se voit imposer des prix de vente à cette entreprise inférieurs à ceux qui seraient appliqués en l'absence de cartel ou de position dominante, subit un préjudice à cause de ce moins-perçu. Souvent ce moins-perçu est accompagné d'un surcoût sur les marchés en aval. En même temps, le fournisseur de l'entreprise contrevenante voit le volume de ses ventes vis-à-vis d'elle se réduire, dès lors que le cartel ou l'entreprise en position dominante a diminué son niveau de production pour maintenir son niveau de prix sur le marché en aval.

38. Le manque à gagner ne se produit pas uniquement comme la suite d'un surcoût ou moins-perçu illégal imposé dans le cadre d'une pratique anticoncurrentielle, comme il vient d'être expliqué, mais peut aussi être un préjudice provoqué de manière autonome par des pratiques anticoncurrentielles dites « d'éviction » produisant des « effets de verrouillage », à savoir des pratiques ayant pour effet d'exclure complètement les concurrents d'un marché, de réduire leurs parts de marché ou d'empêcher l'apparition de nouveaux concurrents potentiels[516]. Elles peuvent affecter les coûts supportés par un concurrent, le prix de vente qu'il est en mesure de pratiquer pour ses produits ou les quantités qu'il est capable de produire, et restreindre les débouchés commerciaux sur le marché concerné. Les pratiques d'éviction sont généralement synonymes de manque à gagner pour les concurrents concernés. Ce préjudice correspond à la différence entre les bénéfices effectivement réalisés par une entreprise et ceux qu'elle aurait réalisés en l'absence d'infraction dans un scénario contrefactuel. Il suffit pour le concurrent évincé d'établir qu'il aurait réalisé des bénéfices supérieurs dans un tel scénario et que ce manque à gagner est imputable à l'infraction, afin qu'il puisse prétendre à la réparation de ce préjudice. Dans une telle hypothèse, peu importe si sa part de marché n'a pas finalement évolué, parce qu'il a pu résister aux contraintes anticoncurrentielles, ou si ses bénéfices ont augmenté en raison d'autres facteurs.

---

[516] *Ibid*, n°180.

39. Ces pratiques d'éviction se traduisent donc par un recul des quantités que les concurrents de l'entreprise contrevenante peuvent vendre et par une baisse consécutive de leurs revenus, mais aussi par une hausse des coûts, lorsque l'infraction affecte le prix qu'ils pratiquent sur le marché concerné. En même temps, l'accès au marché pour des nouveaux entrants est restreint. Les chefs de préjudice que les concurrents évincés avancent le plus souvent sont les frais de commercialisation additionnels nécessaires pour conserver la position sur le marché et les coûts d'implantation d'une nouvelle structure sur le marché dont ils ont été évincés. Dans cette dernière hypothèse, les concurrents évincés cherchent à être indemnisés au titre non seulement des bénéfices qu'ils n'ont pas réalisés pendant la durée de l'infraction, mais aussi au titre des bénéfices futurs dont ils ont été privés après la cessation de cette dernière. Il s'agit de pertes de capacité concurrentielle consistant en la perte de chance sur les revenus futurs et en la perte de valeur de l'entreprise qui peut s'avérer définitive.

40. Lorsque des entreprises arrivent à évincer des concurrents du marché ou à réduire leur présence sur ce marché et que la pression concurrentielle diminue, les auteurs de l'infraction sont en mesure de réaliser des bénéfices accrus, au détriment de leurs clients et des concurrents évincés. Par conséquent, les pratiques d'éviction, en affectant illégalement la position des concurrents sur le marché et le niveau de la concurrence qui y prévaut, produisent à moyen ou à long terme un préjudice subséquent, qui prend généralement la forme d'une hausse des prix et d'une diminution du choix, de la qualité ou de l'innovation[517].

40*bis*. Enfin, la répercussion du surcoût par l'acheteur à ses propres clients peut avoir un effet volume sur les ventes de l'acheteur et entraîner ainsi une baisse de son chiffre d'affaires, qui pourrait avoir, à son tour, un impact sur la stratégie suivie par son entreprise et ainsi traduire une perte de chance. La jurisprudence confirme que la réparation intégrale doit couvrir l'actualisation du préjudice et, à ce titre, réparer les effets négatifs résultant de l'écoulement du temps depuis la survenance du préjudice, à savoir l'érosion monétaire. Il peut s'agir aussi de réparer la perte de chance subie par l'entreprise

[517] *Ibid*, n°182 et 186.

victime du fait de l'indisponibilité du capital[518]. En effet, lorsqu'une personne subit un préjudice concurrentiel, celui-ci entraîne un préjudice additionnel à cause de la privation de cette entreprise d'une trésorerie pendant la période qui s'étend entre la commission de l'infraction et le jugement attribuant des dommages et intérêts. Ce préjudice additionnel, dit « préjudice de trésorerie » ou « préjudice financier »[519], peut être réparé par voie d'intérêts compensatoires, à savoir par l'application d'un taux d'intérêt au montant alloué en réparation du préjudice initial. Cependant, comme l'explique Muriel Chagny, la perte de chance issue de l'indisponibilité du capital s'apprécie différemment « *selon que la victime est ou non en mesure de prouver qu'elle a été contrainte soit de restreindre son activité sans pouvoir trouver des financements alternatifs par emprunts ou fonds propres, soit de renoncer à des projets d'investissements dûment identifiés et susceptibles de rapporter l'équivalent du coût moyen du capital* »[520]. Dans toutes les hypothèses, il faut distinguer les intérêts compensatoires des intérêts moratoires calculés au taux légal ou au taux conventionnel, lesquels ont pour but de réparer le préjudice issu du retard dans le paiement de l'indemnisation. Il ne faut pas les confondre avec les intérêts majorés de l'article L.313-3 du Code monétaire et financier. Ces derniers, même s'ils ne rentrent pas dans l'objectif d'une réparation intégrale, exercent, néanmoins, une pression aux parties pour la conclusion de transactions et le versement rapide de l'indemnisation.

4. Le caractère différé

41. Nous venons de constater que, tant les pratiques anticoncurrentielles tendant à une augmentation des prix, que les pratiques d'éviction, produisent des effets immédiats, mais aussi des conséquences à moyen ou à long terme. La constatation que ces effets

---

[518] Paris, Pôle 5 - Chambre 4, 14 déc. 2016, RG 13/08975, *EPIC SNCF c. Pellegrini* ; CA de Paris, Pôle 5 - Chambre 4, 10 mai 2017, RG 15/05918, *SA Orange Caraïbe et SA Orange c. SAS Outremer Télécom, préc.* ; CJUE, arrêt du 3 févr. 1994, aff. C-308/87, *Alfredo Grifoni c/ Communauté européenne de l'énergie atomique, Rec.* 1994, p. I-341, pt. 40.

[519] V. fiche méthodologique de la CA de Paris n°7.

[520] Obs. sur l'arrêt de la CA de Paris, 10 mai 2017, *préc.*

s'étalent dans le temps témoigne du caractère différé du préjudice concurrentiel. La durée du dommage à la concurrence ne coïncide pas toujours avec la durée de l'infraction ni avec le moment où les victimes subissent leurs préjudices individuels. En effet, le dommage au processus concurrentiel peut avoir commencé de façon différée par rapport à l'infraction, si les premiers effets de celle-ci ont mis du temps à se faire ressentir ou même se poursuivre dans le temps, alors que l'infraction a déjà cessé. Ce décalage dans le temps entre la commission ou la cessation de l'infraction et le premier impact de la pratique au libre jeu de la concurrence entraîne nécessairement un décalage entre l'infraction et le préjudice individuel, celui-ci étant, comme nous avons affirmé[521], la conséquence d'un dommage à la concurrence. Dans ces conditions, pour l'évaluation du préjudice réparable, il faudra tenir compte de la période de rétablissement et des investissements effectués à cette fin[522]. C'est ainsi que l'article L.481-8 du Code de commerce issu de la directive du 9 mars 2017 prévoit que « *les dommages et intérêts sont évalués au jour du jugement, en tenant compte de toutes les circonstances qui ont pu affecter la consistance et la valeur du préjudice depuis le jour de la manifestation du dommage, ainsi que de son évolution raisonnablement prévisible* ». Il assure ainsi la prise en compte de l'écoulement du temps en rappelant le principe de droit commun d'évaluation du préjudice au jour du jugement[523].

5. Un préjudice de masse : les actions de groupe

42. Le préjudice concurrentiel présente la particularité d'être souvent subi par un grand nombre de personnes qui éprouvent chacune une fraction faible de ceci. C'est le cas lorsque les

---

[521] V. *supra*, n°1.

[522] R. SAINT-ESTEBEN, *La réparation du préjudice économique résultant d'infractions au droit de la concurrence*, in *Cycle de conférences de la Cour de cassation, cycle Risques, assurances, responsabilités 2006-2007, Quatrième conférence, La réparation du préjudice économique*, 26 avril 2007, §119, p. 42.

[523] Circulaire du 23 mars 2017 de présentation des dispositions de l'ordonnance n° 2017-303 du 9 mars 2017 relative aux actions en dommages et intérêts du fait des pratiques anticoncurrentielles et du décret d'application n° 2017-305 du 9 mars 2017, fiche 5.

conséquences négatives de la pratique concernée et notamment les surcoûts illégaux sont répercutés tout au long de la chaîne d'approvisionnement jusqu'au client final, qu'est souvent le consommateur. Or, le fait que ce préjudice survient à grande échelle et produit un effet multiplicateur permet à l'auteur de l'infraction de tirer des profits illicites qui au total sont très significatifs. En revanche, les victimes agissent rarement, parce que le préjudice individuel est modeste et donc le bilan coûts/bénéfices prive les victimes d'un intérêt à agir. A plus forte raison dans ces préjudices de masse où chaque victime hésite à engager une action en justice tant qu'une autre ne l'aura pas entamée le premier. Cette particularité a conduit la Commission européenne et le législateur français à consacrer les actions de groupe.

42*bis*. C'est dans ce contexte que nous considérons que le préjudice concurrentiel est souvent un préjudice de masse, sans pourtant caractériser un préjudice collectif. Si le premier s'analyse en une somme d'intérêts individuels, le second reste toujours une notion équivoque en doctrine, une notion se situant entre l'intérêt individuel et l'intérêt collectif[524]. Par ailleurs, le projet de réforme de la responsabilité civile du 13 mars 2017 a préféré de ne pas consacrer cette notion de préjudice collectif et a ainsi supprimé dans la rédaction de l'article 1235 de l'avant-projet d'avril 2016 la référence figurant *in fine* sur un intérêt « *individuel ou collectif* ». Quant au préjudice concurrentiel, comme il finit souvent par être éprouvé par plusieurs personnes, il peut être réparé en faisant recours à des actions de groupe, qui visent à encadrer la prise en charge d'une pluralité de préjudices individuels.

43. Sur le plan européen, la Commission a abordé la question des actions de groupe dans le « *paquet private enforcement* » du juin 2013, qui contient, entre autres, une communication et une recommandation de la Commission. La directive européenne 2014/104/UE pose des règles générales sur le *private enforcement*, sans la moindre référence expresse aux actions engagées par des associations de consommateurs. Ces actions de groupe en matière de

---

[524] Ph. BRUN, *Responsabilité civile extracontractuelle, préc.* n° 200, p. 138 ; Y. BUFFELAN-LANORE, V. LARRIBAU-TERNEYRE, *Droit civil, Les obligations*, 16ème éd., Sirey, 2018/2019, n° 2388-2389, p. 808-809.

concurrence ont été introduites en France par la loi n° 2014-344 du 17 mars 2014 relative à la consommation, dite « loi Hamon », mais elles sont réservées à certaines associations de consommateurs[525]. Cependant, les consommateurs ne sont pas les seules victimes directes des infractions de concurrence, parce que les pratiques anticoncurrentielles sont assez souvent constatées dans les marchés de biens intermédiaires où interviennent de nombreuses PME qui sont, tout autant que les consommateurs, en position de faiblesse pour faire valoir leur droit à réparation dans le cadre d'une procédure individuelle. C'est ainsi qu'un auteur a proposé de distinguer le préjudice concurrentiel de la consommation qui est subi massivement par les acheteurs de biens ou utilisateurs de services, et le préjudice concurrentiel d'affaires, qui est lié, lui, à l'exercice d'une activité industrielle, commerciale ou financière en lien avec les pratiques anticoncurrentielles[526]. Exclure d'office ces dernières entreprises du champ d'application de ce dispositif équivaut à restreindre considérablement le nombre d'opérateurs économiques susceptibles de déclencher la mise en œuvre de ces actions en dommages et intérêts.

44. Malgré la limitation du champ d'application de ces actions de groupe, leur consécration à l'échelle européenne et nationale impose aux entreprises désormais d'intégrer dans leur analyse des risques le contentieux de masse susceptible d'être provoqué. Si le montant de l'amende qui sanctionne le dommage au processus concurrentiel peut être estimé en amont par les futurs auteurs de l'infraction au droit de la concurrence, les montants des dommages et intérêts à verser aux victimes, et en particulier aux consommateurs afin de réparer leurs préjudices individuels, ces montants sont difficilement mesurables en amont et ils exercent ainsi une pression dissuasive forte sur les entreprises.

---

[525] L'ancien article L.423-1, alinéa 2, 2° du Cconsom, codifié depuis l'ordonnance n° 2016-301 du 14 mars 2016, à l'article L.623-1 Cconsom, se réfère aux associations de défense des consommateurs représentatives au niveau national et agréées en application de l'article L.811-1 de ce même code.

[526] B. LEHAIRE, *L'action privée en droit des pratiques anticoncurrentielles : pour un recours effectif des entreprises et des consommateurs en droit français et canadien*, th. sous la direction de L. ARCELIN et K. DIAWARA, Université de La Rochelle et Université de Laval, 2014, n° 105, p. 271 et s.

III. Un régime spécifique de responsabilité civile favorable aux victimes

45. La levée des principales contraintes auxquelles s'affrontent les victimes de pratiques anticoncurrentielles qui veulent initier une action en réparation était depuis longtemps au cœur des efforts de la Commission européenne. C'est ainsi qu'initialement avec le « *paquet private enforcement* » de 2013, puis avec la directive 2014/104/UE du 26 novembre 2014, la Commission essaye d'assouplir les conditions d'engagement de la responsabilité des entreprises contrevenantes en établissant des règles de preuve qui concernent toutes les conditions d'engagement de la responsabilité. Cependant, établir l'existence d'un préjudice concurrentiel est une chose ; quantifier son étendue, puis en apporter la preuve devant le juge en est une autre. C'est ainsi que la directive 2014/104/UE vise également à faciliter aux victimes l'accès aux éléments de preuve dont elles ont besoin pour établir le préjudice subi. L'ordonnance du 9 mars 2017, qui a transposé la directive 2014/104/UE en droit interne, a donc instauré un régime spécifique de responsabilité civile quant à l'exercice des actions en réparation des préjudices issus des pratiques anticoncurrentielles[527]. Ce régime spécifique dispose d'un champ d'application étendu puisqu'il s'applique aux actions en dommages et intérêts fondées à la fois sur le droit européen et le droit national. Il s'applique aussi aux pratiques anticoncurrentielles qui relèvent exclusivement du droit interne, y compris celles constitutives d'abus de dépendance économique ou de prix abusivement bas[528]. Il est marqué par le jeu de plusieurs présomptions, qui facilitent l'engagement de la responsabilité civile des entreprises contrevenantes, notamment la preuve de l'existence du préjudice concurrentiel (A), mais aussi par la mise en place de mécanismes procéduraux permettant aux demandeurs de dommages et intérêts d'établir le *quantum* de leur préjudice (B).

---

[527] Titre VIII du Livre IV du Code de commerce intitulé « Des actions en dommages et intérêts du fait des pratiques anticoncurrentielles » (art/s L.481-1 et s.), décret 2017-305 du 9 mars 2017 (art/s R.481-1 et s.), circulaire du 23 mars 2017 et art/s L775-1 et s. et R775-1 et s. du Code de justice administrative.

[528] Art. L.481-1 C.com.

A. L'allègement de la preuve de l'existence du préjudice concurrentiel

46. La preuve de l'existence du préjudice concurrentiel sera au centre de l'analyse qui suit, nous ne pouvons pas, néanmoins, ne pas consacrer quelques lignes sur la preuve du fait générateur et du lien de causalité. D'autant plus que les présomptions instaurées par ce régime spécifique de responsabilité civile en matière de pratiques anticoncurrentielles sont étroitement liées entre elles.

47. Quant à la preuve du fait générateur, la directive 2014/104/UE[529] et la loi Hamon[530] assimilent le manquement aux règles de la concurrence à une faute civile[531] et instituent une présomption irréfragable de faute à l'égard de l'entreprise ayant commis une pratique anticoncurrentielle, « *dès lors que son existence et son imputation à cette personne ont été constatées par une décision qui ne peut plus faire l'objet d'une voie de recours ordinaire pour la partie relative à ce constat, prononcée par l'Autorité de la concurrence ou par la juridiction de recours* »[532]. Cette présomption de faute issue de la décision définitive d'une autorité nationale de concurrence ou par une instance de recours est donc dotée de la force de chose jugée et elle s'impose au juge de ce même pays comme constatant la pratique anticoncurrentielle et l'imputation. De même lorsque la décision en question n'a pas fait l'objet d'une voie de recours ordinaire sur ces points, les victimes peuvent l'invoquer

---

[529] Art. 9.1 de la directive.

[530] Ancien article L.423-17 devenu article L.623-24 C.consom à la suite de l'ordonnance n° 2016-301 du 14 mars 2016.

[531] R. AMARO, *Transposition de la directive Dommages en France : Regards sur le nouveau titre VIII du livre IV du Code de commerce, préc.*, n° 12 ; Contra cette assimilation : T. D'ALES, A. CONSTANS, *Le futur arsenal au bénéfice des victimes de pratiques anticoncurrentielles. - Ou quand l'office du juge n'est plus de juger mais d'indemniser, JCP Entreprise et Affaires*, n° 14, 2 avril 2015, 1164.

[532] Art. L.481-2 al. 1er C.com. Sur la non-conformité de cette disposition avec l'article 9 de la directive, v. R. AMARO, *Transposition de la directive Dommages en France : Regards sur le nouveau titre VIII du livre IV du Code de commerce, préc.* n°14, qui considère qu'une présomption réfragable de faute, comme il avait été proposé dans l'avant-projet de loi, constituait une transposition plus proche à l'exigence de l'article 9 de la directive, qui exige de reconnaître aux décisions des autorités étrangères une valeur minimale de preuve *prima facie*.

immédiatement dans le cadre d'une *follow-on action* sans même attendre l'issue d'un éventuel recours portant sur un autre point que l'existence et l'imputation de la pratique anticoncurrentielle, tel que le montant de la sanction prononcée. Cette présomption de faute s'applique aussi en cas de procédure de clémence ou de transaction (ancienne procédure de non-contestation des griefs)[533]. En revanche, lorsque la décision émane de l'autorité de concurrence d'un autre Etat membre de l'Union européenne, sa force contraignante à l'égard du juge saisi d'une action en dommages et intérêts semble plus modérée et limitée à celle « *au moins* » d'une « *preuve prima facie du fait qu'une infraction au droit de la concurrence a été commise* »[534]. Elle doit être corroborée par d'autres éléments de preuve[535]. Par conséquent, la décision d'une autorité de la concurrence ou une juridiction de recours d'un autre Etat membre constitue un simple moyen de preuve de la commission de cette pratique[536]. Quant aux décisions définitives de la Commission européenne sur l'existence d'une pratique anticoncurrentielle, la juridiction nationale saisie d'une action en dommages et intérêts à cause de cette pratique ne peut rendre un jugement qui irait à l'encontre de la décision adoptée par la Commission[537]. Cependant, il ne faut pas oublier que la preuve de la faute n'est plus réellement au centre des discussions, les juridictions nationales n'allant que très rarement à l'encontre d'une décision d'une autorité de concurrence.

48. En plus d'une faute, la victime doit démontrer l'existence d'un préjudice et d'un lien de causalité entre les deux. La jurisprudence était divisée pendant longtemps. La question du lien causal pose des difficultés en cas de répercussion du surcoût aux acheteurs indirects et

---

[533] Circulaire du 23 mars 2017, fiche 4.

[534] Art. 9.2 de la directive, qui vise de manière générale les *stand alone* actions et les *follow-on* actions et se réfère à une présomption réfragable. A comparer avec l'article L.623-24 C.consom, qui ne concerne que les *follow-on actions* et vise expressément les décisions *« des autorités ou juridictions nationales ou de l'Union européenne compétentes »*, sans la moindre référence à celles émanant des autorités ou juridictions d'un autre Etat membre de l'UE.

[535] T. D'ALES, A. CONSTANS, *Le futur arsenal au bénéfice des victimes de pratiques anticoncurrentielles. - Ou quand l'office du juge n'est plus de juger mais d'indemniser, JCP Entreprise et Affaires*, n° 14, 2 avril 2015, 1164.

[536] Art. L.481-2 al. 2 C.com.

[537] Art. 16 §1 du règlement (CE) n° 1/2003 du Conseil du 16 décembre 2002 et art L.481-2 al. 3 C.com.

aux consommateurs. Selon la jurisprudence antérieure à l'adoption de la directive 2014/104/UE, les victimes devaient démontrer qu'elles avaient effectivement subi un préjudice personnel et qu'elles n'avaient pas répercuté la hausse des prix à leurs propres clients ou aux consommateurs. Et même lorsque l'acheteur direct n'avait pas répercuté le surcoût, alors qu'il pouvait le faire selon les constatations des juges, la jurisprudence se montrait parfois rigide et elle admettait que la victime avait « *librement arrêté sa politique tarifaire* »[538]. En conséquence, le lien de causalité entre ses pertes de marge et la hausse artificielle des prix faisait défaut et empêchait sa réparation. Comme l'a remarqué un auteur, une telle admission mettait à la charge de la victime une obligation de minimisation de son préjudice qui, à l'époque des faits en question[539], n'était pas reconnue en droit interne, parce qu'elle lui imposait de manière indirecte de répercuter le surcoût sur ses clients.

49. Dans un arrêt du 27 février 2014[540], la Cour d'appel de Paris n'a pas hésité à aller dans un sens qui n'était pas celui souhaité par les institutions européennes. Suite à une condamnation par la Commission européenne pour motif de coordination d'une entente sur le prix de la lysine synthétique, un fabricant de cet additif utilisé dans l'alimentation des poulets a été assigné en dommages et intérêts par les sociétés d'un groupe d'éleveurs et revendeurs de poulets pour le surcoût qu'elles avaient payées. Après nombreuses décisions[541], la Cour d'appel de Paris a dû se prononcer sur la question de savoir si le

---

538 Tb de com. de Nanterre, 6e ch., 11 mai 2006, *Laboiratoires Arkopharma c/ Roche et F. Hoffmann La Roche*, RG n° 2004/F02643, *RLC* janv. 2007, n° 10, obs. M. Chagny.

539 Sur la consécration de l'obligation de minimiser le préjudice, V. article 1263 du projet de loi du 13 mars 2017, qui prévoit que *« sauf en cas de dommage corporel, les dommages et intérêts sont réduits lorsque la victime n'a pas pris les mesures sûres et raisonnables, notamment au regard de ses facultés contributives, propres à éviter l'aggravation de son préjudice. »*.

540 Paris, pôle 5, ch. 5, 27 février 2014, RG n° 10/18285, *sociétés Doux C/Ajinomoto Eurolysine*.

541 Cass. com., 15 juin 2010, n° 09-15.816, *D.* 2010, 2781, *Réparation du préjudice lié à une infraction au droit de la concurrence* par Y. UTZCCHNEIDER, H. PARMENTIER ; Cass. com., 15 mai 2012, n° 11-18.495, *Le Gouessant et Sofral c/ Ceva santé animale et Ajinomoto Eurolysine*. V. analytiquement, M. PONSARD, *Indemnisation du préjudice découlant d'une entente : la théorie du passing on defence reconnue mais encadrée, AJ Contrats d'affaires - Concurrence - Distribution* 2014, p. 122.

fait de mettre à la charge des victimes la preuve que le surcoût ne pouvait pas être répercuté rendait leur recours impossible ou excessivement difficile, heurtant les principes d'effectivité et d'équivalence. L'établissement de la preuve de la répercussion est aisé dans certaines hypothèses, par exemple en cas de revente du produit en l'état. En revanche, la preuve de la répercussion s'avère particulièrement difficile lorsque le surcoût concerne un élément marginal de la structure de coût du produit, comme c'était le cas dans cette affaire, le prix de la lysine représentant 1 % du coût global du produit. La Cour d'appel avait deux options ouvertes. Soit admettre qu'il était impossible ou excessivement difficile d'établir l'impact d'un élément marginal du coût d'un produit sur l'évolution du prix global du produit et dans ce cas renverser la charge de cette preuve et la faire supporter par l'auteur de l'infraction sur le fondement des principes d'effectivité et d'équivalence ; soit considérer que cette preuve restait à la charge de la victime, puisqu'elle n'a rien d'impossible ou d'excessif, et qu'il suffit à la victime de démontrer que la répercussion n'a pas eu lieu ou ne pouvait avoir lieu, tout en assouplissant les exigences pour que cette preuve soit apportée. Les victimes avaient mis en avance la première option, mais la Cour a finalement retenu la seconde, en admettant que la preuve de l'impossibilité de répercussion découlait du fait que cette répercussion n'était pas une pratique habituelle dans le secteur en question. Les éleveurs et revendeurs de poulets ne pouvaient en effet pas imposer cette répercussion à leurs clients constitués principalement d'enseignes de la grande distribution et disposant d'une forte capacité de négociation.

50. Néanmoins, la directive 2014/104/UE a rompu avec cette jurisprudence, parce qu'elle a mis la charge de la preuve de la répercussion du surcoût à l'auteur de l'infraction. Aux termes de l'article 17.2 de la directive, il est présumé que les infractions commises dans le cadre d'une entente causent un préjudice et l'auteur de l'infraction a le droit de renverser cette présomption. L'ordonnance du 9 mars 2017 a transposé cette disposition en droit interne dans l'article L.481-7 du Code de commerce. Par conséquent, la constatation par les autorités de la concurrence d'une entente fait présumer l'existence d'un préjudice issu de cette pratique et elle allège ainsi la difficulté d'établir un lien de causalité entre la faute avérée et le préjudice présumé. Cette présomption de préjudice est applicable

uniquement en matière d'ententes horizontales. Malgré le fait que le même raisonnement a parfois été mis en œuvre par la jurisprudence antérieure à l'ordonnance du 9 mars 2017 à propos de pratiques d'éviction constitutives d'abus de position dominante[542] et le fait que l'article 17 de la directive vise plus généralement les « *ententes* » et y inclut les ententes verticales, l'article L.481-7 du Code de commerce limite le domaine de cette présomption aux seules « *ententes entre concurrents* ». Par ailleurs, cette présomption ne vaut que quant à la seule existence du préjudice et pas pour son évaluation, qui incombe toujours aux demandeurs.

50*bis*. Quant au lien de causalité, la directive 2014/104/UE est allée plus loin et a prévu qu'en présence d'une entente, si la victime a acheté des biens à un prix majoré à cause de cette pratique et entend répercuter le surcoût en aval de la chaîne de distribution, le client de la victime (sous-acquéreur) peut également obtenir réparation du surcoût dont il a dû s'acquitter. Comme nous avons vu[543], la jurisprudence antérieure à la directive et l'ordonnance du 9 mars 2017 mettait à la charge de la victime la preuve, à la fois, de l'existence d'un surcoût payé par celle-ci et de la non-répercussion de ce surprix sur ses propres clients[544]. La directive entend faciliter la preuve du préjudice de l'acheteur indirect et l'introduction d'actions de groupe[545]. C'est ainsi qu'elle prévoit que la charge de la preuve de la répercussion du surcoût pèse sur l'auteur de l'infraction et non plus sur la victime[546]. L'article L.481-4 du Code de commerce instaure une présomption simple de non-répercussion du surcoût par l'acheteur, direct ou indirect, de biens ou services sur ses contractants directs.

50*ter*. De son côté, l'acheteur indirect, qui prétend avoir subi la répercussion du surcoût, est réputé avoir apporté la preuve d'une répercussion à son encontre lorsque cet acheteur indirect a démontré

---

[542] V. jurisprudence citée dans la fiche méthodologique de la CA de Paris n° 11b (Tb de com. de Paris, 15e chambre, 30 mars 2015, *DKT c. Eco emballages et Valorplast*, RG n° 2012000109 ; Tb de com. de Paris, 6e ch., 30 mars 2011, *Numéricable et a. c/ France Telecom*, RG 2009073089).

[543] V. *supra*, n° 49.

[544] Cass. com., 15 mai 2012, n° 11-18.495 et sur renvoi, CA de Paris, 27 févr. 2014, n° 10/18285 (*aff. sociétés Doux C/Ajinomoto Eurolysine Doux, préc.*).

[545] V. *supra* n° 42 et s.

[546] Art. 13 de la directive 2014/104/UE.

que le défendeur a commis une pratique anticoncurrentielle ; que celle-ci a entraîné un surcoût pour l'acheteur direct du défendeur ; qu'enfin l'acheteur indirect a acheté des biens ou utilisé des services concernés par la pratique anticoncurrentielle, ou acheté des biens ou utilisé des services dérivés de ces derniers ou les contenant. Le défendeur peut cependant démontrer que le surcoût n'a pas été répercuté sur l'acheteur indirect ou qu'il ne l'a été que partiellement par son contractant antérieur. Les règles de preuve susvisées des articles L.481-4 et L.481-5 du Code de commerce sont également applicables, en vertu de l'article L.481-6 du Code de commerce « *aux fournisseurs directs ou indirects de l'auteur de la pratique anticoncurrentielle qui invoquent un préjudice résultant d'une baisse du prix des biens ou services concernés par cette pratique* ».

B. L'accès aux preuves permettant la quantification du préjudice concurrentiel

51. La quantification du préjudice concurrentiel passe le plus souvent au travers la montée d'un scénario contrefactuel et cette charge incombe entièrement à la victime, qui ne bénéficie pas cette fois de présomptions pour l'évaluation de son préjudice. La victime doit démontrer l'étendue de la perte subie et/ou du manque à gagner en comparant la situation réelle issue de la mise en œuvre d'une pratique anticoncurrentielle avec une situation hypothétique reposant sur l'estimation de ce que serait sa situation en l'absence d'infraction. Et lors de cette estimation, le juge devra rechercher si chaque chef de préjudice a effectivement ses origines à la pratique anticoncurrentielle en question ou si elle constitue plutôt la conséquence de facteurs conjoncturels, économiques ou de politiques commerciales ou tarifaires menées par la victime. Néanmoins, cette comparaison s'avère particulièrement difficile dans plusieurs cas, parce que nous ne sommes pas en mesure de prévoir ce qui serait passé si le marché avait été laissé à ses errements normaux[547] et tel est notamment le cas lorsqu'il s'agit de mesurer le préjudice d'un nouvel entrant ou d'un nouveau produit sur le marché en question à cause du défaut de

---

[547] A. BENABENT, *La mise en jeu de la responsabilité civile, LPA*, 20 janvier 2005, n° 14. p.31.

données de comparaison antérieures pertinentes. Dans ces hypothèses, faire recours à des études économétriques semble être la seule possibilité ouverte à la victime pour identifier et mesurer les corrélations économiques entre des variables, même si cette méthode de quantification du préjudice n'est pas celle utilisée le plus par les juges et présente l'inconvénient d'être particulièrement coûteuse.

52. Cette difficulté liée à la quantification du préjudice concurrentiel rend indispensable d'accorder aux victimes et au juge le plus large accès aux preuves, qui peuvent se trouver entre les mains du défendeur ou d'un tiers ou même faire partie du dossier constitué par une autorité de concurrence. C'est ainsi que la directive 2014/104/UE permet aux demandeurs de solliciter du juge qu'il enjoigne au défendeur ou à un tiers, la production d'éléments de preuve pertinents qui se trouvent en leur possession, sous cette réserve que leur demande soit proportionnée aux intérêts légitimes des parties concernées, notamment par rapport à l'étendue et au coût de production de ces éléments de preuve et à la nature confidentielle des informations demandées[548]. L'article L.483-1 du Code de commerce issu de l'ordonnance du 9 mars 2017 confirme que la demande peut concerner la communication ou production à la fois de « *pièces ou de catégorie de pièces* », cette dernière étant « *identifiée, de manière aussi précise et étroite que possible, par référence à des caractéristiques communes et pertinentes de ses éléments constitutifs, tels que la nature, l'objet, le moment de l'établissement ou le contenu des documents dont la communication ou la production est demandée* »[549]. Cette possibilité de demander la communication ou la production de catégorie de pièces fait que désormais les victimes n'ont plus à déterminer avec précision les pièces demandées, laissant une marge de manœuvre aux juges quant à l'appréciation de l'étendue de la catégorie de pièces et quant à l'appréciation de la proportionnalité de la demande. Lorsque le juge est saisi d'une demande de communication ou de production de pièces, il statue sur son caractère justifié en tenant en compte les intérêts légitimes des parties et des tiers. A cette fin, il veille à concilier l'objectif d'assurer

---

[548] Art. 5, Directive 2014/104/UE. Sur les difficultés d'avoir accès sur un dossier situé dans un autre Etat membre, v. L. IDOT, *The international aspects of private enforcement after the Directive 2014/104/EU : Gaps in the EU system and competition between national laws ?*, *Concurrences*, n°2-2017.

[549] Art. R.483-1 C.com.

de manière effective une réparation intégrale du préjudice subi par la victime de la pratique anticoncurrentielle et la nécessité d'assurer la protection de la confidentialité de ces éléments de preuve, tout en préservant l'efficacité du *public enforcement*[550]. C'est ainsi que, lorsque la demande de communication ou de production de pièces est faite alors qu'une procédure devant une autorité de concurrence est toujours en cours, les parties concernées par cette procédure informent l'autorité de concurrence de toute demande qu'elles ont formée ou dont elles sont destinataires et qui porte sur de pièces figurant sur le dossier de l'autorité[551]. Cette dernière peut même, de sa propre initiative, donner son avis écrit sur une demande de l'article L.483-1 du Code de commerce concernant les pièces qui se trouvent sur son dossier[552]. Notons, également, que l'article R.483-14 de ce même code prévoit une amende civile « *d'un montant maximum de 10 000 €, sans préjudice des dommages et intérêts qui seraient réclamés, dans l'un quelconque des cas suivants : 1° Le défaut de respect ou le refus de se conformer à une injonction de communication ou de production de pièces; 2° La destruction de pièces pertinentes en vue de faire obstacle à l'action prévue au présent titre; 3° Le non-respect des obligations imposées par une injonction du juge protégeant des informations confidentielles ou le refus de s'y conformer* ». Le juge peut également tirer toute conséquence de fait ou de droit au préjudice de la partie ayant été à l'origine de l'un quelconque des comportements mentionnés à cet article.

53. Les demandeurs à l'action peuvent également solliciter du juge saisi qu'il ordonne aux autorités de concurrence de produire des pièces figurant dans un dossier qu'elles détiennent, uniquement lorsqu'aucune des parties ou aucun tiers ne peut raisonnablement fournir lesdites preuves[553]. Cette requête est également soumise à un test de subsidiarité et proportionnalité et repose sur un système de divulgation « *à trois niveaux* »[554]. Elle distingue en effet entre des informations que les autorités de concurrence ne peuvent divulguer

[550] Art. L.483-1 al. 2 C.com.
[551] Art. R.483-11 C.com.
[552] Art. R.483-12 C.com.
[553] Art. 6.10 Directive 2014/104/UE et art. L.483-4 C.om.
[554] M. CHAGNY, B. DEFFAINS, *Réparation des dommages concurrentiels*, Essai, Dalloz 2015, n° 278-282, p. 213.

qu'après la clôture de leur procédure (« liste grise »)[555] ; celles qu'elles ne peuvent jamais divulguer aux tribunaux (« liste noire »)[556] ; et enfin celles qui ne relèvent d'aucune des deux catégories précédentes et dont la production peut être ordonnée à tout moment[557]. Lorsqu'il est allégué qu'une pièce qui fait partie du dossier d'une autorité de concurrence relève des pièces mentionnées dans la « liste noire », le juge, à la demande d'une partie, vérifie son contenu et, à cette fin, il se fait communiquer cette pièce par la personne ou l'autorité de concurrence qui la détient et en prend seul connaissance. Il peut, hors la présence de toute autre personne, entendre l'auteur de la pièce litigieuse et solliciter l'avis de l'autorité de concurrence compétente. Il peut se prononcer hors la présence du public et il adapte la motivation de sa décision aux nécessités de protection de la confidentialité de la pièce concernée[558].

53*bis*. Cependant, le droit interne jusqu'au 11 mars 2017 était plus protecteur que la directive, dès lors que l'article L.462-3 du Code de commerce dans sa rédaction antérieure à l'ordonnance du 9 mars 2017 prévoyait que l'Autorité de la concurrence pouvait communiquer au juge du contentieux indemnitaire tout élément qu'elle détenait concernant les pratiques anticoncurrentielles concernées, à l'exclusion des pièces « *élaborées ou recueillies* » dans le cadre d'une demande de clémence. Quant à la directive, elle avait exclu définitivement de la communication judiciaire uniquement « *les déclarations effectuées en vue d'obtenir la clémence* » et « *les propositions de transaction* »[559]. Ainsi, jusqu'au 11 mars 2017, l'Autorité de la concurrence pouvait communiquer au juge saisi d'une action en dommages et intérêts des éléments spécialement rédigés pour compléter le dossier de demande de clémence, ainsi que des documents fournis à cette fin (ex. mails, notes internes). On ne peut que regretter que les auteurs de la réforme, au lieu de modifier le texte de l'article L.462-3 du Code de commerce, afin de l'aligner à celui de la directive, ont plutôt préféré ajouter au deuxième alinéa de l'article une phrase énonçant tout simplement que « *les dispositions prévues au présent alinéa ne sont pas applicables aux demandes de production de pièces formées en vue ou dans le*

---

[555] Art. 6.5, Directive 2014/104/UE et art. L.483-8 C.com

[556] Art. 6.6, Directive 2014/104/UE et art. L.483-5 C.com.

[557] Art. 6.9, Directive 2014/104/UE.

[558] Art. L.483-6 et R.483-13 C.com.

[559] Art. 6.6, Directive 2014/104/UE.

cadre d'une action en dommages et intérêts fondée sur l'article L.481-1 du présent code ».

54. Pour alléger la charge de la preuve incombant aux victimes, l'article 17.1 de la directive 2014/104/UE prévoit que ni la charge ni le niveau de preuve requis par la juridiction nationale pour la quantification du préjudice ne doivent rendre l'exercice du droit à réparation « *pratiquement impossible ou excessivement difficile* ». Les juridictions nationales devront être habilitées à estimer le montant du préjudice, s'il est établi qu'un demandeur a subi un préjudice, mais qu'il est pratiquement impossible ou excessivement difficile de quantifier avec précision le préjudice subi sur la base des éléments de preuve disponibles. Cependant, les rédacteurs de l'ordonnance du 9 mars 2017 n'ont pas jugé opportun de transposer cet article 17.1 de la directive en droit interne, malgré le fait qu'en droit interne le juge ne peut attribuer des dommages et intérêts que pour les chefs de préjudice dont le montant a été justifié par le demandeur. Enfin, la juridiction saisie a la possibilité de solliciter l'aide de l'autorité de concurrence ayant infligé des sanctions administratives, afin d'obtenir des orientations sur le calcul du montant des dommages et intérêts à allouer[560].

55. Il découle des constatations précédentes que la directive 2014/104/UE et l'ordonnance du 9 mars 2017 visent à faciliter la preuve de l'existence et de l'étendue du préjudice concurrentiel et réservent au juge national un rôle qui s'oriente plutôt vers l'évaluation du *quantum* du préjudice que vers l'appréciation des conditions d'engagement de la responsabilité civile des auteurs de l'infraction. Ce constat est d'autant plus évident en matière de contentieux indemnitaire devant le juge administratif en raison des spécificités des ententes commises entre soumissionnaires à des appels d'offres où la soumission de fausses offres entraîne sans doute une augmentation du prix payé par la personne publique[561].

---

[560] Art. 17.3, Directive 2014/104/UE et art. R.481-1 C.com.

[561] CAA de Nantes, 4ème ch, 10 mai 2017, *Département des Côtes-d'Armor c. Signalisation France*, n°16NT02222 ; CAA de Nancy, 4ème ch., 21 mars 2017, *Département de la Meuse c. Signaux Girod*, n°15NC02367 ; R. AMARO, *Le contentieux indemnitaire des pratiques anticoncurrentielles (janvier 2017-juillet 2017), préc.*, p. 123.

IV. Le préjudice concurrentiel, vecteur d'évolution des fonctions de la responsabilité civile ?

56. Le régime applicable aux actions en dommages et intérêts issus de pratiques anticoncurrentielles soulève d'interrogations autour des fonctions de la responsabilité civile et nourrit ainsi un débat qui n'est pas neuf[562]. Conformément au principe de la réparation intégrale en matière de responsabilité civile, principe réaffirmé à l'article 2 de la Directive 2014/104/UE, les dommages et intérêts alloués à une victime doivent réparer tout le préjudice, mais rien que le préjudice, sans qu'il en résulte pour elle aucune perte ni profit. Admettre cependant que le contentieux indemnitaire en matière de pratiques anticoncurrentielles remplit une fonction exclusivement réparatrice, conformément au principe précité, équivaut à nier les spécificités du préjudice concurrentiel, parce que dans ce type de contentieux la réparation intégrale est rarement assurée. Par conséquent, faut-il attribuer aux actions en dommages et intérêts issus de pratiques anticoncurrentielles une mission à la fois réparatrice et préventive ou peut-on aller plus loin et y reconnaître également une fonction répressive ? Dans les deux cas, il s'agit de justifier l'allocation des dommages et intérêts excédant le préjudice effectivement subi par la victime. Si la solution des dommages et intérêts restitutoires s'avère insuffisante (A), la question de la consécration en France des dommages et intérêts punitifs reste débattue en doctrine, notamment à la lumière du projet de réforme de la responsabilité civile du 13 mars 2017 (B).

A. L'insuffisance des dommages et intérêts restitutoires ou confiscatoires en matière de pratiques anticoncurrentielles

57. Depuis quelques années, une part importante de la doctrine civiliste milite en faveur de la consécration d'une action en restitution des profits illicites[563], dont les vertus dissuasives sont jugées

---

[562] V. *infra*, n° 62.
[563] Rapport d'information de A. ANZIANI et L. BETEILLE du 15 juillet 2009 devant le Sénat.

supérieures à celles de l'action en réparation, parce que cette action présente le mérite de prendre en considération les bénéfices réalisés par l'auteur de l'infraction.

58. La solution est légalement consacrée en matière de propriété intellectuelle pour le préjudice issu d'actes de contrefaçon[564]. Le projet de réforme de la responsabilité civile sous la direction du professeur François Terré en 2011 a essayé de généraliser la règle en instaurant la possibilité de condamner l'auteur d'une faute intentionnelle lucrative à verser des dommages et intérêts dits restitutoires et non pas juste compensatoires[565]. Cet effort doctrinal, malgré l'écho qu'il a produit, n'a pas emporté la conviction du législateur. Néanmoins, comme le souligne une partie de la doctrine[566], sous couvert de pouvoir souverain attribué aux juges du fond pour chiffrer le préjudice, la Cour de cassation approuve en effet, dans l'hypothèse du préjudice moral ou en matière de concurrence déloyale, de très nombreuses condamnations à des dommages et intérêts n'ayant aucune portée réellement indemnitaire ou compensatoire, mais qui tendent, soit à confisquer un profit illicite, soit à punir un comportement jugé répréhensible. Le caractère répressif des dommages et intérêts alloués est également fort lorsque les magistrats accordent des sommes particulièrement importantes au titre de l'article 700 NCPC ou ordonnent la publication de la décision dans les journaux[567].

---

[564] V. *supra*, n° 3 et 4.

[565] Pour une réforme du droit de la responsabilité civile, sous la direction de Fr. Terré, Dalloz, 2011, Art. 54.

[566] G. VINEY, *Quelques propositions de réforme du droit de la responsabilité civile, D.* 2009, p. 2944 ; Ph. LE TOURNEAU, *Droit de la responsabilité et des contrats,* Dalloz Action 2014/2015, 7027. Quelques exemples jurisprudentiels : Cass. com., 1er avril 1997, *D.* 1997, IR, p. 157, *Bull. civ.* IV, n° 87, *D.* 1998, 218, note Y. Serra ; Cass. com., 16 juin 1992, n° 90-18.329, *Bull. civ.* IV, n° 241.

[567] D. FASQUELLE, *Concurrence déloyale : pénalités civiles ou "dommages punitifs" ?* (exposé introductif) in *« Conquête de la clientèle et droit de la concurrence : Actualité et perspectives françaises, allemandes, communautaires et américaines »*, Colloque organisé le 6 décembre 2000 sous le haut patronage de Guy Canivet, par le CREDA, *Gaz. Pal. Cahier de droit de la concurrence interne et communautaire*, n° 313 à 314 du 9-10 novembre 2001, p. 56 et s. et spéc. p. 63 (http://www.creda.ccip.fr/colloques/2000-clientele-concurrence-actes.html).

59. Néanmoins, les dommages et intérêts restitutoires ou confiscatoires produisent en réalité un effet dissuasif insuffisant pour deux raisons. En premier lieu, le risque que l'auteur de l'infraction encourt est d'être condamné à restituer les profits illicites qu'il a réalisés grâce à son comportement anticoncurrentiel. Mais il peut toujours espérer, si l'infraction n'est pas détectée ou si l'action échoue, conserver ces profits et donc, en fin de compte, se trouver placé dans une situation qualifiée de « gagnant-gagnant ». C'est la raison pour laquelle l'article L.331-1-3 du Code de la propriété intellectuelle modifié par la loi n° 2014-315 du 11 mars 2014 prévoit deux modes alternatifs de calcul de l'indemnité, qui permettent de fixer des dommages et intérêts supérieurs et non plus égaux au préjudice subi[568]. Par ailleurs, l'article L.331-1-4 de ce même code consacre au profit des juridictions civiles la faculté d'ordonner « *la confiscation de tout ou partie des recettes procurées par la contrefaçon* » à titre de réparation civile remise à la victime[569]. En outre, le recours à des dommages et intérêts restitutoires ne produit pas un effet dissuasif à cause du risque pour les juges de rencontrer des difficultés dans l'évaluation des profits illicitement acquis. Comme la fonction réparatrice n'autorise pas l'enrichissement des victimes, on risque d'aboutir, le plus souvent, à une restitution partielle des profits illicites et à des condamnations arbitraires, avec l'insécurité juridique qui en découle pour les parties.

60. Il résulte de ce qui a été exposé ci-dessus une forte nécessité de justifier et d'attribuer des dommages et intérêts majorés aux victimes de pratiques anticoncurrentielles, tout en respectant le principe de la réparation intégrale. Mais les sommes à allouer ne peuvent pas tendre à restituer, de manière presque clandestine, un profit illicite ou sanctionner un comportement répréhensible, à cause de l'absence de texte législatif autorisant une telle démarche.

61. Le projet de réforme de la responsabilité civile du 13 mars 2017 renforce la fonction préventive de la responsabilité civile en prévoyant

---

[568] V. *supra*, n° 3.

[569] Des dispositions analogues figurent également dans les articles L.521-7 (dessins et modèles), L.615-7 (brevets), L.623-28 (obtentions végétales) et L.716-14 (marques) du Code de la propriété intellectuelle, à l'exception de l'article L.722-6 (indications géographiques) de ce même code.

la cessation de l'illicite[570], la prise en charge des dépenses préventives comme un préjudice réparable[571] et l'obligation pour le créancier de l'indemnisation de minimiser son dommage[572]. Cependant, à la nécessité de trouver un fondement juridique permettant l'attribution des dommages et intérêts dépassant le préjudice effectivement subi, le projet de réforme de la Chancellerie répond par une proposition qui enrichit cette fois la fonction punitive de la responsabilité civile, à savoir la mise en place d'une amende civile.

B. La consécration d'une fonction punitive de la responsabilité civile à la place de dommages et intérêts punitifs : une solution de compromis ?

62. Ayant constaté l'insuffisance du mécanisme des dommages et intérêts restitutoires, nous sommes amenés inévitablement à soulever la question de la reconnaissance des dommages punitifs (*punitive damages*) en droit français, sujet qui suscite, à son tour, énormément des débats en doctrine[573].

---

[570] Art. 1266 du projet de réforme de la responsabilité civile du 13 mars 2017.

[571] Art. 1237 du projet de réforme de la responsabilité civile du 13 mars 2017.

[572] Art. 1263 du projet de réforme de la responsabilité civile du 13 mars 2017 ; Dans le sens contraire, v. jurisprudence ferme de la Cour de cassation récemment confirmée : Cass. civ. 2e, 26 mars 2015, n° 14-16.011, *D.* 2015, n° 25, p. 1475, note F. GREAU, n° 31, p. 1791, chron. L. LAZERGES-COUSQUER, et n° 39, p. 2283, obs. M. BACACHE ; Cass. civ. 1ère, 15 janv. 2015, n° 13-21.180, *D.* 2015, n° 18, p. 1075, note T. GISCLARD, *JCP éd. G,* 2015, n° 15, 15 avril 2015, 436, note J. HOUSSIER.

[573] S. CARVAL, *La responsabilité civile dans sa fonction de peine privée*, préf. G. VINEY, LGDJ, coll. Bibliothèque de droit privé, t. 250, 1995 ; *id., L'amende civile, JCP* 2016, p. 42 et s ; M. CHAGNY, *Droit de la concurrence et droit commun des obligations*, préf. J. GHESTIN, NBT, Dalloz, 2004, n°692 et s. ; *Id., La place des dommages-intérêts dans le contentieux des pratiques anticoncurrentielles, RLC* août/octobre 2005, n° 4, p. 186 ; *Id., La notion de dommages-intérêts punitifs et ses répercussions sur le droit de la concurrence, JCP éd. G.*, n° 25, 21 juin 2006, doctr. 149 ; G. VINEY, *Traité de droit civil. Introduction à la responsabilité*, 3e éd., dir. J. Ghestin, LGDJ, 2008, n° 75-1 ; G. VINEY, P. JOURDAIN, S. CARVAL, *Traité de droit civil. Les effets de la responsabilité*, 4e éd., dir. J. Ghestin, LGDJ-Lextenso, 2017, n° 4 et s. ; P. LE TOURNEAU, *Droit de la responsabilité et des contrats, régimes d'indemnisation*, 11e éd., Dalloz Action, 2017, n° 0113-15, p. 63-65 ; H. BOUTHINON-DUMAS, *Quel remède au désintérêt économique à agir : l'action de groupe ou les dommages-intérêts punitifs ?, RLC*, n° 28, 1er juillet 2011, p. 151 ; G.

63. Conformément à ce qui a été prédit[574], la notion de préjudice relève du droit national des États membres en vertu du principe de l'autonomie procédurale. Il en découle qu'un pays, comme la France, peut refuser d'instaurer des dommages punitifs et se limiter à la seule réparation du préjudice réellement subi.

64. L'avant-projet de réforme du droit des obligations rédigé par le groupe dirigé par le professeur Catala, prévoyait la possibilité de dommages et intérêts punitifs en cas de « *faute délibérée, notamment d'une faute lucrative* »[575], tout en laissant au juge la faculté de les prononcer. Dans le même sens, l'article 1386-25 de la proposition de loi portant réforme de la responsabilité civile présenté par L. Béteille au Sénat[576] ouvrait la voie au prononcé de dommages et intérêts punitifs dans les seuls cas où la loi l'autorisait expressément et à l'égard des seules fautes lucratives.

65. La Directive 2014/104/UE a confirmé que l'indemnisation ne doit pas excéder le préjudice effectivement subi, le recours aux dommages et intérêts punitifs ou multiples étant proscrit[577]. Par conséquent, lors de la transposition de la directive, le législateur français était amené à attribuer au principe prétorien de la réparation intégrale une valeur législative. L'avant-projet de loi portant réforme de la responsabilité civile de 2016 avait consacré dans les articles 1258 et 1259 le principe de la réparation intégrale « *sous réserve de*

VINEY, *Faut-il moraliser le droit français de la réparation du dommage ?*, rapport de synthèse sur le colloque du CEDAG 21 mars 2002, *LPA* 2002, n° 232, p. 66 et s ; L. VOGEL, *L'articulation entre le droit civil, le droit commercial et le droit de la concurrence*, *Rev. Conc. Consom.* n° 115, mai-juin 2000, p. 6 et s. Du côté des économistes, qui ont tendance à encourager les sanctions les plus lourdes possibles en vue d'atteindre *la réparation optimale*, v. E. COMBE, *A la recherche de la sanction optimale* in *L'efficacité des sanctions contre les cartels : une perspective économique*, *Concurrences* n° 4, 2006, p.13.

[574] V. *supra*, n° 21 et s.

[575] Art. 1371 de l'avant-projet de réforme du droit des obligations et de la prescription, Rapport au Garde des Sceaux, 22 sept. 2005. Sur cette proposition, M. CHAGNY, *La notion de dommages et intérêts punitifs et ses répercussions sur le droit de la concurrence – Lectures plurielles de l'article 1371 de l'avant-projet de réforme du droit des obligations*, *JCP G* 2006, I, 149.

[576] Sénat 9 juillet 2010, n° 657. V. aussi le rapport d'information de A. ANZIANI et L. BETEILLE du 15 juillet 2009 devant le Sénat (recommandation 24).

[577] Art. 3 al. 3 de la Directive 2014/104/UE.

dispositions ou de clauses contraires » et avait ainsi reconnu qu'il y a des régimes dérogatoires à ce principe. Néanmoins, les rédacteurs de l'ordonnance du 9 mars 2017 n'ont pas jugé opportun de transposer l'article 2 de la directive en droit interne et le projet de réforme de la responsabilité civile du 13 mars 2017 présenté quelques jours plus tard a supprimé la réserve figurant dans l'article 1258 de l'avant-projet de loi[578]. Il résulte de ces constatations que le principe de la réparation intégrale se trouve confirmé avec plus de force et que toute possibilité d'attribution de dommages et intérêts majorés ne doit pas mettre en cause ce principe.

66. Sur ce point, il convient de signaler que l'article 17.1 de la directive se limite à demander aux juridictions nationales « *à estimer le montant du préjudice* », lorsqu'il est pratiquement impossible ou excessivement difficile de quantifier avec précision le préjudice concurrentiel. Il enjoint ainsi aux États membres « *d'assouplir, si nécessaire, l'exigence de certitude du dommage qui est généralement consacrée par leurs droits nationaux* »[579]. Cette marge de manœuvre permettrait au juge national d'allouer des dommages et intérêts qui excéderaient le préjudice réel, sans pourtant consacrer des dommages et intérêts punitifs ; et elle pourrait jouer aussi bien en faveur du demandeur qu'en sa défaveur.

67. Néanmoins, le projet de réforme de la Chancellerie n'a pas voulu reconnaître aux juges le pouvoir d'utiliser cette latitude que leur confère leur pouvoir souverain d'appréciation pour rétablir, dans la mesure du possible, l'équilibre rompu par le préjudice concurrentiel. L'article 1262 dans son dernier paragraphe dispose que « *chacun des chefs de préjudice est évalué distinctement* », ce qui semble marquer la fin de la pratique des juges du fond de fixer les dommages et intérêts « *tous préjudices confondus* »[580]. C'est ainsi que pour

[578] V. *supra*, n° 7.
[579] S. CARVAL, *L'estimation du montant des préjudices concurrentiels, Un possible apport de la directive n° 2014/104 au droit commun de la responsabilité civile*, *D.* 2015 p. 1290, qui mentionne que « *le terme désigne, dans ce contexte, une forme d'évaluation qui a pour particularité d'être approximative, c'est-à-dire de tendre vers la mesure exacte du dommage, sans pouvoir la déterminer avec certitude* ».
[580] J.-S. BORGHETTI, *L'avant-projet de réforme de la responsabilité civile, Commentaire des principales dispositions*, *D.* 2016, p. 1442, n° 43.

renforcer la fonction normative et dissuasive de la responsabilité civile, le nouveau dispositif proposé dans le projet de réforme de la Chancellerie, tout en restant fidèle au principe de la réparation intégrale, consacre dans son article 1266-1 une disposition novatrice relative à l'amende civile. Aux termes de cet article 1266-1 : « *En matière extracontractuelle, lorsque l'auteur du dommage a délibérément commis une faute en vue d'obtenir un gain ou une économie, le juge peut le condamner, à la demande de la victime ou du ministère public et par une décision spécialement motivée, au paiement d'une amende civile. Cette amende est proportionnée à la gravité de la faute commise, aux facultés contributives de l'auteur et aux profits qu'il en aura retirés. L'amende ne peut être supérieure au décuple du montant du profit réalisé. Si le responsable est une personne morale, l'amende peut être portée à 5 % du montant du chiffre d'affaires hors taxes le plus élevé réalisé en France au cours d'un des exercices clos depuis l'exercice précédant celui au cours duquel la faute a été commise. Cette amende est affectée au financement d'un fonds d'indemnisation en lien avec la nature du dommage subi ou, à défaut, au Trésor public. Elle n'est pas assurable* ». Cette disposition adopte une solution de compromis. Tout en respectant le principe de la réparation intégrale, elle confère à la responsabilité civile extracontractuelle une fonction punitive, sans pourtant aller jusqu'au point de reconnaître la possibilité d'attribution de dommages et intérêts punitifs[581]. Les dommages et intérêts restent toujours régis par le principe de réparation intégrale, sans perte ni profit pour la victime et le mécanisme de l'amende civile vise à la fois à dissuader et sanctionner l'auteur d'une faute délibérément commise.

67. Cette faculté pour le juge de prononcer une amende civile est bien encadrée par l'article 1266-1 du projet de réforme : limitée uniquement en matière extracontractuelle, la condamnation à l'amende civile suppose une faute délibérément commise en vue d'obtenir un gain ou une économie, d'abord ; une décision spécialement motivée du juge, à la demande de la victime ou du

---

[581] Dans ce sens : J. PROROK, *L'amende civile dans la réforme de la responsabilité civile, RTD Civ.* 2018, p. 327 J.-S. BORGHETTI, *L'avant-projet de réforme de la responsabilité civile, Vue d'ensemble de l'avant-projet, D.* 2016. 1386, n° 21 ; Contra: Ph. BRUN, *Responsabilité civile extracontractuelle*, préc., n°23, p. 17-18, qui va dans le sens d'une consécration des dommages et intérêts punitifs sous l'appellation euphémique « d'amende civile ».

ministère public, ensuite. Ainsi, l'exigence de l'avant-projet d'une faute lourde[582], notamment lucrative, est écartée. Le texte de l'article 1266-1 met l'accent sur l'intention lucrative de l'auteur de la pratique et non pas sur la commission d'une faute lucrative. On peut se réjouir d'un choix qui prend en compte le fait que les préjudices concurrentiels ne résultent pas forcément de fautes lucratives, comme par exemple dans l'hypothèse de l'« effet d'ombrelle », où il y a, effectivement, une intention lucrative mais pas forcément une faute[583].

68. En lisant le nouveau dispositif, on perçoit immédiatement la conception large de la faute délibérément commise en vue d'obtenir un gain ou une économie. Elle est marquée par l'exigence d'une intention lucrative et l'absence d'un élément matériel de la faute, de sorte que nous sommes amenés à revenir à la définition de la faute prévue dans l'article 1242 du projet. La lecture combinée de ces deux dispositions permet de constater que l'article 1266-1 vise à sanctionner « *la violation d'une prescription légale ou le manquement au devoir général de prudence ou de diligence* » commis délibérément en vue d'obtenir un gain ou une économie, lorsque cette faute cause un préjudice à autrui. Du point de vue du droit de la concurrence, cette définition large couvre les hypothèses des pratiques anticoncurrentielles et de pratiques déloyales. Néanmoins, il ne faut pas oublier qu'en matière de contentieux indemnitaire issu des pratiques anticoncurrentielles, le fait générateur consiste en la mise en œuvre d'une pratique à objet ou/et à effet anticoncurrentiel. L'élément intentionnel n'est pas nécessaire pour la qualification de l'infraction et il n'est pris en considération que pour la fixation du montant de l'amende infligée par l'Autorité de la concurrence. En résulte pour la victime d'une pratique anticoncurrentielle, qu'elle ne pourra demander la condamnation de l'entreprise contrevenante au versement d'une amende civile que si elle apporte une preuve supplémentaire, à savoir celle de l'intention lucrative de l'auteur de l'infraction.

---

[582] Sur la notion de faute lourde, qui est assimilée à *« une négligence d'une extrême gravité, confinant au dol et dénotant l'inaptitude du déménageur, maître de son action, à l'accomplissement de la mission contractuelle qu'il avait acceptée » :* Cass. civ. 1ère, 29 oct. 2014, n° 13-21.980, *Bull. civ.* I, n° 180, *D.* 2015, n°3, p. 188, note V. MAZEAUD, et p. 124, obs. O. GOUT, *RTD civ.* 2015, p. 134, obs. H. BARBIER.

[583] V. *infra*, n°24-26 et 33.

70. Un autre point qui mérite notre attention est celui de l'exclusion de la matière contractuelle, qui est justifiée par plusieurs considérations : possibilité pour les parties de stipuler une clause pénale, attractivité du droit français dans les contrats internationaux ou risque d'extension déraisonnable de la responsabilité, dès lors que la partie qui n'exécute pas délibérément un contrat est assez souvent en difficulté financière et reconnaître l'amende civile en matière contractuelle signifierait sanctionner l'impossibilité financière d'une entreprise de faire face à ses engagements contractuels[584]. Cependant, on remarque que cette exclusion de la matière contractuelle aurait pour conséquence en matière de pratiques anticoncurrentielles de traiter de manière différente les acheteurs directs et les acheteurs indirects, les premiers étant exclus de la possibilité de demander la condamnation de l'auteur de la pratique au paiement d'une amende civile. Malgré le fait que ces acheteurs directs sont en lien direct avec « l'épicentre du dommage » et ainsi peuvent avoir plus facilement accès à des éléments de preuve, ils hésitent assez souvent à agir en dommages et intérêts, parce qu'ils ne veulent pas entrer en conflit avec leur cocontractant. En les privant de la possibilité de demander l'amende civile, on leur offre une raison de plus pour ne pas agir en justice. Dans une telle hypothèse, et notamment en matière de surcoûts illégaux, la conséquence inévitable sera qu'ils essayeront de répercuter ce surcoût sur leurs propres clients (acheteurs indirects), voire aux consommateurs qui peuvent demander la mise en œuvre d'une amende civile. Mais ils sont éloignés de « l'épicentre du dommage » et rencontrent ainsi des difficultés d'ordre probatoire qui les empêchent finalement d'engager une procédure judiciaire. Par conséquent, l'exclusion de la matière contractuelle n'est pas anodine en droit de la concurrence, car elle favorise la répercussion des surcoûts et ainsi compromet l'efficacité des actions en dommages et intérêts.

71. Quant au montant de l'amende civile, il est encadré en prévoyant des plafonds, qui cependant ne nous rappellent plus ceux prévus dans l'article L.442-4, I du Code de commerce relatif aux

---

[584] J.-S. BORGHETTI, *L'avant-projet de réforme de la responsabilité civile, Vue d'ensemble de l'avant-projet, D.* 2016. 1386, n° 48 ; T.D'ALES, L. TERDJMAN, *L'introduction envisagée de mécanismes répressifs dans le droit de la responsabilité civile : le Rubicon sera-t-il franchi ?, AJ Contrat* 2017, 69 ; J. PROROK, *L'amende civile dans la réforme de la responsabilité civile, préc.*

pratiques restrictives. Tout d'abord, le montant de l'amende civile ne peut pas dépasser le décuple du profit réalisé. En revanche, l'article L.442-4, I du Code de commerce se contente d'évoquer une amende dont le montant ne peut excéder « *le triple du montant des avantages indument perçus ou obtenus* ». Le fait de porter au décuple des profits illicites ne laisse pas de doute que l'objectif n'est plus seulement la confiscation de ces profits, mais plutôt la punition. Et si le projet de réforme semble consacrer la fonction punitive de la responsabilité civile, il ne nous paraît pas qu'il arrive au point de reconnaître les dommages et intérêts punitifs tels que connus dans les systèmes anglo-saxons. Ensuite, si le responsable est une personne morale, l'amende civile peut excéder le 5 % du montant du chiffre d'affaires hors taxes réalisé en France par l'auteur des pratiques lors du dernier exercice clos depuis l'exercice précédant celui au cours duquel les pratiques ont été mises en œuvre. Cette disposition s'articule mal avec le plafond fixé au décuple du profit réalisé, dès lors qu'elle semble instaurer un montant maximum encouru par les seules personnes morales et pas par les personnes physiques. Cependant, la notion d'entreprise utilisée en droit de la concurrence est indépendante de toute forme juridique.

72. La marge d'évaluation conférée aux juges du fond pour l'évaluation du montant de l'amende civile ne peut non plus échapper à notre critique. Nous pouvons même affirmer que, si l'article 1262 du projet de réforme chasse par la porte la latitude dont bénéficient les juges du fond en vertu de leur pouvoir souverain d'appréciation à fixer des dommages et intérêts majorés et « tous préjudices confondus »[585], l'article 1266-1 de ce même texte permet à cette pratique de revenir par la fenêtre, lorsqu'il s'agit d'évaluer cette fois le montant de l'amende civile. Or, cela paraît envisageable, parce qu'il ne s'agit plus de réparer le préjudice de la victime, mais cette fois de sanctionner l'auteur de l'infraction. Cette affirmation est confirmée par la flexibilité accordée aux juges du fond pour déterminer le montant de cette amende civile. En effet, son montant doit être proportionné à la gravité de la faute commise, aux facultés contributives de l'auteur et aux profits qu'il en aura retirés. Ces trois critères s'avèrent désormais

585 V. *supra*, ° 67.

cumulatifs et non plus alternatifs comme dans l'avant-projet et ainsi ils risquent fort de se neutraliser[586].

73. Pour terminer, concernant le sort du montant de l'amende civile, l'article 1266-1 dispose qu'il est affecté au financement d'un fonds d'indemnisation en lien avec la nature du dommage subi ou, à défaut, au Trésor public. Par conséquent, il ne s'agit pas d'une somme attribuée à la victime demanderesse à l'action, ce qui la distingue de la peine privée. C'est la raison pour laquelle nous considérons que le projet de loi de la Chancellerie consacre la fonction punitive de la responsabilité civile et pas les dommages punitifs lorsqu'il prévoit la possibilité de recours à l'amende civile. Les personnes habilitées à demander cette amende civile sont la victime ou le Ministère public. Du côté des victimes, l'affectation de l'amende civile au profit d'un fonds d'indemnisation en lien avec la nature du dommage subi ou, à défaut, au Trésor public risque de provoquer un effet dissuasif aux victimes capables à établir uniquement de préjudices de faible ampleur. D'autant plus que si cette amende serait recouverte avant les dommages et intérêts, elle pourrait même finir par être nuisible pour les intérêts des victimes. Dans ces conditions, peut-on espérer que le Ministère public prenne plutôt l'initiative de demander la condamnation des auteurs de pratiques anticoncurrentielles au paiement de l'amende civile de l'article 1266-1 ? Au regard de l'expérience de l'amende civile de l'ancien article L.442-6, III du Code de commerce on peut douter. En matière de pratiques restrictives, c'est en effet le ministre chargé de l'économie ou le président de l'Autorité de la concurrence qui en font la demande et disposent, sans doute, plus de moyens et d'expérience qu'un procureur de la République pour évaluer le montant de cette amende civile. A plus forte raison quand l'article 1266-1 laisse dans l'ombre les modalités d'affectation du produit de l'amende civile par le fonds d'indemnisation.

---

[586] E. DREYER, *La sanction de la faute lucrative par l'amende civile, D.* 2017, p. 1136.

Le préjudice en droit des procédures collectives

Jocelyne VALLANSAN
Conseiller à la Cour de cassation, chambre commerciale
Membre associée de l'Institut Demolombe, Université de Caen-Normandie

Parler du préjudice en droit des procédures collectives, dans le cadre d'une vision plus générale de l'évolution du préjudice, nécessite de rappeler schématiquement les grands principes du droit français des procédures collectives. Un aspect ne doit pas être oublié, qui est commun à toutes les procédures : sauvegarde, redressement, liquidation judiciaire. Par le jugement d'ouverture, tous les créanciers perdent leur droit individuel sur leur créance. Ils ont l'interdiction d'en recouvrer le paiement, le débiteur ayant de son côté l'interdiction de régler sa dette. Ils perdent aussi le droit aux intérêts sur leur créance[587]. La seule possibilité consiste pour les créanciers de déclarer leur créance afin d'être payé dans le cadre de la procédure, c'est-à-dire participer aux répartitions des dividendes arrêtés par le plan de sauvegarde ou de redressement ou aux distributions des fonds obtenus dans le cadre de la liquidation. Cette collectivisation du droit cause sans aucun doute aux créanciers un préjudice puisque leur créance ne sera pas payée à échéance, sans intérêt (et sans doute pas payée intégralement). Ce préjudice est inhérent à l'ouverture de la procédure.

La perte de tout ou partie de sa créance par le créancier n'est pas le seul préjudice qui résulte de l'ouverture d'une procédure collective, en particulier lorsqu'elle débouche sur une liquidation judiciaire, dans presque 90 % des cas. Le principal préjudice est subi par le débiteur, lequel perd son outil de travail. Subissent évidemment également un dommage les salariés qui perdent leur emploi. Le dirigeant de la société perd sa rémunération (sans indemnités de licenciement ni indemnités chômage), l'associé perd son investissement. La caution est attraite en paiement, ce qu'elle aurait souhaité éviter. Il ne faut pas non plus oublier tous les effets psychologiques qui s'ensuivront.

Est-ce que tous ces dommages directement liés à « la faillite » vont être réparés ? Certainement pas si aucune responsabilité n'est retenue à l'égard de quiconque qui aurait causé ou accéléré la faillite ou l'aurait mal accompagnée. Les salariés (créanciers superprivilégiés pour certains montants) et les autres créanciers pourront être en partie désintéressés, à concurrence du plafond de l'AGS pour les uns et à concurrence des possibilités patrimoniales du débiteur pour les mêmes (au-delà du plafond) et les autres, par les distributions ou les

---

[587] Sauf exception (prêt de plus d'un an) : C. com. art. L.622-28.

répartitions. Mais ni le débiteur, ni le dirigeant de la société, ni l'associé ne pourra se voir indemnisé (par qui ?) de ses pertes. Qui est responsable de cette situation ? C'est très souvent la violence du marché, or la clientèle n'est pas responsable de se laisser séduire par un concurrent. Ce dernier n'est pas responsable d'attraire la clientèle du voisin. Une faillite retentissante d'une banque américaine, le *brexit* ou quelques manifestations à répétition ne peuvent conduire à rechercher des responsabilités, pour le moins très difficilement.

En revanche, il est possible que la défaillance de l'entreprise soit causée par un dirigeant malhonnête[588]. Elle a également pu être déclenchée par un tiers : la banque qui a soutenu abusivement l'entreprise alors qu'elle savait sa situation irrémédiablement compromise ou qui lui a supprimé sa ligne de crédit[589], le cocontractant dominant qui a rompu abusivement ses relations contractuelles ; la *holding* qui a vidé son compte courant et arrête de soutenir une filiale pour s'installer dans un pays mieux-veillant pour ses intérêts. La responsabilité ainsi retenue est alors fondée sur les principes de responsabilité délictuelle (ou contractuelle) de droit commun. On peut également ajouter la possibilité d'engager la responsabilité des organes de la procédure qui n'auront pas respecté leur obligation de moyen et, par leurs négligences dans la gestion de la procédure auront pu causer quelques dommages à certains créanciers ou au débiteur.

Pour aborder le sujet du préjudice dans le cadre des procédures collectives, il faut donc admettre comme postulat qu'une responsabilité peut être retenue à l'égard du dirigeant, d'un tiers ou d'un organe, qui a causé la faillite ou l'a accélérée, afin de vérifier comment analyser les nombreux préjudices qui en résultent et de vérifier s'ils peuvent être réparés, et comment.

---

[588] La loi n° 2016-1691 du 9 décembre 2016 relative à la transparence, à la lutte contre la corruption et à la modernisation de la vie économique a rendu l'action en responsabilité plus difficile puisque la négligence ne peut plus être désormais retenue comme une faute au sens de l'article L.651-2 du Code de commerce.

[589] Ici encore, mais ce n'est pas le sujet, la loi de sauvegarde rend difficile d'atteindre le créancier en créant une présomption d'irrecevabilité (C. com., art. L.650-1).

Une fois acquis le principe d'une responsabilité, il faut comprendre que l'ouverture d'une procédure collective fait naître *un* préjudice collectif qui lui est inhérent : c'est ce qu'on appelle l'insuffisance d'actif (I). Au-delà de cette insuffisance d'actif, il est utile de vérifier si le droit des entreprises en difficulté permet la réparation des autres préjudices, individuels (II).

I. Le préjudice collectif inhérent à la procédure collective : l'insuffisance d'actif

L'existence d'un préjudice collectif inhérent à la procédure collective s'explique par le principe de l'arrêt des poursuites et ses corollaires qui a pour finalité de transformer le droit individuel de chacun des créanciers en une fraction d'un droit collectif appartenant à ce qu'on appelait autrefois la masse des créanciers, laquelle était dotée de la personnalité morale, ce qui n'est plus vrai aujourd'hui. La meilleure doctrine a observé que la masse, avec un visage différent, existe toujours[590]. C'est donc cette collectivité identifiée (si ce n'est personnalisée) qui est la victime du préjudice causé par la faute telle qu'elle a été établie : c'est ce préjudice qui est désigné comme l'insuffisance d'actif. Après avoir décrit ce qu'est l'insuffisance d'actif (A), il faudra vérifier si le comblement de cette insuffisance d'actif permet de réparer les préjudices nés de la « faillite » (B).

A. L'insuffisance d'actif et le préjudice collectif

L'insuffisance d'actif est précisément visée à l'article L.651-2 du Code de commerce qui régit la responsabilité du dirigeant. Ce texte sera le point de départ de l'étude de ce préjudice. Mais, c'est également l'insuffisance d'actif que les tiers reconnus responsables devront combler par leur indemnisation.

---

[590] M. CABRILLAC, « L'impertinente réapparition de la masse des créanciers » : Mél. Gavalda, Dalloz, 2001, p. 69. - A. MARTIN-SERF, « L'intérêt collectif ou l'impossible adieu à la masse » : Mél. Honorat, éd. Frison-Roche, 2000, p. 143.

Selon l'article L.651-2 du Code de commerce, « *Lorsque la liquidation judiciaire d'une personne morale fait apparaître une insuffisance d'actif, le tribunal peut, en cas de faute de gestion ayant contribué à cette insuffisance d'actif, décider que le montant de cette insuffisance d'actif sera supporté par le dirigeant (en tout ou partie)* ». L'insuffisance d'actif est donc décrite ici comme *le* dommage causé à la procédure collective. Ce préjudice correspond à la perte pour la collectivité des créanciers de tout ou partie de son gage commun.

L'identification du préjudice par l'insuffisance d'actif a été introduite par la loi du 26 juillet 2005 de sauvegarde des entreprises. Les textes antérieurs n'étaient pas rédigés de la même manière et la détermination du préjudice n'était pas si évidente[591]. Ils disposaient que le dirigeant devait supporter les dettes sociales. On parlait alors de comblement du passif. On avait pu en déduire que le préjudice était caractérisé par les dettes sociales que le dirigeant avait contribué à créer. En réalité, très rapidement, la Cour de cassation, tout en mentionnant le contenu du texte, a précisé que c'était l'insuffisance d'actif qui était le seul préjudice méritant réparation[592]. En effet, si les dettes sont payées, elles ne peuvent pas emporter un préjudice pour le créancier. C'est donc bien l'impossibilité de payer les dettes qui caractérise le préjudice, dénommé l'insuffisance d'actif. L'insuffisance d'actif est définie par la Cour de cassation comme la différence entre le passif déclaré et admis et l'actif réalisé (ou qui devra l'être)[593]. C'est lui seul qu'il appartient au dirigeant de réparer. Le juge en fixe le montant, lequel doit être nécessairement égal ou supérieur au montant de la condamnation ou de la provision[594]. La date d'appréciation du montant de l'insuffisance d'actif dépendra de la durée de gestion du dirigeant. Lorsque celui-ci a démissionné avant

[591] Loi du 25 janvier 1985, article 180, devenu l'article L.624-1 … du Code de commerce. Loi du 13 juillet 1967, art. 99.

[592] Cass. com. 30 juin 2004, n° 03-12.816 - 27 juin 2006, n° 05-14.271 : Bull. civ. IV, n° 152 ; D. 2006, p. 1891, obs. A. LIENHARD. - 30 octobre 2007, n° 06-15.247 : pas de condamnation à la totalité du passif.

[593] Cass. com. 12 janvier 2016, n° 14-23.359 : Bull. Joly entreprises en difficulté 2016, p. 186, note T. FAVARIO ; Bull. Joly sociétés 2016, p. 227, note B. BRIGNON ; Rev. sociétés 2016-6, n° 198, obs. A. MARTIN-SERF : l'action tendant à démontrer l'accroissement du passif ne peut aboutir.

[594] Cass. com. 27 juin 2006, n° 05-11.690.- 3 octobre 2006, n° 05-15.150.- 30 juin 2015, n° 13-28.537.

l'ouverture de la procédure collective, il faudra apprécier le montant du préjudice au moment de son départ[595]. Si le montant ne peut être fixé, il doit au moins être certain que la condamnation n'est pas supérieure au montant minimal évident de l'insuffisance d'actif. L'inventaire permettra au liquidateur de déterminer la valeur d'actif avant de l'avoir réalisé. Quant au passif, il s'agit du passif déclaré et admis. Si une dispense de vérification a été décidée par le juge-commissaire, celle-ci ne fait pas obstacle à une action en responsabilité pour insuffisance d'actif, mais elle devra être rétractée afin de déterminer le montant du passif admis[596].

Il ne faut pas confondre ce préjudice avec la notion de cessation des paiements qui compare le passif exigible avec l'actif disponible, condition d'ouverture des procédures. La loi dite *Pétroplus* du 12 mars 2012[597] a introduit un article L.631-10-1 dans le livre VI du Code de commerce permettant d'obtenir des mesures conservatoires à l'encontre du dirigeant qui aura été assigné en responsabilité pour avoir causé la cessation des paiements. Le préjudice énoncé par ce nouveau texte est impossible à évaluer. Le texte n'est d'ailleurs jamais appliqué.

Lorsque la faute est commise par un tiers, la chambre commerciale, après quelques hésitations jurisprudentielles, qui avaient permis d'appréhender le préjudice par la diminution de l'actif ou l'accroissement du passif[598], a recherché le préjudice subi par la procédure (la collectivité des créanciers) par l'insuffisance d'actif. Il est alors nécessaire de démontrer que la faute a contribué à l'insuffisance d'actif et dans quelle mesure. Selon l'expression de la chambre commerciale, le tiers (la banque) n'est tenu de réparer que l'aggravation de l'insuffisance d'actif qu'il a contribué à créer : le

---

[595] Cass. com. 24 janvier 2018, n°15-26.810.

[596] Cass. com. 5 novembre 2013, n° 12-22.510 : Bull. civ. IV, n° 160.

[597] Loi n° 2012-346 du 12 mars 2012 (art. L.630-10-1). À la demande de l'administrateur ou du mandataire judiciaire, le président du tribunal saisi peut ordonner toute mesure conservatoire utile à l'égard des biens du dirigeant de droit ou de fait à l'encontre duquel l'administrateur ou le mandataire judiciaire a introduit une action en responsabilité fondée sur une faute ayant contribué à la cessation des paiements du débiteur.

[598] Cass. com. 16 novembre 1993, n° 91-19.570 : Bull. civ. IV, n° 408 ; D. 1994, p. 57, concl. DE GOUTTES, rapport PASTUREL ; note F. DERRIDA et J.- P. SORTAIS.

montant de l'aggravation est égal à la différence entre le montant de l'insuffisance d'actif à la date à laquelle le juge statue et le montant de l'insuffisance d'actif au jour de l'octroi du soutien abusif[599].

On peut également envisager qu'une faute a été commise par un organe de la procédure collective, en particulier le liquidateur, qui n'a pas permis de réaliser l'actif à des conditions suffisantes pour qu'il apure le passif admis. C'est encore l'insuffisance d'actif qui résultera de cette faute et qu'il appartiendra au liquidateur de combler.

Ainsi le préjudice résultant des fautes commises est caractérisé par l'insuffisance d'actif et sa réparation tend à combler cette insuffisance d'actif ou, selon une nouvelle terminologie plus réaliste, à reconstituer le gage collectif des créanciers.

B. Insuffisance d'actif et réparation du préjudice des créanciers

Dès lors que l'insuffisance d'actif peut être comblée, doit-on en convenir que le préjudice subi par les créanciers est réparé ? La logique voudrait que oui, selon un principe utilisé dans d'autres domaines, celui du ruissellement : dès lors que le gage commun des créanciers est reconstitué par le comblement de l'insuffisance d'actif, chaque membre de cette collectivité doit en recevoir sa part. Est-ce exact ? Une réponse négative s'impose pour plusieurs raisons.

Il faut clairement faire la distinction entre la responsabilité du dirigeant et celle des tiers. En cas de responsabilité établie du dirigeant, trois raisons vont justifier que le préjudice des créanciers sera loin d'être indemnisé :

1° - Dans les procédures antérieures à la loi de sauvegarde du 26 juillet 2005, la Cour de cassation avait admis qu'un plan de redressement de la personne morale ne faisait pas obstacle à ce qu'une insuffisance d'actif soit révélée par la procédure collective, et que le

599 Cass. com. 22 mars 2005, n° 03-12.922 : Bull. civ. IV, n° 67 ; Juris-Data n° 2005-027721 - Cass. com. 22 mars 2016, n° 14-14.980 : Bull. civ. IV, n° 258 ; Rev. proc. coll. 2016-6, n° 202, obs. A. MARTIN-SERF - 14 juin 2016, n° 14-25.442.

dirigeant pouvait donc être condamné à la combler[600]. Cette solution était contraire aux propositions doctrinales, selon lesquelles les créanciers étant réglés de la totalité de leur créance, sous réserve qu'ils aient accepté d'en remettre une partie, le plan de redressement ne peut révéler une insuffisance d'actif[601]. La loi du 26 juillet 2005, suivant cette dernière position a restreint la possibilité d'une condamnation à la liquidation judiciaire et la résolution du plan, pour que cette dernière hypothèse soit finalement supprimée par la loi de 2008. Ainsi, le dirigeant fautif ne pourra pas être condamné à combler l'insuffisance d'actif si sa société bénéficie d'un plan de redressement. Est-ce que cela signifie que les créanciers n'ont subi aucun préjudice ? Pas du tout : être réglé du montant de sa créance à échéance ou dans le cadre d'un échéancier à dix ans ne revient pas du tout au même pour les créanciers. La durée du plan leur fait perdre une partie de la valeur du passif déclaré.

2° - En cas de liquidation judiciaire, si la responsabilité du dirigeant est retenue, il ne réparera pas nécessairement le préjudice commun des créanciers[602]. En effet, et de façon très originale validée par le Conseil constitutionnel[603], le texte permet au tribunal de mesurer le montant qu'il entend mettre à la charge du dirigeant dans la

---

[600] Cass. com. 21 novembre 2006, n° 02-20.443 : Act. proc. coll. 2007, n° 21, comm. B. SAINTOURENS ; JCP E 2007, 1235, note H. GUYADER ; *ibid.*, 1450, n° 14, obs. P. PETEL ; D. 2007, p. 22, obs. A. LIENHARD ; Bulletin Joly Sociétés 2007, p. 361, note P. PETEL.

[601] MM. DERRIDA, GODE et SORTAIS. *Redressement et liquidation judiciaires*, Dalloz, n° 580, p. 440 : « *si le plan de continuation est exécuté, les créanciers auront été intégralement payés ; aucune insuffisance d'actif n'existera* ». Mme SAINT-ALARY-HOUIN : *Droit des entreprises en difficulté*, 4ème éd., n° 1089 : « *le plan de continuation semble incompatible avec une telle insuffisance* ». Adde. P.-M. LE CORRE, *Droit et pratique des procédures collectives*, Dalloz 2003/2004 n° 95.32.

[602] Sur la particularité de la responsabilité pour insuffisance d'actif : A. DANIS-FANTOME, « Regards d'une civiliste sur l'articulation entre le droit spécial de la responsabilité pour insuffisance d'actif et le droit commun de la responsabilité civile », RTD com. 2018, p. 23.

[603] Cons. const., 26 septembre 2014, déc. n° 2014-415, QPC : Act. proc. coll. 2014-17, comm. B. SAINTOURENS ; Bulletin Joly Entreprises en difficulté 2014-6, p.377, note T. FAVORIO. Sur renvoi de Cass. com. 27 juin 2014, n° 13-27.317 : JurisData n° 2014-014214 : Act. proc. coll. 2014-14, n° 263 et comm. B. SAINTOURENS ; Bulletin Joly Sociétés juin 2014, p. 404, note I. PARACHKEVOVADE.

limite du montant de l'insuffisance d'actif. Le texte précise que le tribunal peut mettre à la charge du dirigeant tout ou partie de l'insuffisance d'actif. Par conséquent, selon l'appréciation souveraine du tribunal à l'égard du dirigeant, et la situation de ce dernier (gravité de sa faute, surface financière, autres engagements pris à l'égard des créanciers), les juges du fond ont toute latitude, selon leur appréciation souveraine, de ne pas condamner le dirigeant à réparer l'entier préjudice de la collectivité des créanciers, ou ne pas le condamner du tout.

3° - Enfin, une fois le montant déterminé, il entre dans le patrimoine du débiteur, mais, ce montant ne sera pas partagé entre les créanciers selon leur rang, mais au prorata de leur part dans le passif admis (au marc le franc). Ainsi, sur ce montant résiduel (v. 2°), le créancier privilégié ne pourra pas se prévaloir de son privilège.

Les modalités d'application des règles relatives à la responsabilité pour insuffisance d'actif du dirigeant ne conduisent donc pas à une réparation intégrale du préjudice collectif, ni, par voie de conséquence, des préjudices individuels.

Admettons à présent que le gage commun soit entièrement reconstitué parce que les juges ont condamné le dirigeant à la totalité de l'insuffisance d'actif, ou encore parce qu'un tiers a été reconnu responsable du préjudice que constitue l'aggravation de l'insuffisance d'actif. On ne pourra jamais dire que le préjudice subi par la collectivité des créanciers pourra être réparé par le dirigeant ou le tiers responsable. La raison en est que l'ouverture de cette procédure collective a été causée par un responsable, il n'en demeure pas moins que c'est de droit qu'elle emporte arrêt des poursuites, arrêt du cours des intérêts et arrêt des inscriptions. Ainsi, le préjudice résultant de l'impossibilité de se faire payer sa créance, qui est un préjudice certain, qui peut d'ailleurs conduire à la cessation des paiements du créancier, et le préjudice résultant de l'impossibilité de se faire payer des intérêts auxquels on a droit, ne seront pas payés. Le paiement de l'insuffisance d'actif ne suffit pas à indemniser les créanciers de la perte d'une partie de leurs droits.

La question se pose alors de la possibilité pour chacun des créanciers d'obtenir une réparation de son préjudice personnel, résultant de la différence entre la perte subie et le résultat des distributions ou répartitions. Cette question peut être élargie à tous les préjudices personnels qu'auront pu subir les acteurs de l'entreprise « faillie ».

II. Au-delà de l'insuffisance d'actif. Les préjudices individuels

Si le livre VI du Code de commerce rend difficile la réparation des préjudices individuels, la jurisprudence tente de plus en plus largement d'en ouvrir les contours. Le critère de répartition passe par la reconstitution du gage commun.

A. Le rôle de la reconstitution du gage commun. Les interstices de l'intérêt commun

Les préjudices indirects peuvent être subis par toutes les personnes, directement ou par ricochet. Le droit des procédures collectives ne s'est pas directement penché sur les préjudices réparables, mais sur la possibilité de s'en prévaloir : la qualité à agir, et donc la recevabilité de l'action. La question trouve son fondement dans l'actuel article L.622-20 du Code de commerce[604] lequel donne qualité exclusive au mandataire judiciaire ou au liquidateur « *pour agir dans l'intérêt collectif des créanciers* ». La question a donc été posée de la possibilité pour le créancier qui entend agir contre le tiers dont la responsabilité est retenue pour se faire indemniser de son préjudice équivalent à la différence entre le montant effectif de sa créance et ce qu'il avait pu obtenir de la procédure. Dans un arrêt de principe du 9 juillet 1993, l'assemblée plénière répond que « *le créancier n'est pas recevable à se prévaloir du préjudice né de l'immobilisation de sa créance et, en particulier, la perte des intérêts, préjudice [...] inhérent à la procédure collective à laquelle il est soumis* ».

La jurisprudence n'est jamais revenue sur ce point. Le créancier ne peut donc en aucun cas réclamer la réparation de son préjudice

[604] L'actuel article L.641-4 renvoie à l'article L.622-20 pour la liquidation judiciaire.

résultant de la perte totale ou partielle de sa créance, causée par l'insuffisance des répartitions ou dividendes et pertes des intérêts. Mais au-delà ? En réalité, l'arrêt de l'assemblée plénière ne répondait qu'à la question de l'action engagée par un créancier. Or, nous l'avons vu, d'autres que les créanciers peuvent se prévaloir de préjudices divers. L'approche du préjudice personnel a été diversement appréciée. La chambre commerciale a admis très tôt que le créancier qui justifiait d'un préjudice spécial et d'un intérêt distinct de celui des autres pouvait en obtenir réparation[605]. En revanche, les pertes financières du dirigeant sont inhérentes à la faillite et non réparables[606]. La frontière entre préjudice personnel et préjudice inhérent n'était pas si aisée à fixer, la chambre commerciale a tenté à cette fin de poser un critère général de répartition des préjudices. Par un arrêt de principe du 2 juin 2015, elle pose le principe de la reconstitution du gage commun. Une banque avait été reconnue responsable de la faillite d'une entreprise, provoquant le licenciement de 600 salariés. Certains d'entre eux ont demandé la réparation de leurs propres préjudices décrits comme consécutifs à la perte de leur emploi, soit la perte pour l'avenir des rémunérations qu'ils auraient pu percevoir et l'atteinte à leur droit de voir leurs chances de retrouver un emploi optimisées, faute d'avoir pu bénéficier de formations qualifiantes. Pour leur ouvrir l'action, la chambre commerciale a jugé que celle-ci était étrangère à la protection et à la reconstitution du gage commun des créanciers, et donc hors monopole du représentant organique des créanciers. L'action des salariés devenait recevable. Par cet arrêt, la chambre commerciale a rejoint la position prise par la chambre sociale qui considère que leur préjudice est distinct de celui subi par les autres créanciers[607].

---

[605] Cass. com. 31 mars 1978, Bull. civ. IV, n° 100 ; D. 1978, p. 646, note F. DERRIDA et J.-P. SORTAIS - 15 juill. 1982 : Bull. civ. IV, n° 268.- 12 janvier 1984 : Bull. civ. IV, n° 14.

[606] Cass. com. 14 décembre 1999, n° 97-14.500.- 3 avril 2012, n° 11-11.943 : Bulletin Joly Sociétés septembre 2012, n° 338, note J.-F. BARBIERI ; Dr sociétés avr. 2013, comm. 70 note LEGROS.

[607] Cass. soc. 14 novembre 2007, n° 05-21.239 : Bull. civ. V, n° 188 ; D. 2007, p. 3075 ; JCP 2008, II, 10038, note F. DUMONT ; Bull. Joly 2008, p. 223, note B. SAINTOURENS ; RJ com. 2008, p. 225, note J.-P. SORTAIS ; Droit social 2008-1, p. 129, note J. SAVATIER. - 8 juillet 2014, n° 13-15.844.

Une fois établi le critère du gage commun, il y a lieu de vérifier sa pertinence, pour ce qui concerne les victimes de la liquidation judiciaire causée par la faute d'un dirigeant, d'un tiers ou d'un organe.

B. Au-delà de la reconstitution du gage commun : les préjudices réparables

Il résulte de la jurisprudence que si le préjudice invoqué dépasse la perte du gage commun des créanciers, il s'agit d'un préjudice dont la victime a qualité à demander la réparation.

D'abord, l'approche par le gage commun ferme toujours la porte au créancier de se faire indemniser de sa créance, même s'il est muni d'une sûreté. La perte de sa sûreté par la faute d'un tiers (ou d'un organe) n'est pas autre chose que l'impossibilité pour le créancier de participer en rang utile aux répartitions[608]. En revanche, si le créancier invoque une créance postérieure qui ne peut être payée par une faute d'un organe, cette créance ne lui fait pas perdre son droit individuel au profit du droit collectif des créanciers. Il a donc qualité à invoquer le préjudice tiré de l'impossibilité d'être payé par la faute du liquidateur[609].

La référence au gage commun a également permis d'ouvrir l'action au dirigeant pour ce qui concerne la perte de ses rémunérations, pour le moins la perte de chance de se voir verser des rémunérations[610]. Ce préjudice ne peut se réduire à ne pas pouvoir participer aux distributions ou répartitions, puisque la rémunération future n'est pas une créance que le dirigeant aurait pu déclarer à la procédure pour en perdre le droit individuel à recouvrement. En revanche, pour la perte de son compte courant, il ne s'agit pour lui que de ne pas se faire payer de la créance de remboursement qu'il aura dû déclarer, sans distinction avec le préjudice des autres créanciers[611].

---

[608] Cass. com. 21 novembre 2018, n°17-19.479.

[609] Cass. com. 6 mars 2019, n° 17-20.545.

[610] Cass. com. 29 septembre 2015, n° 13-27.587 : JurisData n° 2015-021539.- Cass. com. 14 juin 2017, n° 15-26.953.- 7 novembre 2018, n° 15-28.802.

[611] Cass. com. 10 décembre 2013, n°11-22.188 : Bull. civ. IV, n° 182.- 21 juin 2016, n° 15-10.028.- rapp., pour la perte de valeur des parts sociales : Cass. com. 18

La situation du débiteur est particulière puisqu'il se couple avec le principe de son dessaisissement lorsqu'il est en liquidation judiciaire. Le liquidateur qui assigne un tiers en responsabilité peut le faire à deux titres : en représentation de l'intérêt collectif des créanciers, au titre de l'insuffisance d'actif et, au-delà, au titre du préjudice personnel du débiteur (perte de crédibilité sur le marché par exemple). Si le débiteur est une personne physique, le préjudice peut également être moral, il a tout perdu (y compris la santé et son mariage). Si l'action du liquidateur aboutit, elle conduira à une liquidation pour apurement du passif avec un boni de liquidation. Cette possibilité doit être nuancée à deux égards. D'abord, le liquidateur qui agit contre le dirigeant ne peut exercer son action que par référence à l'insuffisance d'actif. En effet, il est aujourd'hui de jurisprudence acquise que l'action en responsabilité de l'article L.651-2 du Code de commerce ne se cumule pas avec une autre action, en particulier, l'action *ut singuli* en responsabilité d'un associé contre le dirigeant[612]. Ensuite, lorsque c'est au liquidateur qu'une faute est reprochée, la question se posera de savoir s'il y a une nécessité de nommer un nouveau liquidateur, voire en cas de clôture de la liquidation, de faire rouvrir la liquidation, ou si le débiteur (personne physique le plus souvent, personne morale représentée par un mandataire *ad hoc*) pourra agir en responsabilité en invoquant son préjudice. A ce sujet, la jurisprudence est claire. Si le préjudice ne consiste que dans la perte du fonds de commerce (et donc de la perte du gage commun des créanciers), le débiteur est irrecevable à agir. Il est nécessaire que l'action soit exercée par un représentant organique de la collectivité des créanciers. Au-delà, le débiteur est recevable à exercer son action. Le préjudice devient personnel[613]. Cette différence de traitement a été mise en évidence pour justifier la non-transmission au Conseil constitutionnel de l'article L.643-13 qui n'ouvre pas au débiteur la qualité à demander la reprise de la liquidation judiciaire : « *il résulte de l'interprétation*

janvier 2017, n° 15-13.392.- 27 septembre 2017, n° 14-14.562.- 19 décembre 2018, n° 17-13.846.

612 Cass. com. 28 février 1995 : Rev. sociétés 1995, p. 555 ; D. 1995, p. 390, note F. DERRIDA ; LPA 28 juin 1995, p. 24, note F. DERRIDA ; Bull. Joly Sociétés 1995, p. 544 ; RTD com. 1995, p. 665, obs. J.-P. HAEHL ; RJDA 1995, n° 904. – Cass. com., 19 février 2002 : JurisData n° 2002-013372 ; Act. proc. coll. 2002-8, n° 105.

613 Cass. com., 5 mai 2015, n° 14-50.035 : JurisData n° 2015-010167 ; Act. proc. coll. 2015-10, comm. 162.- Cass. com. 23 juin 2015, n° 15-40.011, QPC, F-D : JurisData n° 2015- 016463 ; Act. proc. coll. 2015-15, n° 246, obs. J. VALLANSAN.

jurisprudentielle constante que, sauf préjudice personnel ou perte d'un éventuel boni de liquidation, le préjudice allégué par le débiteur, dont la procédure de liquidation judiciaire a été clôturée pour insuffisance d'actif, à raison des fautes commises par le liquidateur judiciaire, se confond avec celui subi par la collectivité des créanciers en ce qu'il correspond à une diminution ou à une perte d'actif et/ou à une aggravation du passif ; que l'action en responsabilité, en ce qu'elle tend à la reconstitution du gage commun des créanciers, ne peut donc être exercée que par un nouveau liquidateur »[614].

Reste les associés dont l'irrecevabilité de l'action n'est fondée que par l'absorption de leur préjudice résultant de la perte de leur investissement dans celui de la société à laquelle ils appartiennent[615]. Le caractère personnel de leur préjudice s'analysera non seulement au regard du préjudice collectif des créanciers, mais aussi du préjudice de la société à laquelle ils appartiennent[616].

Le droit des entreprises en difficulté régit la recevabilité de l'action en responsabilité au regard du préjudice allégué. Une fois la recevabilité admise, le préjudice allégué ne sera pas nécessairement réparé. La prétendue victime devra encore démontrer le caractère direct de son préjudice, dont elle évaluera la valeur. Il s'agit alors d'appliquer les règles du droit commun[617], ce qui sort du sujet qu'il m'appartient de traiter.

---

[614] Cass. com. 23 juin 2015, préc.

[615] Selon l'expression des professeurs Petit et Reinhard, « *la réparation du préjudice social permet une reconstitution du patrimoine de la société qui, par ricochet inversé, doit faire disparaître le préjudice subi par l'actionnaire en permettant aux actions de retrouver la valeur qu'elles avaient perdue* ». (sous Cass. com. 1er avril 1997, n° 94-18.912, RTD com. 1997, p. 647).

[616] Cass. com. 19 avril 2005, n° 02-10.256 : Bull. Joly Sociétés 2005, p. 1252, note S. MESSAI BAHRI ; Dr. et patrimoine déc. 2005, p. 89, obs. D. PORACCHIA.

[617] Pour une analyse très rigoureuse du préjudice des salariés causé par la faute de la société mère : A. FAVRE, « La responsabilité délictuelle pour faute au secours des salariés victimes d'une société tierce : Au-delà des arrêts Sofarec du 8 juillet 2014 », Rev. de dr. Trav. 2014, p. 672.

Le préjudice nécessaire en droit du travail

Julien ICARD
Professeur de droit privé à l'Université polytechnique Hauts-de-France

La tendance jurisprudentielle à déduire d'une faute l'existence d'un préjudice[618] aurait-elle vécu en droit du travail ? La question a de quoi surprendre si le préjudice nécessaire, automatique, obligatoire ou encore déduit de la faute est appréhendé par le seul prisme doctrinal. En effet, l'intérêt doctrinal pour le phénomène semblait jusqu'alors fort modeste qu'il s'agisse de la doctrine travailliste ou civiliste, cette dernière ne lui accordant, à l'occasion de l'étude de la responsabilité civile, qu'une place résiduelle[619]. A ce titre, le hiatus entre le relatif intérêt doctrinal et la place jurisprudentielle considérable du phénomène en droit du travail est patent. Pourtant, la préoccupation doctrinale est devenue centrale depuis trois ans[620]. En effet, en avril 2016, la chambre sociale a entrepris un revirement d'une ampleur sans précédent en revenant sur un mouvement jurisprudentiel selon lequel tel manquement de l'employeur à l'une de ses obligations légales ou contractuelles cause nécessairement un préjudice au salarié. Jusqu'alors le phénomène consistait, pour le juge, à permettre la mise en œuvre de la responsabilité civile de l'employeur, non pas en écartant l'exigence d'un préjudice, mais en présumant son existence dès lors qu'un manquement identifié est caractérisé. Présomption, la qualification est d'ailleurs sujette à débats. Certes de nombreux auteurs s'accordent sur la qualification de présomption de dommage[621]. D'autres objectent cependant, en s'appuyant sur l'ex-article 1349 du Code civil, que, lorsque le juge infère nécessairement un préjudice d'une faute, ce dernier ne déduit pas réellement un fait inconnu d'un fait connu en raison de son caractère vraisemblable mais tient pour acquise l'existence du dommage[622]. Pourtant, le nouvel

---

618 V. le remarquable article : L. GRATTON, « Le dommage déduit de la faute », RTD civ. 2013/2, p. 275.

619 M. BACACHE-GIBIELI, *Les obligations. La responsabilité civile extracontractuelle*, 2ème éd., Economica, 2012, n°357 ; G. VINEY, P. JOURDAIN et S. CARVAL, *Les conditions de la responsabilité*, 4e éd., LGDJ, 2013, n°247-3 ; Ph. BRUN, *Responsabilité civile extracontractuelle*, 4ème éd., LexisNexis, 2016, n°177.

620 Sans relever l'ensemble des notes portant sur l'arrêt dont il sera question par la suite, v. not. J. MOULY, « Les présomptions de dommage en droit du travail : abandon ou simple reflux ? », RJS 07/2016, p. 491 ; V. BONIN, « Le préjudice nécessaire : une évolution de la réparation en droit du travail », RJS 08/2017, p. 619.

621 Chez les travaillistes, v. not. J. MOULY, art. préc. ; V. BONIN, art. préc. V. égal. les références citées par L. GRATTON, art. préc., p. 279.

622 Sur le débat, v. L. GRATTON, art. préc., p. 279-281.

article 1354 du Code civil, issu de l'ordonnance du 10 février 2016, dispose que « *la présomption dispense celui au profit duquel elle existe d'en rapporter la preuve* ». Cette nouvelle définition de la présomption fait donc perdre toute pertinence à cette première objection. D'autres auteurs font encore remarquer qu'on ne peut rapporter la preuve contraire dans le cas du préjudice nécessaire. Cela revient ainsi à reconnaître à cette éventuelle présomption – non légale – un caractère irréfragable, ce qui serait contraire à la lettre de la loi. Ce faisant, il ne s'agirait pas d'une règle probatoire mais bien d'une règle de fond[623]. Quoi qu'il en soit, le préjudice nécessaire déroge au moins partiellement aux règles classiques de la responsabilité.

Or, même s'il est loin d'être inconnu dans d'autres branches du droit, qu'il s'agisse des droits de la personne[624] ou de la concurrence déloyale[625], ce mécanisme a connu un « *terrain d'élection* »[626] particulier en droit du travail à partir des années 90[627]. Dans sa thèse précurseur, le professeur Christophe Radé évoque d'ailleurs le phénomène naissant en ces termes : « *les juges se montrent plus protecteurs pour ce qui concerne l'indemnisation du salarié licencié pour un motif disciplinaire en accordant automatiquement réparation des manquements d'ordre procédural ; cette sévérité s'explique sans doute par l'interdiction qui leur est faite d'annuler le licenciement pour faute disciplinaire, même lorsqu'il apparaît disproportionné par rapport à la faute sanctionnée* »[628]. Cette explication, sans doute pertinente pour les manquements procéduraux, s'avère

---

[623] Ibidem.

[624] Pour une présentation critique, v. C. BLOCH, *La cessation de l'illicite. Recherche sur une fonction méconnue de la responsabilité civile extracontractuelle*, préf. R. BOUT, Dalloz, Nouvelle Bibliothèque des Thèses, vol. 71, 2008, spéc. n°347.

[625] C. BLOCH, th. préc., n°353 et s.

[626] L. GRATTON, art. préc.

[627] Sans que soit utilisée la formulation consacrée – « cause nécessairement » – le mécanisme du préjudice nécessaire apparaît à quelques semaines d'écart, d'une part, dans le contentieux de la cause réelle et sérieuse (Cass. soc., 25 sept. 1991, n°88-41251, Bull. civ. V, n°380. *Contra* ant. : Cass. soc., 2 février 1989, n°86-40070) et, d'autre part, de manière formellement plus claire dans celui de l'inobservation par l'employeur de la procédure de licenciement (Cass. soc., 23 octobre 1991, n°88-42507, Bull. civ. V, n 428. *Contra* ant. : Cass. soc., 31 mai 1989, n°85-45181, Bull. civ. V, n°408).

[628] Ch. RADE, *Droit du travail et responsabilité civile*, préf. J. HAUSER, LGDJ, Bibliothèque de droit privé, 1997, t. 282, spéc. n°139.

rétrospectivement insuffisante tant le préjudice nécessaire a été étendu à de nombreuses et diverses hypothèses, la jurisprudence considérant que causent notamment un préjudice nécessaire au salarié l'inobservation de la procédure de licenciement[629], l'absence de mention de la priorité de réembauche dans la lettre de licenciement[630], l'absence d'indication des critères d'ordre, la remise tardive des documents de fin de contrat mais encore, dans le cadre de la relation de travail, le paiement à un niveau inférieur au SMIC[631], les irrégularités affectant le bulletin de paie, le non-respect des dispositions en matière de temps de repos, la violation de la procédure disciplinaire, la stipulation d'une clause de non-concurrence illicite donc nulle…

Si l'on met à part la dénonciation de cette « *magie* [noire] *du droit* »[632], grief d'ailleurs plus centré sur le contournement de la jurisprudence sur le préjudice d'anxiété que sur le mécanisme du préjudice nécessaire, la doctrine travailliste[633] ne s'est montrée que peu critique envers le phénomène du préjudice nécessaire. Pourtant, dans un arrêt à forte diffusion du 13 avril 2016 portant sur les documents de fin de contrat, la chambre sociale rejette un pourvoi contre un jugement ayant refusé une indemnisation exigée par le salarié en raison d'une délivrance tardive desdits documents, en précisant que « *l'existence d'un préjudice et l'évaluation de celui-ci relèvent du pouvoir souverain d'appréciation des juges du fond* »[634]. A la suite de cet arrêt, la chambre sociale abandonnait le préjudice nécessaire dans toutes les hypothèses[635] où elle l'avait consacré, à quelques rares exceptions près[636]. Ce faisant, la chambre sociale revenait, selon les termes mêmes des publications de la Cour, à une

---

629 Cass. soc., 23 octobre 1991, préc.

630 Cass. soc. 16 décembre 1997, n°94-42089, Bull. civ. V, n°442 ; RJS 1/98, n°80 ; Cass. soc. 28 sept. 2011, n°09-43374.

631 Cass. soc. 29 juin 2011 n°10-12884 ; Dr. soc. 2012, 197 note C. ROY-LOUSTAUNAU.

632 G. LOISEAU et A. MARTINON, « Le préjudice nécessairement causé », Cah. soc., nov. 2015, p. 553.

633 *Contra* pour la doctrine civiliste. V. sur ce point : L. GRATTON, art. préc.

634 Cass. soc., 13 avril 2016, n°14-28293 : Bull. civ. V, n°72 ; JCP E 2016, 1659, note G. DUCHANGE ; Gaz. Pal. 14 juin 2016, n°22, p. 64, note P. BAILLY ; Cah. soc. juin 2016, p. 302, obs. J. ICARD.

635 V. *infra*.

636 V. *infra*.

application « *plus orthodoxe des règles de la responsabilité civile* »[637]. Le revirement a provoqué des réactions très diverses. La solution est saluée par certains[638], notamment car elle conduira à une meilleure responsabilisation des juges du fond. Elle est regrettée par d'autres, parfois à mots couverts et choisis[639], parfois à mots plus clairs, tels ceux du doyen honoraire de la chambre sociale, Pierre Bailly[640]. Elle est même vivement dénoncée par d'autres : la solution incarnerait l'impunité en marche[641] intervenant à un moment fort inopportun où le droit du travail est sur la défensive[642].

De si vives réactions ont de quoi surprendre pour ce qui se présente *prima facie* comme une simple évolution probatoire. En réalité, le revirement relatif au préjudice nécessaire s'inscrit dans une série de reprises en mains jurisprudentielles concernant la mise en œuvre de la responsabilité civile en droit du travail[643] consécutive à ce qui a pu être jugé *a posteriori* comme une forme de dérive jurisprudentielle pro-salariés : affadissement de l'intensité de l'obligation de sécurité ; cantonnement des bénéficiaires et des effets du préjudice d'anxiété[644] ;

---

[637] BICC n°849, 15 oct. 2016, n°1220 ; Rapport annuel 2016, p. 247.

[638] V. not. G. LOISEAU et A. MARTINON, « Des révolutions dans l'ombre » Cah. soc. mai 2016, p. 223 ; G. DUCHANGE, « L'abandon du préjudice nécessaire », 2016, 1271 ; G. TURPIN, « La fin de la présomption de préjudice ? », JCP S 2016, 1213 ; A. DEJEAN DE LA BATIE, « Coup d'arrêt en matière de préjudice automatique des salariés », JSL 10 juin 2016, n°411 ; A. BONNET, « La fin du préjudice nécessaire : nouvelle confirmation de l'abandon général opéré par la Chambre sociale » ? JSL 23 sept. 2016, n°416 ; Ch. RADE, « La remise tardive d'un bulletin de salaire n'est plus nécessairement sanctionnée par l'octroi de dommages et intérêts », Lexbase hebdo, éd. soc., 2016, n° 658.

[639] V. BONIN, art. préc. ; J. MOULY, art. préc.

[640] P. BAILLY, « Feu le préjudice nécessaire en matière sociale », Gaz. Pal. 14 juin 2016, p. 64. Du même auteur : « Une disparition qu'on peut regretter », *in* Controverses : « La fin du préjudice nécessaire met-elle en danger l'efficacité des sanctions du droit du travail ? », RDT 2017, 374.

[641] D. BOULMIER, « Le tragique destin de *Préjudice nécessaire*...ou l'impunité en marche », *in* Controverses : « La fin du préjudice nécessaire met-elle en danger l'efficacité des sanctions du droit du travail ? », RDT 2017, 374.

[642] R. SAADA, « Un enjeu misérable, une portée symbolique forte », SSL 2 mai 2016, n°1721.

[643] Sans oublier la jurisprudence acceptant de modérer une clause pénale insérée au bénéfice des salariés dans un accord collectif portant des engagements sur l'emploi : Cass. soc., 8 mars 2017, n°15-19641.

[644] Entre l'intervention orale et la contribution écrite, la Cour de cassation en assemblée plénière a opéré un important revirement sur cette question (Cass. ass.

plafonnement de l'indemnisation du salarié protégé licencié en violation du statut protecteur… L'ensemble de ces évolutions, particulièrement celle relative au préjudice nécessaire, interroge les rapports entre droit commun et droit spécial, spécialement les relations qu'entretiennent le droit du travail et le droit de la responsabilité civile[645] et, par voie de conséquence, l'effectivité des prescriptions du Code du travail. Sa remise en cause récente nous conduit inéluctablement à confronter le désir d'orthodoxie sur lequel elle est fondée à la crainte de l'impunité à laquelle elle donne naissance. Il convient d'apprécier le reflux du préjudice nécessaire à l'aune de ces deux considérations, nous conduisant à envisager les contours du reflux (I) et ses enjeux (II).

I. Les contours du reflux du préjudice nécessaire

Le préjudice nécessaire est donc progressivement abandonné par la chambre sociale de la Cour de cassation. Pour autant, les justifications avancées par la chambre ne tombent en rien sous le coup de l'évidence. De même, le domaine épargné par le reflux se construit au gré des arrêts successifs qui interrogent la cohérence d'ensemble. En d'autres termes, les contours idéologiques (A) et matériels (B) du reflux méritent d'être éprouvés.

A. Les fondements du reflux

Une parenthèse ouverte en 1991 s'est refermée en 2016 par un arrêt de rejet : « *l'existence d'un préjudice et l'évaluation de celui-ci relèvent du pouvoir souverain d'appréciation des juges du fond ; que le conseil de prud'hommes, qui a constaté que le salarié n'apportait aucun élément pour justifier le préjudice allégué a, par ces seuls*

---

plén., 5 avril 2019, n°18-17442 ; Bull. Jol. Trav. mai 2019, p. 19, obs. J. ICARD ; Lexbase hebdo éd. soc., 2019, n°780, note Ch. WILLMANN ; D. 2019, 922, note P. JOURDAIN ; JCP G 2019, 909, note M. BACACHE).

645 Sur lesquelles, v. not. Ch. RADE, th. préc. ; M. GREVY, *La sanction civile en droit du travail*, préf. G. BORENFREUD, LGDJ, Bibliothèque de droit social, t. 36, 2002.

motifs, légalement justifié sa décision »[646]. La chambre sociale refuse ainsi de censurer un jugement par lequel il n'a pas été fait droit à une demande d'indemnisation du fait de la remise tardive du dernier bulletin de paie et des documents de fin de contrat. A la suite de cet arrêt, la chambre sociale a le plus souvent rejeté des pourvois faisant grief aux juges du fond de n'avoir pas fait application de la théorie du préjudice nécessaire voire, plus exceptionnellement, censuré des jugements ou arrêts dans lesquels la théorie du préjudice nécessaire avait été appliquée sans que les juges aient réellement caractérisé un préjudice[647]. Ainsi, le retour à l'orthodoxie réside, non pas dans la fin d'une dispense de préjudice, mais dans le retour à l'exigence de la caractérisation du préjudice, c'est-à-dire à la preuve de son existence et de son quantum qu'il appartient au salarié de rapporter et au juge de caractériser.

Plusieurs explications à ce retour à l'orthodoxie sont avancées, en premier lieu desquelles la position isolée de la chambre sociale, devenue intenable[648]. On s'étonnera, comme d'autres[649], de la justification de la chambre sociale fondée sur une analyse comparée[650] avec les jurisprudences administrative et celle des autres chambres civiles *a priori* plus exigeantes. En 2016, la chambre sociale découvrirait ainsi que ses solutions de presque trente ans d'âge ne s'harmonisent pas complètement avec celles du Conseil d'Etat et des autres chambres civiles datant du début et du milieu des années 2000… La comparaison avec la jurisprudence administrative est paradoxalement la plus pertinente dans la mesure où l'ordre administratif est susceptible de connaître, dans le contentieux des salariés protégés, de questions similaires. Si alignement il devait y avoir, pourquoi alors devrait-il nécessairement s'opérer dans le sens de la jurisprudence administrative ? En d'autres termes, c'est l'aspiration à l'orthodoxie civiliste qui interroge alors que les rapports entre droit du travail et responsabilité sont très largement hétérodoxes[651]. Qu'on songe ainsi à l'impossibilité de mettre en jeu la responsabilité civile du salarié par l'employeur sans démonstration

[646] Cass. soc., 13 avril 2016, préc.
[647] V. *infra*.
[648] Ph. FLORES, « Un retour au droit commun », SSL 2 mai 2016, n°1721.
[649] P. BAILLY, « Une disparition qu'on peut regretter », préc.
[650] Ph. FLORES, art. préc.
[651] Ch. RADE, th. préc.

d'une faute lourde, à l'immunité civile du salarié-préposé à l'égard des tiers ou encore à l'impossibilité de limiter le droit à réparation du salarié en raison de son manquement à son obligation de sécurité. Cette hétérodoxie se retrouve également dans les rapports entre droit du travail et régime de la preuve : allègement de la preuve, partage de preuve, présomption parfois irréfragable… Les infléchissements du droit civil par le droit du travail sont monnaie courante, en particulier dans les deux domaines – responsabilité civile et preuve – qui concourent à la règle du préjudice nécessaire. On peine dès lors à saisir les motifs d'un tel retour au droit commun. Toutefois, le malaise que génère cette aspiration soudaine à l'orthodoxie en la matière est à la mesure de la position ambiguë de la chambre sociale dans l'articulation entre droit commun et droit du travail : une conception autonomiste du droit du travail est parfois revendiquée comme le fondement de certaines solutions[652], sans que cette autonomie ne soit clairement justifiée[653]. L'ancien Président Frouin estime lui-même qu'on « *peine à trouver, par-delà cette spécificité posée* a priori*, un ciment, un lien, qui unissent ces dérogations* […] *on peine parfois à les expliquer et à la justifier techniquement* »[654]. Cette application « *à la carte* »[655] du droit civil s'effectue donc sans boussole, sans guide : *« la chambre sociale de la Cour de cassation décide ce que bon – opportun, cohérent – lui semble, l'habillage juridique n'étant ensuite qu'affaire d'imagination et de rédaction »*[656]. C'est d'ailleurs le sentiment ressenti non seulement à la lecture des premiers arrêts ayant lancé le mouvement de reflux mais également des arrêts dans lesquels le préjudice nécessaire a été maintenu.

En deuxième lieu, ce fondement prétendument orthodoxe ou classique aurait dû dans son principe comme dans son périmètre être éprouvé à l'aune de plusieurs décennies d'analyses doctrinales parmi lesquelles celle relative à l'existence de la responsabilité contractuelle.

---

[652] J.-Y FROUIN, « Le contrat de travail et les dérogations au droit commun », BICC, 15 Sept. 2017, n°867.
[653] V. le récent avis en matière de prise d'acte : Cass. soc., avis, 3 avril 2019, n°15003 ; Bull. Jol. Trav., mai 2019, p. 21, obs. J. ICARD.
[654] J.-Y FROUIN, art. préc.
[655] J.-Y. FROUIN, « Les raisons d'une construction prétorienne du droit du travail », JCP S 2009, 1516, spéc. n°8.
[656] J.-J. DUPEYROUX, « Droit civil et droit du travail : l'impasse », *Dr. soc.* 1988, 372.

Cette dernière n'est pas restée au seul stade doctrinal puisque les deuxième et troisième chambres civiles ont alimenté le débat en décidant à plusieurs reprises d'allouer à un créancier des dommages-intérêts sans qu'ait été démontré un préjudice. Ainsi, la seule inexécution contractuelle justifiait le versement d'une indemnisation. Certains auteurs y ont vu la consécration d'une exécution par équivalent. Aussi controversée soit-elle, cette théorie de l'exécution par équivalent aurait utilement pu être convoquée dans le débat sur le préjudice nécessaire en droit du travail. Il est en effet assez étrange de se référer à une orthodoxie de la responsabilité civile, ce qui donne le sentiment que le droit de la responsabilité civile serait un fleuve tranquille, imperturbable, sans méandres. Or, il n'en est rien. La controverse sur l'existence de la responsabilité contractuelle en témoigne, elle interroge le sens et les fonctions respectifs de l'exécution et de la responsabilité. Il aurait été pour le moins opportun d'analyser la jurisprudence relative au préjudice nécessaire à l'aune de cette théorie : il aurait pu être recherché une distinction entre les manquements de l'employeur rattachables à la relation de travail – manquements – contractuels – donnant nécessairement lieu à exécution par équivalent indépendamment d'un quelconque préjudice et ceux d'ordre extracontractuel, tenant notamment à la rupture de la relation de travail, ne pouvant ouvrir droit à dommages-intérêts qu'à la condition de démontrer un préjudice[657]. En effet, lorsque la chambre sociale choisissait d'indemniser nécessairement le salarié en raison du non-respect par l'employeur de diverses obligations souvent légales, parfois contractuelles mais en toute hypothèse rattachées à la relation de travail, ne pouvait-on pas considérer qu'était ici en cause l'équivalent financier ou monétaire de l'obligation en nature inexécutée ? En d'autres termes, la chambre sociale n'illustrait-elle pas, peut-être à son corps défendant, non pas l'absence de responsabilité mais la mise en œuvre d'une exécution par équivalent monétaire, dispensée de toute forme de préjudice ? Une telle analyse, aussi séduisante que critiquée, aurait pu contribuer à alimenter la réflexion, non sur le principe du reflux, mais sur ses contours. La chambre sociale aurait pu y trouver de solides arguments en faveur de sa jurisprudence ainsi que des idées pour circonscrire l'effet « *boule*

[657] Évoquant la théorie pour mieux l'écarter, Ch. RADE, « La remise tardive d'un bulletin de salaire n'est plus nécessairement sanctionnée par l'octroi de dommages et intérêts », préc.

de neige »[658] de sa propre jurisprudence, contre lequel elle entendait manifestement lutter[659].

B. Le périmètre du reflux

La lecture des publications internes de la Cour de cassation suite au premier arrêt du 13 avril 2016 suggère que la chambre sociale entend moins supprimer le principe du préjudice nécessaire que revenir sur son application généralisée en droit du travail[660]. Il s'agirait d'inverser le principe et l'exception, le préjudice nécessaire ayant pris le pas sur le préjudice démontré. Pourtant, la chambre sociale a entrepris de faire évoluer sa jurisprudence sans fixer de critères, donnant, au moins au départ, l'impression d'un abandon pur et simple du préjudice nécessaire. Elle a ainsi écarté le préjudice nécessaire pour l'absence de mention de la convention collective applicable sur le bulletin de paie[661], le défaut d'organisation de la visite médicale de reprise[662], la stipulation d'une clause de non-concurrence illicite[663], la non-délivrance[664] ou la délivrance tardive de l'attestation pôle emploi et du certificat de travail[665], l'absence d'information dans la lettre de licenciement de l'ancien droit individuel à la formation[666], l'inobservation de la procédure de licenciement fixée à l'article L. 1232-5 du Code du travail[667], l'absence de système destiné à

---

[658] BICC n°849, 15 oct. 2016, n°1220.

[659] J. Y FROUIN, Feuillet Rapide Social, Francis Lefebvre, 4/18, § 44 ; Ph. FLORES, art. préc.

[660] Rapport annuel 2016, p. 247.

[661] Cass. soc., 17 mai 2016, n°14-21872, D. 2017. 840, obs. P. LOKIEC et J. PORTA.

[662] Cass. soc., 17 mai 2016, n°14-23138.

[663] Cass. soc. 25 mai 2016, n°14-20578 ; D. 2017. 840, obs. P. LOKIEC et J. PORTA ; Dr. soc. 2016. 650, étude S. TOURNAUX ; *ibid.* 773, obs. J. MOULY ; RDT 2016. 557, obs. L. BENTO DE CARVALHO ; Cah. soc. juillet 2016, p. 364, obs. J. ICARD.

[664] Cass. soc., 14 sept. 2016, n°15-21794, Cah. soc. déc. 2016, p. 597, obs. J. ICARD.

[665] Cass. soc., 22 mars 2017, n°16-12930.

[666] Cass. soc., 26 janv. 2017, n°15-21167.

[667] Cass. soc., 13 sept. 2017, n°16-13578, D. 2018. 692, obs. N. FRICERO ; Dr. soc. 2017. 1074, obs. J. MOULY ; Cah. soc. oct. 2017, p. 470, obs. J. ICARD. V. déjà : Cass. soc., 30 juin 2016, n°15-16066, Cah. soc. déc. 2016, p. 597, obs. J. ICARD.

contrôler la durée du travail et le manquement à l'obligation de sécurité en résultant[668], le non-paiement des heures supplémentaires[669], le non-respect de l'obligation de formation[670], l'absence de visite médicale d'embauche[671] ou encore le défaut de mention de la priorité de réembauche dans la lettre de licenciement[672].

Certes, dès le premier arrêt du 13 avril 2016, les publications officielles de la Cour laissaient entendre que le mouvement de reflux ne serait pas absolu[673]. L'ancien Président de la chambre sociale, Jean-Yves Frouin, confirmait que la nouvelle règle orthodoxe pourrait connaître des exceptions : la règle du préjudice nécessaire serait ainsi maintenue à raison d'une justification textuelle ou d'un manquement grave à une obligation essentielle[674]. L'exception textuelle, cohérente au regard du principe de légalité en principe attaché à toute peine[675], a été illustrée à propos du dommage résultant d'un licenciement sans cause réelle et sérieuse pour lequel étaient applicables les dispositions légales antérieures aux ordonnances Macron, notamment l'ex-article L. 1235-5 disposant que « *le salarié* [qui n'a pas deux ans d'ancienneté et/ou qui n'appartient pas à une entreprise d'au moins 11 salariés] *peut prétendre, en cas de licenciement abusif, à une indemnité correspondant au préjudice subi* »[676], ce dont la Cour a déduit l'existence d'un préjudice nécessaire. Cette solution surprend, notamment au regard de celle retenue en matière d'irrégularités procédurales, pour lesquelles le préjudice nécessaire est abandonné. L'article L. 1235-2 du Code du travail relatif aux irrégularités procédurales, dans sa version antérieure aux ordonnances Macron, disposait pourtant que « *si le licenciement d'un salarié survient sans que la procédure requise ait été observée, mais pour une cause réelle et sérieuse, le juge* [...] accorde *au salarié, à la charge de*

---

668 Cass. soc., 20 sept. 2017, n° 15-24999.
669 Cass. soc., 29 juin 2017, n°16-11280.
670 Cass. soc., 3 mai 2018, n°16-26796, Dr. soc. 2018. 663, étude Y. PAGNERRE et S. DOUGADOS ; Gaz. Pal. 18 sept. 2018, p. 42, obs. P. LE COHU.
671 Cass. soc., 27 juin 2018, n°17-15438.
672 Cass. soc., 30 janvier 2019, n°17-27796.
673 BICC n°849, 15 oct. 2016, n°1220 : « la chambre sociale de la Cour de cassation [...] entend mettre fin à la multiplication des exceptions. »
674 J. Y FROUIN, Feuillet Rapide Social, Francis Lefebvre, 4/18, § 44.
675 S. CARVAL, *La responsabilité civile dans sa fonction de peine privée*, préf. G. Viney, LGDJ, Bibliothèque de droit privé, T. 250, 1995, n°208.
676 Cass. soc., 13 septembre 2017, préc.

l'employeur, une indemnité qui ne peut être supérieure à un mois de salaire » tandis que l'ex-article L. 1235-5 concernant l'absence de cause réelle et sérieuse utilisait la formule « peut *prétendre* ». Comme le souligne à juste titre Jean Mouly, « *on ne retrouve pas, dans le texte de cet article, la forme indicative ayant valeur d'« impératif » utilisée, par exemple, à l'article L. 1235-2 pour les irrégularités de forme et qui aurait pu imposer l'application de la théorie du dommage nécessaire, s'agissant des salariés ayant deux ans d'ancienneté et travaillant dans une entreprise de plus de dix salariés, mais que la Cour n'a pas cru bon de prendre en compte* [...]. *La formule utilisée par le législateur est ici beaucoup moins radicale.* [...] *On ne voit donc pas comment la Cour peut s'appuyer sur ses dispositions pour appliquer cette théorie, en présumant le préjudice du salarié à partir de la faute de l'employeur.* »[677] En d'autres termes, le fondement textuel est largement sujet à débats. Et la réécriture des textes consécutive aux ordonnances Macron n'affecte pas le raisonnement : la rédaction du nouvel article L. 1235-3 en matière d'irrégularités procédurales semble toujours aussi impérative alors que, pour l'absence de cause réelle et sérieuse, il existe désormais des planchers d'indemnisation sauf pour les salariés en deçà d'un an d'ancienneté. Est-ce à dire que pour ces derniers, l'argument textuel ne jouant plus, il leur faudra démontrer un préjudice ?

Quoique très largement controversé, le fondement textuel semble également sous-tendre la solution du 17 octobre 2018 selon laquelle commet une faute qui cause nécessairement un préjudice aux salariés, privés ainsi d'une possibilité de représentation et de défense de leurs intérêts, l'employeur qui prononce un licenciement pour motif économique alors qu'il n'a pas accompli, bien qu'il y soit légalement tenu, les diligences nécessaires à la mise en place d'institutions représentatives du personnel – hier DP ou CE ; aujourd'hui CSE – et sans qu'un procès-verbal de carence ait été établi[678]. En effet, l'article L. 1235-15 du Code du travail dispose qu'en telle hypothèse « *le salarié a* droit *à une indemnité à la charge de l'employeur qui ne peut être inférieure à un mois de salaire* ». Dans la logique du fondement textuel, il y a fort à parier que la solution soit strictement cantonnée

---

[677] J. MOULY, note préc.

[678] Cass. soc., 17 oct. 2018, n°17-14392, Dr. soc. 2019, 88, note J. MOULY ; Bull. Jol. Trav. nov. 2018, p. 170, obs. J. ICARD.

aux licenciements économiques collectifs et non aux licenciements économiques individuels pour lesquels le même article a été jugé inapplicable[679]. La question du maintien de la jurisprudence similaire en dehors du champ économique[680] semblait dès lors peu probable dans la mesure où l'article L. 1235-15 n'est pas applicable. Faute de référence textuelle expresse, l'abandon de la jurisprudence antérieure paraissait inévitable[681]. Pourtant, la chambre sociale a conservé la référence au préjudice nécessaire[682], sans doute en estimant que les « mesures appropriées » obligatoirement prévues par les Etats membres en cas de non-respect des obligations de la directive 2002/14/CE établissant un cadre général relatif à l'information et la consultation des travailleurs – dont l'article 8 § 1 est au visa de l'arrêt – constituent une base textuelle suffisante pour maintenir l'exception.

Il est délicat d'établir une liste des autres hypothèses textuelles dans la mesure où la Cour a une lecture propre des dispositions du Code du travail. Pour autant, il est loisible de penser qu'il en sera de même, en raison de la lettre des dispositions du Code du travail, pour la violation de la priorité de réembauche post-licenciement économique[683]. Il aurait pu en être de même pour le non-respect par l'employeur des procédures de consultation des représentants du personnel ou d'information de l'autorité administrative dans le cadre d'un licenciement économique, l'article L. 1235-12 du Code du travail prévoyant que « *le juge* accorde [...] *une indemnité à la charge de l'employeur* »[684]. Pourtant, la chambre sociale a abandonné en cette matière le préjudice nécessaire[685].

Le champ des exceptions pourrait s'élargir – quoique de manière modérée – au regard du second critère évoqué par le Président Frouin, les manquements graves à une obligation essentielle. Il n'est pas aisé de saisir la logique juridique d'une telle exception, qui n'est d'ailleurs

---

679 Cass. soc., 19 mai 2016, n°14-10251, D. 2016. 1144 ; JCP S 2016. 1264, note A. BAREGE.

680 Cass. soc., 17 déc. 2011, n° 10-12852, Bull. civ. V, n° 108 ; D. 2012. 901, obs. P. LOKIEC et J. PORTA.

681 J. MOULY, « Licenciements économiques irréguliers : le retour discret de la théorie du préjudice nécessaire ? », Dr. soc. 2019, 88.

682 Cass. soc., 15 mai 2019, n°17-22224.

683 C. trav., L. 1235-13.

684 C. trav., L. 1235-12.

685 Cass. soc., 14 juin 2017, n° 16-16003 ; Cass. soc., 21 sept. 2017, n°16-14220.

cohérente ni du point de vue du principe de légalité, ni du point de vue des solutions retenues par les chambres civiles qui s'appuient plus volontiers sur la notion de droits subjectifs[686]. Quoique discutable, un tel critère permettrait à la chambre sociale de tempérer le reflux au regard des certaines atteintes dont elle considère qu'elles ne peuvent rester impunies. Pour autant, le formuler ainsi démontre à l'envi, d'une part, le caractère arbitraire des domaines sanctuarisés et, d'autre part, le caractère bien plus punitif que réparateur du mécanisme. Parfois qualifiés « *d'irréductibles préjudices nécessaires* »[687], il s'agirait pour un auteur[688] notamment du non-respect du salaire minimum interprofessionnel de croissance ou de la caractérisation d'un harcèlement moral, dont la chambre sociale a antérieurement considéré qu'ils causaient nécessairement un préjudice[689]. Si on se penche sur le harcèlement moral, la proposition n'est pas illogique, ne serait-ce que pour éviter une contrariété avec la jurisprudence de la chambre criminelle[690]. Cependant, le reflux jurisprudentiel en matière de préjudice nécessaire ne devrait-il pas conduire à considérer que la seule cessation de l'illicite peut parfois suffire à sanctionner le comportement de harcèlement[691] dont l'employeur pourrait démontrer qu'il n'a pas engendré de préjudice ? Non pas que nous appelions de nos vœux une telle solution, mais elle nous paraît ni moins absurde, ni moins illogique mais aussi inique que celles retenues jusqu'à présent.

II. Les enjeux du reflux du préjudice nécessaire

« *En matière de préjudice nécessaire, l'on peut raisonner de deux manières : soit en termes de réparation, soit en termes de sanction* »[692]. A ce titre, le reflux du préjudice nécessaire oblige à remettre l'ouvrage travailliste sur le métier de la responsabilité civile.

---

686 V. not. C. BLOCH, th préc., n°349.

687 V. BONIN, art. préc.

688 *Ibidem.*

689 Pour le SMIC : Cass. soc. 29 juin 2011, préc. Pour le harcèlement moral : Cass. soc., 6 mai 2014 n°12-25253 ; RJS 7/14 n°540.

690 V. BONIN, art. préc.

691 S'interrogeant à ce sujet, v. D. ASQUINAZI-BAILLEUX, « Le préjudice moral devant le conseil de prud'hommes », Dr. soc. 2017, 910.

692 J. MOULY, « L'abandon de la théorie du dommage nécessaire : l' « exception » du licenciement sans cause réelle et sérieuse », préc.

En d'autres termes, il s'agit d'envisager les effets du reflux du préjudice nécessaire sur le plan de la sanction (A) ou de la réparation (B).

A. Le rôle punitif du préjudice nécessaire

Le reflux du préjudice nécessaire relance le débat sur la place et la nature de la sanction en droit du travail, et, partant, sur les fonctions de la responsabilité civile. L'invocation par la chambre sociale d'un nécessaire retour à l'orthodoxie en matière de responsabilité civile surprend à ce titre par son anachronisme : elle ne serait pleinement justifiée qu'au regard de la seule fonction indemnitaire de la responsabilité civile. C'est oublier que la responsabilité civile exerce de nombreuses et diverses fonctions, notamment celle de peine privée dont la démonstration a été brillamment menée par la regrettée Suzanne Carval[693] et qui est en passe d'être reconnue par le nouveau droit de la responsabilité civile[694]. Or, le préjudice nécessaire constitue l'une des manifestations de la fonction de peine privée : il « *procède d'une logique répressive* »[695] qui « *rompt avec la logique indemnitaire* »[696], en raison du caractère automatique du préjudice nécessaire. Cette logique punitive du préjudice nécessaire est désormais largement reconnue[697], qu'elle soit défendue ou critiquée[698]. La chambre sociale reconnaît d'ailleurs à mots choisis ce caractère punitif : « *le préjudice nécessaire constituait à la fois un moyen de répression et un moyen de prévention, la sanction automatique* [...] *étant le moyen le plus sûr d'obtenir le respect pour l'avenir de ses obligations par l'employeur* »[699]. Selon la chambre sociale donc, et certains de ses conseillers, le préjudice nécessaire

---

693 S. CARVAL, th. préc.

694 Projet de réforme du droit de la responsabilité civile, mars 2017, art. 1266-1.

695 S. CARVAL, th préc., n°176.

696 *Ibidem.*

697 Le lien entre préjudice nécessaire et peine privé est reconnu par tous les auteurs cités dans cette contribution.

698 G. LOISEAU et A. MARTINON, « Le préjudice nécessairement causé », préc. ; G. LOISEAU et A. MARTINON, « Des révolutions dans l'ombre » Cah. soc. mai 2016, 223.

699 BICC n°849, 15 oct. 2016, n°1220

assurait l'effectivité des règles[700]. En effet, le préjudice nécessaire permet de dissuader l'employeur d'exercer son privilège du préalable en pariant sur l'inertie contentieuse du salarié ou sur la faiblesse ou l'inexistence du préjudice en résultant[701]. Cependant, les contempteurs du préjudice nécessaire adressent au moins deux critiques au préjudice nécessaire en raison de son caractère punitif. Sur le plan théorique, cette présomption quasi-irréfragable de préjudice, procédant de la seule décision du juge, serait illégale : toute peine devant respecter le principe de légalité des délits et des peines, seule la loi pourrait valablement créer ce type de présomption. C'est d'ailleurs l'une des raisons pour laquelle l'exception textuelle justifie le maintien de la règle. Pourtant, selon Suzanne Carval, il faut se garder d'une lecture stricte de ce principe spécialement en droit civil, *i.e.* hors du droit pénal, le juge constitutionnel ayant une lecture beaucoup plus souple en la matière[702]. Notons en outre qu'une approche stricte du principe de légalité ne devrait pas permettre de ménager une deuxième exception pour les manquements essentiels, pourtant *a priori* d'ores et déjà envisagée. Une deuxième critique rémanente du préjudice nécessaire, d'ordre plus pratique, concerne les « *effets d'aubaine* »[703] qu'il engendrerait. Le salarié profiterait de la peine privée sans avoir réellement subi de préjudice puisqu'il « *ignor*[e] *qu'un de ses droits avait été bafoué et ne l'appren*[d] *que dans le cabinet de son conseil* »[704]. En d'autres termes, il est reproché au préjudice nécessaire d'être un réceptacle de faux préjudices. La critique n'est pas nécessairement inexacte mais est très largement transposable à de nombreuses situations, y compris en dehors du droit du travail. Plus généralement faut-il avoir conscience de subir un préjudice pour en obtenir réparation ? La Cour de cassation a répondu négativement de longue date à cette question. Un deuxième aspect de cet effet d'aubaine pourrait consister en un usage abusif ou détourné du préjudice nécessaire par les juges du fond. Or, aucune étude n'est portée à l'appui d'une telle critique. L'abus qu'engendrerait le préjudice nécessaire reste, à ce stade, un ressenti sans fondement[705]. L'abandon du préjudice nécessaire témoignerait dès lors d'une forme

---

[700] Ph. FLORES, art. préc.
[701] L. GRATTON, art. préc.
[702] S. CARVAL, th. préc., n°209
[703] Ph. FLORES, art. préc.
[704] C. RADE, art. préc.
[705] V. en ce sens égal. R. SAADA, art. préc.

de déconnexion de la chambre sociale[706], voire d'indifférence[707] pour les salariés.

Le quasi-abandon du préjudice nécessaire s'inscrit à ce titre dans un mouvement plus général de recul de la fonction punitive en droit du travail, qui n'est pas propre à la jurisprudence[708], le législateur participant également à son effacement, notamment par l'abaissement des planchers d'indemnisation applicables à unlicenciement nul[709]. Il porte en lui le risque d'une impunité patronale[710]. La disparition du préjudice nécessaire risque de multiplier les hypothèses de faute lucrative, c'est-à-dire de méconnaissance intentionnelle par l'employeur des règles de droit en vue d'obtenir une économie de temps et/ou de finance. Ce risque, totalement hypothétique pour certains[711], doit à ce titre être apprécié au regard du contexte sociologique dans laquelle il se meut, notamment la chute drastique et continue[712] du taux de saisine du conseil de prud'hommes ou la réduction significative des délais de prescription applicables en droit du travail[713]. Cette impunité est d'autant moins invraisemblable qu'il n'existe aucune alternative crédible au préjudice nécessaire. Pénalement, lorsque des infractions et des sanctions existent, les poursuites sont extrêmement rares sauf lorsqu'est en cause une grave atteinte aux personnes ou une infraction spécifique. Civilement, la mise en jeu de la responsabilité civile devrait être fortement réduite[714]. Par ailleurs, la saisine du juge des référés pour faire cesser le trouble illicite n'a souvent aucun intérêt dans la mesure où le manquement a pris fin. Quant à la future amende civile en raison d'une faute

---

706 R. SAADA, art. préc. ; D. BOULMIER, art. préc.

707 D. BOULMIER, art. préc.

708 V. toutefois la fixation du plafond en matière de statut protecteur : Cass. soc., 15 avr. 2015, n° 13-24182 : Bull. civ. V, n° 186.

709 M.-N. ROUSPIDE-KATCHADOURIAN, « Réparation des préjudices : quelles spécificités en droit du travail ? », Dr. soc. 2017, 892.

710 R. SAADA, art. préc. ; D. BOULMIER, art. préc.

711 C. RADE, art. préc. : « *l'entreprise peut avoir commis une simple erreur matérielle, de bonne foi, et n'avoir donc pas besoin d'un rappel à l'ordre pour l'avenir, ni d'ailleurs de conduire ses procédures sous la menace puisqu'il n'est pas dans ses intentions de se soustraire à ses obligations* ».

712 Ministère de la Justice, Références Statistiques Justice, 2017, p. 112-113.

713 J. ICARD, « La prescription en droit du travail. Etude d'actualité des relations individuelles de travail », RJS 05/2019, p. 331.

714 *Contra* : Ph. FLORES, art. préc. V. *infra*.

lucrative, elle ne devrait être reconnue par le projet de réforme de la responsabilité civile que dans le champ extracontractuel[715]. Dès lors, certains estiment que le reflux devrait être strictement circonscrit à l'aune de la finalité punitive du préjudice nécessaire[716]. « *La théorie du dommage nécessaire devrait donc être maintenue chaque fois qu'il apparaîtra inadmissible qu'une violation de la loi par l'employeur puisse rester impunie en raison d'un défaut de préjudice* »[717]. Quoique séduisante sur le principe, la proposition est difficilement opératoire sans se pencher sur la nature du préjudice social.

B. Le rôle indemnitaire du préjudice nécessaire

Dès lors qu'on considère que le préjudice nécessaire doit revêtir une fonction indemnitaire, et non punitive, la question de la nature du préjudice réparable devient prégnante. On a d'ailleurs pu se demander si la reconnaissance du préjudice nécessaire n'était pas intimement liée à la nature morale du préjudice[718]. Parfois qualifiée de « *boîte de Pandore de la responsabilité civile* »[719], la question du préjudice moral[720], objet de vieilles et classiques controverses civilistes, se pose en matière sociale avec une acuité particulière au point qu'il est loisible de s'interroger sur les particularités du préjudice[721] en matière sociale[722].

---

[715] Projet de réforme du droit de la responsabilité civile, mars 2017, art. 1266-1.

[716] Pour une autre proposition, v. G. DUCHANGE, « L'abandon du préjudice nécessaire », JCP S 2016, 1271 : « *plus une règle de droit est étroitement liée à la protection d'un intérêt individuel, plus la violation de celle-là risque d'entraîner une lésion de celui-ci, ce qui, à l'extrême, conduit à confondre la faute et le préjudice et à justifier la reconnaissance par le juge d'un « préjudice nécessaire »* ».

[717] J. MOULY, « L'abandon de la théorie du dommage nécessaire : l'« exception » du licenciement sans cause réelle et sérieuse », Dr. soc. 2017, 1074.

[718] L. GRATTON art. préc., p. 294.

[719] Ph. MALAURIE, L. AYNES et Ph. STOFFEL-MUNCK, *Droit des obligations*, 10ème éd., LGDJ, n°248.

[720] Sur lequel, v. not. D. ASQUINAZI-BAILLEUX, art. préc.

[721] Pour une défense des spécificités en matière de préjudice écologique justifiant un régime dérogatoire de responsabilité, v. M. BACACHE, « Préjudice écologique et responsabilité civile », JCP G 2016, 647

[722] M.-N. ROUSPIDE-KATCHADOURIAN, « Réparation des préjudices : quelles spécificités en droit du travail ? », Dr. soc. 2017, 892.

Prima facie, le préjudice subi par le salarié est susceptible d'être, pour une part, économique et/ou, pour une autre, moral. Le salarié licencié sans cause réelle et sérieuse subit par exemple généralement un préjudice matériel mais également un préjudice moral. Ainsi en va-t-il également de certaines hypothèses qui ne relèvent plus du préjudice nécessaire, comme le retard ou l'absence de remise des documents de fin de contrat. Toutefois, dans cette situation, le préjudice matériel est souvent inexistant en raison des différés d'indemnisation applicables en matière d'assurance chômage[723]. Dans la plupart des autres hypothèses, très rares seront les cas où un préjudice matériel est caractérisable qu'il s'agisse de l'absence de mention de la convention collective applicable sur le bulletin de paie, du défaut d'organisation de la visite médicale de reprise, de l'absence d'information dans la lettre de licenciement de l'ancien droit individuel à la formation, de l'inobservation de la procédure de licenciement, de l'absence de système destiné à contrôler la durée du travail et le manquement à l'obligation de sécurité en résultant, du non-paiement des heures supplémentaires – étant entendu que le préjudice purement matériel est réparé par les intérêts moratoires[724] –, du non-respect de l'obligation de formation, de l'absence de visite médicale d'embauche ou encore du défaut de mention de la priorité de réembauche dans la lettre de licenciement. Ne reste alors qu'un préjudice moral dont il faudra démontrer l'existence[725].

Or, ce préjudice non matériel, donc *a priori* moral, n'est pas rattachable aux types de préjudice moral classiquement reconnus : ce n'est ni un préjudice lié à un droit subjectif, ni un préjudice d'affection, ni un préjudice d'agrément… Pour autant, n'étant pas matériel, il est classé dans la catégorie des préjudices moraux. Le caractère spécifique du préjudice social ne le fait toutefois pas échapper à la fort délicate question de la détermination de son étendue, une évaluation objective étant impossible[726]. A ce titre, le

---

[723] R. SAADA, art. préc.

[724] Cass. soc., 14 sept. 2016, n°14-26101, JCP S 2016, 1380, note G. DUCHANGE ; Cah. soc. nov. 2016, p. 545, obs. J. ICARD.

[725] Evoquant la difficulté à le caractériser, v. R. SAADA, art. préc.

[726] P. MALINVAUD, D. FENOUILLET et M. MEKKI, *Droit des obligations*, 13ème éd., LexisNexis, 2014, n°595. V. égal. en ce sens : P. BAILLY, « Feu le préjudice nécessaire », préc. : « *Il n'est en effet guère possible d'administrer objectivement la preuve d'un préjudice subjectif.* »

mécanisme du préjudice nécessaire évitait que les débats inhérents à l'évaluation du préjudice moral subi par le salarié ne remettent en cause le principe même de sa réparation. Ainsi, le mécanisme du préjudice nécessaire, en obligeant le juge à indemniser le salarié d'un préjudice difficilement évaluable, s'écartait des canons des mécanismes indemnitaires. Toute forme de réparation en nature étant généralement sans intérêt en la matière, le juge devait nécessairement, comme c'est cependant le cas pour tout préjudice moral[727], s'appuyer sur d'autres considérations, notamment la gravité de la faute, pour fixer un quantum de dommages-intérêts. Ce faisant, le préjudice nécessaire assurait ainsi par la réparation d'un préjudice spécial – inexistant selon ses contempteurs – inhérent à la violation des règles travaillistes. Il exerçait, en détournant l'analyse de Cyril Bloch en matière de concurrence déloyale[728], une fonction de police sociale. A ce titre, la réparation du préjudice moral prend assurément « *les allures d'une peine privée* »[729]. La fonction indemnitaire de la victime se double d'une fonction de dissuasion des comportements antisociaux[730]. Ce double aspect[731] permettait de contourner le faux problème, parfois monté en épingle[732], de la détermination de l'étendue d'un préjudice qui n'existerait pas.

En évinçant le préjudice nécessaire en droit du travail la chambre sociale se range derrière ceux, Marie-Eve Roujou de Boubée en tête[733], qui mettent en avant l'artificialité du préjudice moral[734] en raison de l'impossibilité d'une équivalence entre préjudice et réparation monétaire[735] et qui, par conséquent, n'envisagent

---

[727] P. MALINVAUD, D. FENOUILLET et M. MEKKI, ouv. préc., n°595.
[728] C. BLOCH, th. préc., n°356-2.
[729] L. GRATTON, art. préc., p. 297.
[730] C. BLOCH, th. préc., n°357.
[731] P. MALINVAUD, D. FENOUILLET et M. MEKKI, ouv. préc., n°595.
[732] M.-N. ROUSPIDE-KATCHADOURIAN, « Réparation des préjudices : quelles spécificités en droit du travail ? », préc. : « *En l'absence de préjudice, le juge se trouvait donc confronté à des difficultés d'évaluation inextricables. Comment évaluer un préjudice qui n'existe pas ?* »
[733] V. not. : *Essai sur la notion de réparation*, LGDJ, coll. Bibliothèque de droit privé, t. 134, 1974.
[734] Ph. FLORES, art. préc. « si le dommage existe, il n'y a rien d'insurmontable. En revanche, si le salarié est dans l'incapacité de décrire le préjudice invoqué ou de le justifier il y a de fortes chances que celui-ci soit inexist
[735] Pour une présentation des arguments, v. G. VINEY, P. JOURDAIN et S. CARVAL, ouv. préc., n°254.

l'indemnisation du préjudice moral que lorsque ce dernier peut être réparé en nature. L'abandon du préjudice nécessaire aura pour conséquence que, dans de nombreuses hypothèses, la méconnaissance des règles du Code du travail ne fera l'objet d'aucune sanction. Dès lors, considérer que tout ne sera qu'affaire de dossier ou d'éléments probatoires[736] procède d'une lecture fort incomplète du préjudice nécessaire. Les débats judiciaires inhérents à l'évaluation de ce curieux préjudice retentiront inévitablement sur la question de son existence. L'effet du revirement sur le préjudice social s'annonce alors radical, sauf si les juges – et la chambre sociale – devaient se contenter d'une motivation formelle en matière de préjudice moral. Dans cette hypothèse, le revirement n'aura qu'un effet symbolique : restaurer au moins en apparence le droit commun de la responsabilité en droit du travail. Les premières jurisprudences démontrent au contraire une propension des juges du fond à exiger des preuves concrètes du préjudice moral de sorte qu'il est plus probable que ce revirement conduise à une forte réduction des dommages-intérêts versés.

Quoique discutable et discutée, la place singulière occupée par le préjudice nécessaire en droit du travail était justifiée par le déséquilibre inhérent au privilège du préalable dont bénéficie l'employeur. Sa remise en cause interroge, dans son principe, l'effectivité des règles travaillistes qui pourront désormais être méconnues sans que, bien souvent, aucune conséquence juridique n'en résulte. Le périmètre – encore incertain – dans lequel le préjudice nécessaire est finalement maintenu n'est pas plus convaincant, le champ des exceptions n'étant pas exempt de tout reproche d'ordre logique ou systémique. Enfin et surtout, ce retour à une supposée orthodoxie civiliste méconnaît tout à la fois l'évolution du droit de la responsabilité et la spécificité du droit du travail. Il eût sans doute été préférable de repenser le domaine du préjudice nécessaire en assumant l'hétérodoxie consubstantielle au droit du travail.

---

[736] Ph. FLORES, art. préc.

Le préjudice des victimes par ricochet

Adrien BASCOULERGUE
Maître de conférences à la faculté de droit de l'Université de Lyon 2

Note de l'auteur : le style oral de l'intervention a été conservé

La victime par ricochet est traditionnellement définie dans les ouvrages comme une personne qui subit les répercussions préjudiciables d'un premier dommage qui affecte une victime principale. L'indemnisation de ces victimes médiates suppose en général de répondre à deux questions : quelles conditions faut-il remplir pour se voir attribuer, reconnaitre la qualité de victime par ricochet ? Quels sont les préjudices que peuvent réclamer les victimes par ricochet au juge ?

Aujourd'hui, dans le cadre de mon intervention, je m'intéresserai uniquement à cette deuxième question mais il convient de rappeler que la première a donné lieu à d'âpres débats au sein même de la Cour de Cassation avant qu'une position claire et unanime soit adoptée.

Pour rappel, à la suite de l'arrêt Méténier du 27 juillet 1937[737], seules les victimes par ricochet unies par un lien de droit avec la victime principale étaient autorisées à réclamer réparation en justice, ce qui excluait du champ de la réparation certaines victimes, comme les concubins. Il fallut attendre l'arrêt Dangereux du 27 février 1970[738] pour voir une chambre mixte de la Cour de Cassation revenir sur cette restriction et reconnaitre la qualité de victime par ricochet à des personnes unies par un simple lien de fait avec la victime principale.

Désormais, l'existence d'un lien d'affection ou d'un lien d'argent certain suffit pour se voir reconnaitre la qualité de victime par ricochet avec toutes les dérives que l'on connait. Comme le thème de ce colloque tourne autour de l'actualité de la notion, pour illustrer ces excès, je ne vous parlerai pas de la jurisprudence Lunus[739] qui commence maintenant à dater un peu. Je me réfèrerai juste à cette décision un peu anecdotique rendue par un juge de proximité

---

[737] Civ. 27 juillet 1937, Méténier c/époux Luce, S. 1938-16231, note G. MARTY ; D. 1938-1-5, note R. SAVATIER ; JCP 1937, II, 466, note R. DALLANT.

[738] Ch. Mixte, 27 février 1970, D. 1970. 201, note R. COMBALDIEU ; JCP 1970, II, 16305, concl. R. LINDON ; RTD civ. 1970, p. 353, obs. G. DURRY.

[739] Civ. 1ère, 16 janvier 1962, Publié au Bulletin.

d'Orléans le 11 février 2014[740] acceptant d'indemniser la « fan » du chanteur Mickael Jackson pour le préjudice d'affection causé par la mort accidentelle de ce dernier.

Le sujet de notre intervention étant limité aux préjudices réfléchis, évidemment nous ne nous attarderons pas plus sur cette évolution qui, toutefois, ne doit pas être écartée d'une réflexion globale sur l'évolution des conditions d'indemnisation des victimes par ricochet. En effet, si, comme nous allons le défendre, il convient d'affiner ces conditions d'indemnisation pour favoriser une indemnisation plus juste des victimes par ricochet, cette extension doit s'accompagner d'une nouvelle réflexion sur la qualité de victime par ricochet. Pour le dire autrement privilégier la qualité de l'indemnisation sur le nombre d'indemnisations.

Comme je l'indiquais, notre propos portera principalement aujourd'hui sur les préjudices dont la réparation peut être demandée en justice par une victime par ricochet. Sur ce point, précisons tout d'abord qu'aucune restriction n'est apportée à l'heure actuelle par la jurisprudence quant au dommage principal à l'origine de ces préjudices par ricochet. Ce dommage peut être matériel, corporel ou purement économique. Néanmoins, la grande majorité des préjudices par ricochet sont la résultante d'un premier dommage corporel qui affecte la victime principale. Pour cette raison, nous ne nous intéressons uniquement, dans le cadre de cette intervention, aux préjudices par ricochet causés par un dommage corporel. Depuis 2005, une liste de ces différents préjudices est proposée par la Nomenclature Dintilhac.

Une rapide comparaison de cette liste avec celle proposée pour identifier les préjudices subis par les victimes principales de dommage corporel permet cependant de noter une réelle discrimination de traitement entre les deux catégories de victimes. A l'examen, on notera même une différence d'approche dans les deux cas. Si la liste des préjudices susceptibles d'être subis par une victime principale en cas de dommage corporel est guidée par un objectif d'individualisation, de segmentation de la réparation et une tendance à

---

740 Jugement de la juridiction de proximité d'Orléans du 11 février 2014, R. G. n° 91-13-00432.

la spécification des différents postes de préjudice, celle des préjudices susceptibles d'être subis par les victimes par ricochet semble être animée d'une intention tout autre, de globalisation des postes de préjudices. Cette double approche ne peut pleinement satisfaire et justifie que l'on revienne sur les postes de préjudices susceptibles d'être réclamés en réparation par les victimes par ricochet.

En effet, pour paraphraser Boileau, on ne répare bien que ce qui s'énonce clairement et une meilleure indemnisation des victimes par ricochet ne peut s'affranchir d'une meilleure identification des préjudices qu'elles peuvent subir.

C'est ce que nous nous efforcerons de démontrer en évoquant tout d'abord la nécessité d'élargir la liste des préjudices indemnisables subis par les victimes par ricochet (I), puis en abordant ensuite les difficultés posées par cet élargissement (II).

I. La nécessité d'élargir la liste des préjudices indemnisables subis par les victimes par ricochet

Cette nécessité d'élargissement repose essentiellement sur le principe de réparation intégrale. D'après ce principe, tout responsable est tenu de réparer intégralement tous les préjudices indemnisables subis par une victime, qu'il s'agisse d'une victime principale ou d'une victime par ricochet. La seule limite dans l'application de ce principe réside dans le caractère indemnisable ou non des préjudices invoqués. Une fois ce caractère retenu, tout préjudice ressenti par la victime a vocation à être indemnisé. C'est ce qui justifie aujourd'hui la reconnaissance de nouveaux chefs de préjudices par ricochet dont l'existence est trop souvent ignorée par la Nomenclature Dintilhac, qu'ils soient patrimoniaux (A) ou extrapatrimoniaux (B).

A. La nécessité d’élargir la liste des préjudices patrimoniaux

Aux termes de la Nomenclature Dintilhac, deux postes de préjudices patrimoniaux sont mis en avant que la victime principale soit décédée ou encore en vie.

Il s’agit tout d’abord de la perte de revenus que peuvent éprouver les proches à la suite de l’accident de la victime principale et ensuite des frais divers qu’ils peuvent être amenés à engager. Si les contours du premier ne méritent peut-être pas d’être repris et paraissent suffisamment circonscrits (le terme perte de revenus étant d’ailleurs ici assez explicite en lui-même), on pourra, en revanche, s’interroger sur l’intitulé du deuxième poste (frais divers) qui illustre parfaitement cette globalisation des atteintes subies par les victimes par ricochet et ce refus de rentrer dans le détail des préjudices matériels ressentis par ces mêmes victimes.

Pour faciliter la compréhension de cette notion attrape-tout, les rédacteurs de la Nomenclature ont pris le soin de préciser que *« ce poste de préjudice frais divers visait à indemniser (...) principalement des frais de transports, d'hébergement et de restauration »*.

Si la précision est heureuse, elle ne permet pas cependant d’intégrer d’autres préjudices matériels qui peuvent être subis par les victimes par ricochet.

Dans cette précision sont ainsi complètement oubliés les frais d'assistance du proche, c’est-à-dire des dépenses exposées par la victime par ricochet pour pallier l'absence ou la disparition de la victime principale. On songe ici à l'aide humaine non rémunérée qu’accomplissait la victime principale pour le compte de la victime par ricochet, et qui ne peut plus être réalisée à la suite de l’accident, qu’il s’agisse de la garde des enfants, des tâches ménagères, de l’entretien du jardin… Dans ce cas-là, la victime par ricochet est obligée de faire appel à un tiers pour réaliser ces services en contrepartie d’une rémunération, ce qui lui cause inévitablement un préjudice économique. Certes, il arrive à la jurisprudence d’indemniser certaines victimes par ricochet pour cette aide humaine à laquelle elles ont recours[741]. Mais, une meilleure prise en charge de ce préjudice patrimonial supposerait de consacrer de manière plus claire, dans la nomenclature Dintilhac, un nouveau poste de préjudice d'assistance tierce personne pour les victimes par ricochet afin d'éviter que ces situations préjudiciables soient méconnues, voire ignorées. En pareil cas, la transposition aux victimes par ricochet des règles applicables aux victimes directes (fixant le montant de la tierce personne selon leurs besoins, et non sur présentation de justificatifs) serait de la même manière logique pour établir une parfaite égalité de traitement entre les deux catégories de victimes.

A cette liste des préjudices patrimoniaux un peu oubliés par la Nomenclature Dintilhac ou noyés dans l'expression valise « *frais divers* », s'ajoute ensuite le cas particulier des frais de logement adapté dont la réparation n'est pas toujours envisagée de manière évidente par certaines juridictions du fond. Si les dépenses engagées par la victime principale pour aménager son logement donnent lieu à une indemnisation spécifique au sein de la Nomenclature Dintilhac, ce n'est pas le cas, en effet, des dépenses engagées par ses proches pour continuer à accueillir celle-ci chez eux ; ces dépenses étant à nouveau intégrées dans le préjudice global des frais divers. Certes, la jurisprudence de la Cour de Cassation, depuis plusieurs années, accepte de prendre en charge les frais d'aménagement des proches pour continuer à recevoir la victime principale chez eux comme en témoigne une récente décision de la deuxième chambre civile du 5 octobre 2017[742] mais il serait à nouveau préférable pour valoriser cette réparation de la détacher de celle des frais divers.

Cette reconnaissance explicite d'un nouveau poste de préjudice permettrait à nouveau d'aligner les conditions de la réparation de ces frais d'aménagement sur celles mises en place pour la victime principale pour le même poste. Pour être plus précis, à l'heure actuelle, ce sont uniquement des aménagements du logement de la victime par ricochet qui sont remboursés par le juge judiciaire. De tels aménagements sont possibles si la victime par ricochet est propriétaire de son logement. Ils paraissent plus difficiles à concevoir lorsque la

---

741 Civ. 2e, 31 mars 1993, n° 91-19.877 ; Crim. 21 juillet 1998, n° 97-84800. *Contra* : Crim., 23 mars 2010, n° 09-82.167.

742 Civ. 2e, 5 octobre 2017, n° 16-22.353.

victime par ricochet est locataire (en raison du caractère provisoire de toute location). Dans ce cas-là, les solutions à mettre en œuvre pour continuer à recevoir la victime principale sont souvent plus onéreuses. Elles conduisent parfois à l'achat d'un nouveau logement adapté au handicap de la victime principale. Si aujourd'hui ce coût d'acquisition d'un nouveau logement par la victime par ricochet n'est pas intégré dans les frais pris en charge par le responsable, il pourrait l'être demain si on consacrait de manière explicite un nouveau poste « frais de logement » adapté dans la liste des préjudices subis par les proches.

A ce moment-là de ma démonstration, j'imagine certains hausser les sourcils devant les conséquences sur l'économie de l'assurance de telles propositions. Pour les relativiser, je reviendrai sur la précision que je faisais en début d'intervention. Un élargissement du champ de la réparation ne peut se faire que si en même temps on se montre exigeant dans la reconnaissance de la qualité de victime par ricochet. Pour rester sur le même exemple, une prise en charge des frais de logement adapté de la victime par ricochet ne parait justifiée que si celle-ci arrive à démontrer qu'elle entretenait, avant l'accident, une relation réelle et étroite avec la victime principale, nourrie de visites régulières chez elle.

Tels sont les premières modifications qui pourraient être apportées à la Nomenclature Dintilhac pour mieux cerner certains préjudices matériels subis par les victimes par ricochet auxquelles doit s'ajouter un élargissement de la liste des préjudices extrapatrimoniaux susceptibles d'être ressentis par les proches de la victime principale, comme nous allons le voir maintenant.

B. La nécessité d'élargir la liste des préjudices extrapatrimoniaux

En effet, les préjudices extrapatrimoniaux des victimes par ricochet énumérés par la Nomenclature posent exactement les mêmes difficultés.

Aux termes du texte, seuls trois préjudices de cette nature sont identifiés : le préjudice d'affection des proches, le préjudice d'accompagnement dont la réparation ne peut être réclamée qu'en cas de décès de la victime principale et les troubles dans les conditions d'existence (qui sont présentés dans la Nomenclature comme un préjudice extrapatrimonial exceptionnel). A nouveau cette présentation ramassée des postes de préjudices susceptibles d'être subis par une victime par ricochet sur un plan extrapatrimonial ne facilite pas la prise en compte de toutes les situations préjudiciables qu'elles peuvent vivre.

Une première illustration de ces difficultés nous est donnée avec le préjudice d'affection dont les conditions de réparation ne permettent pas de suffisamment distinguer les souffrances morales qui peuvent intervenir avant la consolidation de la victime principale de celles survenant après. Comme l'indiquait un auteur il y a quelques années, les semaines, voire les mois précédant la consolidation de la victime directe sont sources d'importantes souffrances psychologiques pour les proches. Mon mari, ma femme, mon enfant va-t-il retrouver toutes ses capacités ? Quelle sera notre vie après sa rééducation ? Telles sont les inquiétudes et les interrogations qui accompagnent souvent les victimes médiates avant d'être fixées sur l'état de santé définitif de la victime principale.

Pour autant, ce stress ou cette anxiété accrus n'est jamais clairement distingué dans la réparation du préjudice d'affection alors qu'il l'est pour d'autres victimes. On songe ici aux salariés victimes de l'amiante qui n'ont pas encore développé de maladie mais dont la situation d'inquiétude et de stress est aujourd'hui prise en charge[743]. Cette ignorance est d'autant plus surprenante que cette souffrance profonde est souvent suivie d'une phase de « relative sérénité » une fois que la victime principale est consolidée, notamment lorsque celle-ci a pu récupérer une grande partie de ses capacités physiques. Comme le soutiennent de nombreux avocats de victimes, une telle différence d'émotions justifie, selon nous, que l'on ventile peut-être la réparation du préjudice d'affection (ou des souffrances endurées) en deux phases : une phase provisoire avant la consolidation et une phase définitive après la consolidation. A nouveau cette division permettrait une meilleure prise en charge des préjudices subis.

[743] Soc. 10 février 2016, n°14-26.909 ; Civ. 2e, 27 janvier 2016, n°15-10.640.

Les mêmes insuffisances peuvent ensuite être constatées à l'égard des troubles dans les conditions d'existence, un poste de préjudice dont la réparation reste souvent limitée à la dégradation générale de la qualité de vie de la victime par ricochet. Or, le dommage corporel de la victime principale peut impacter bien d'autres aspects du quotidien de ses proches. On songe, en premier, aux activités de loisir ou sportives que le proche pouvait réaliser avec la victime principale avant l'accident et auxquels il a dû renoncer. Ici encore, les règles de réparation applicables aux victimes par ricochet devraient s'aligner sur celles mises en place pour les victimes directes. Dans la mesure où celles-ci (les victimes directes) sont indemnisées tant au titre de leur déficit fonctionnel permanent (qui inclut la perte de qualité de vie) qu'au titre du préjudice d'agrément, il parait logique de suivre le même raisonnement à l'égard de leurs proches, en leur permettant d'être indemnisés tant pour les troubles qu'ils subissent dans leurs conditions d'existence que pour leur éventuel préjudice d'agrément par ricochet.

Il en va de même enfin du préjudice sexuel par ricochet dont la prise en charge est trop souvent oubliée lors de l'indemnisation de ces mêmes troubles dans les conditions d'existence. En effet, le préjudice sexuel par ricochet constitue de nouveau un préjudice distinct de la perte de qualité de vie. Dès lors que la victime directe souffre de troubles de l'érection, de problèmes « mécaniques » qui affectent la qualité de la relation intime, il est logique de prendre en considération les répercussions de ces troubles sur la vie intime du conjoint, le préjudice subi par ce dernier étant quasiment équivalent à celui de la victime directe.

Afin de s'assurer de la réparation intégrale de tous les préjudices subis par les victimes par ricochet, comme on vient de le voir, une augmentation du nombre des postes indemnisables parait donc souhaitable. Pour autant, et c'est ce que nous essayerons d'étudier, dans une deuxième partie, cet élargissement pourrait présenter plusieurs difficultés d'ordre pratique, qu'il ne faut pas non plus ignorer, si cette extension ne faisait pas l'objet d'un contrôle renforcé de la jurisprudence.

II. La difficulté d’élargir la liste des préjudices indemnisables subis par les victimes par ricochet

Si la volonté de respecter le principe de réparation intégrale justifie un élargissement du nombre des préjudices indemnisables, ce même principe plaide en effet parallèlement pour un encadrement poussé de cet élargissement pour ne pas favoriser l’enrichissement injustifié des victimes par ricochet ou des victimes principales. Le principal risque lié à cet élargissement est un risque de surindemnisation, ou plus exactement de double indemnisation.

Ce risque est présent lorsqu’un juge indemnise en même temps la victime par ricochet et la victime principale (A). Il est renforcé lorsqu’une personne cumule à la fois ces deux qualités (B).

A. Le risque de double indemnisation de la victime par ricochet et de la victime principale

Un élargissement du nombre des préjudices indemnisables emporte inévitablement avec lui toute une série de craintes concernant d’éventuelles doubles indemnisations. Certaines de ces craintes sont d’ailleurs explicitement évoquées par la Nomenclature Dintilhac. Ainsi, le texte attire l'attention sur le risque éventuel de double indemnisation lorsqu’une victime par ricochet abandonne son activité professionnelle pour assurer l’assistance par tierce personne de la victime principale. Il est alors préconisé par la Nomenclature de déduire des pertes de gains de la victime par ricochet l'indemnité versée au titre de la tierce personne à la victime principale.

Si la proposition parait judicieuse, elle mérite cependant d’être appliquée avec prudence car le préjudice professionnel du proche et l'aide humaine de la victime directe sont rarement superposables. Pour être plus précis, cette déduction doit être opérée uniquement dans le cas où le proche a volontairement diminué ou cessé son activité pour assurer la tierce personne. Dès lors que la diminution ou l'arrêt de l'activité du proche est motivé par une autre raison (la nécessité de déménager, de rendre visite plus fréquemment au blessé...), l'indemnité due au titre du préjudice professionnel ne peut être amputée de celle versée au titre de l'aide humaine. En outre, si l'abandon d'une carrière professionnelle pour aider la victime principale justifie que soit diminué le montant de l'indemnité versée au titre de la perte de revenus, cette diminution ne doit pas faire oublier l'incidence professionnelle que subit le proche en raison de cet arrêt de son activité professionnelle. Doivent toujours être pris en compte la diminution du montant de la pension de retraite à percevoir, l'abandon éventuel d'une carrière épanouissante, voire la perte d'un statut socioprofessionnel…

La perte de revenus n'est, en outre, pas le seul poste de préjudice dont la réparation mérite d'être encadrée pour éviter tout cumul d'indemnisation. De la même manière, le versement d'une indemnité pour l'aménagement du domicile de la victime par ricochet ne peut s'accompagner d'une indemnité pour l'aménagement du domicile de la victime principale lorsque les deux résident au même endroit (je pense ici à un couple). La solution peut paraître en elle-même évidente, notamment dans le cas d'un couple. Elle devient cependant plus complexe à appliquer lorsque la victime principale réside temporairement chez la victime par ricochet avant de trouver un logement définitif. En pareil cas, le nécessaire aménagement du logement du proche pendant la période d'hébergement provisoire justifie que lui soit versée une indemnité. Il en est autrement, en revanche, lorsque le proche effectue des aménagements qui relèvent plus de choix personnel que d'un besoin d'adapter son logement au handicap de la victime principale.

Tels sont les premiers risques de double indemnisation que l'on peut identifier même si ces risques semblent aujourd'hui faibles quand on les compare à ceux qui pourraient demain exister lorsqu'une victime par ricochet cumulera cette qualité avec celle de victime principale.

B. Le risque de double indemnisation de la victime par ricochet elle-même

En effet, l'élargissement que nous proposons pourrait à l'avenir être rendu encore plus délicat dans des situations ou une personne réunit en même temps les qualités de victime par ricochet et de victime principale, comme vient de l'admettre il y a plus de deux ans la deuxième chambre civile de la Cour de Cassation dans un arrêt du 23 mars 2017[744].

Pour rappel, la jurisprudence admet, depuis plusieurs années, et de manière parfaitement logique, qu'un dommage corporel puisse être caractérisé en cas d'atteinte à l'intégrité psychique de la victime. C'est le cas notamment lorsqu'une personne se trouve à la suite d'un accident dans un état de stress post-traumatique. Même en l'absence de blessures, cet état de dépression réactionnelle constitue un préjudice corporel réparable par application de la nomenclature Dintilhac. Une personne peut donc invoquer le traumatisme psychique qu'elle subit pour être indemnisée intégralement au titre d'un véritable dommage corporel[745].

Si cette solution élargit les possibilités d'indemnisation des victimes principales, elle s'applique désormais également aux victimes par ricochet. Pour la haute juridiction, « *les préjudices subis par les proches d'une victime peuvent être de deux ordres, les uns subis dans leur propre corps, les autres résultant du rapport à l'autre* »[746].

Dans ces conditions, il est donc possible de cumuler les deux réparations et d'agir devant le juge à la fois comme victime principale et comme victime par ricochet. Si cette possibilité de cumuler les

[744] Civ. 2e, 23 mars 2017, n° 16-13.350 ; RTD civ. 2017, p. 664, obs. P. JOURDAIN.

[745] Pour quelques exemples : Crim. 21 oct. 2014, n° 13-87.669, Bull. crim. n° 211 ; D. 2015. 2283, obs. S. PORCHY-SIMON ; RTD civ. 2015. 140, obs. P. JOURDAIN ; RCA 201. Comm. 3 ; Gaz. Pal. 7-8 janv. 2015, p. 4, note A. GUEGAN-LECUYER, 15 janv. 2015, p. 15, obs. M. JAOUEN, et 17 févr. 2015, p. 34, obs. D. TAPINOS.

[746] Civ. 2e, 23 mars 2017, n° 16-13.350.

qualités de victime principale et de victime par ricochet nous parait parfaitement fondée, elle suppose, en revanche, de bien cerner le contenu des préjudices réparés pour éviter à nouveau d'éventuelles doubles indemnisations.

Pour reprendre les nouveaux postes de préjudice que nous défendions juste avant, en pareil cas, l'indemnisation intégrale du dommage psychique d'une victime par ricochet paraît exclure toute réparation d'un éventuel préjudice d'agrément ou sexuel par ricochet. Si cette prise en compte des préjudices d'agrément et sexuels par ricochet est légitime en présence d'un proche qui ne souffre d'aucun traumatisme psychologique, elle paraît, à nouveau, impossible dans le cas inverse, dès lors que le dommage psychique subi, à titre principal, par la victime par ricochet entraîne déjà des préjudices de même nature. Le respect du principe de réparation intégrale impose ici d'écarter du champ de la réparation ces deux préjudices par ricochet pour éviter tout risque de double indemnisation.

La même rigueur semble enfin de mise en cas de préjudice patrimonial subi par la victime par ricochet, et notamment lorsque le préjudice invoqué est une perte de revenus subie en raison du décès ou de la blessure de la victime directe. Dans ces pertes de revenus, la Nomenclature intègre à l'heure actuelle toutes les diminutions de revenus résultant de l'abandon temporaire ou définitif par le proche de son emploi pour assurer une présence constante auprès de la victime directe handicapée. Évidemment ces pertes de gains subies par la victime par ricochet ne peuvent être indemnisées si cette dernière est déjà indemnisée pour ses pertes de gains professionnels futurs au titre de son dommage psychique.

Au terme de ces développements, comme on peut le constater, une réécriture de la Nomenclature Dintilhac et une remise à plat des préjudices susceptibles d'être invoqués par les victimes par ricochet ouvrent une multitude d'interrogations qui pourraient décourager certains d'ouvrir cette possible boîte de Pandore. Loin de nous effrayer, une telle possibilité parait cependant une opportunité réelle de prolonger le travail entrepris il y a quelques années par la Commission Lambert-Faivre et par la commission Dintilhac pour ne pas faire des victimes par ricochet, à l'instar des victimes conductrices de la loi Badinter, les victimes « *sacrifiées* »[747] du texte.

[747] Pour reprendre l'expression de F. CHABAS, « La situation faite au conducteur fautif de véhicule terrestre à moteur », Gaz. Pal. 2 févr. 1994.

Le préjudice esthétique : entre atteinte à la beauté et à l'identité

Julie MATTIUSSI
Maître de conférences en droit privé et sciences criminelles
Université de Haute Alsace, CERDACC

Qu'est-ce que la beauté ? La question est de celles qui connaissent pour seule réponse une réflexion sur leur objet. Car si chacun peut faire l'expérience du beau, tout le monde ne s'accorde pas sur ce qui est beau. Loin d'appartenir au seul champ de la réflexion philosophique ou artistique, la question est centrale dans le droit de l'indemnisation du préjudice esthétique. L'esthétique peut en effet être définie comme la science du beau[748]. L'évaluation de ce préjudice, qui vise à réparer les conséquences esthétiques d'un dommage corporel, confronte alors nécessairement le juriste à la beauté.

Le préjudice esthétique a été mis en lumière à la fin de la Grande Guerre, lorsque le drame des « gueules cassées », soldats massivement et gravement défigurés, fut connu du public[749]. Ces situations extrêmes ont rendu évidente la nécessité de réparer l'atteinte à l'apparence du corps. À partir de ce moment, les conséquences négatives d'une altération de l'apparence physique ont été juridiquement reconnues, en cas de défiguration[750], mais aussi lors d'atteintes esthétiques plus légères. Dans la jurisprudence d'abord[751], puis avec la loi du 27 décembre 1973 qui, excluant le préjudice esthétique du recours des tiers-payeurs, en consacre légalement l'existence[752]. On retrouve désormais le préjudice esthétique dans la nomenclature Dintilhac qui, si elle n'a pas de valeur obligatoire, est plébiscitée par les juridictions civiles[753]. L'indemnisation du préjudice esthétique n'est donc pas discutée dans son principe.

---

[748] E. LITTRÉ, *Dictionnaire de la langue française*, tome 2.

[749] S. DELAPORTE, *Gueules cassées de la Grande Guerre*, Agnès Viénot éditions, 2004, 3e éd. ; M. MONESTIER, *Les gueules cassées – Les médecins de l'impossible 1914-1918*, Le cherche midi, 2009.

[750] Décret du 28 février 1925 complétant en ce qui concerne les mutilations de la face le guide barème annexé au décret du 29 mai 1919 pour l'application de la loi du 31 mars 1919 sur les pensions, *JORF* 5 mars 1925, p. 2306.

[751] Pour un historique détaillé, v. M. GUIDONI, *Le préjudice esthétique*, th. dactyl. Paris 1, 1977, p. 6 et s. ; v. aussi P. DUBOIS, *Le physique de la personne*, préf. G. CORNU, coll. droit civil, Économica, 1986, n° 177, p. 126.

[752] Loi n° 73-1200 du 27 décembre 1973 relative à l'étendue de l'action récursoire des caisses de sécurité sociale en cas d'accident occasionné à l'assuré par un tiers, *JORF* 30 décembre 1973, p. 14152, art. 2.

[753] J.-P. DINTILHAC (dir.), *Rapport du groupe de travail chargé d'élaborer une nomenclature des préjudices corporels* [en ligne], juillet 2005, [http://www.ladocumentationfrancaise.fr/rapports-publics/064000217/].

Pourtant, le préjudice esthétique intrigue, questionne et peut même, parfois, susciter le malaise. D'abord parce qu'il porte un paradoxe entre le caractère infiniment subjectif et émotionnel de la beauté et l'impératif d'un chiffrage objectif et opérationnel du préjudice subi. En ce sens, il semble aussi insaisissable qu'indispensable, au même titre que le préjudice d'agrément ou le préjudice sexuel. Ensuite parce qu'il rapproche le corps et l'esthétique. Ce faisant, il évoque la question, sensible pour nombre d'individus, du jugement de valeur sur leur apparence physique. Enfin, le préjudice esthétique peut troubler en ce qu'il confronte la gravité de l'atteinte au corps humain à la superficialité des considérations de beauté.

Il en résulte que le préjudice esthétique n'est pas perçu comme un enjeu majeur de la réparation du dommage corporel. Il est classiquement assez faiblement indemnisé[754], ce qui a pour conséquence de concentrer les efforts des avocats sur des postes de préjudice susceptibles d'augmenter plus substantiellement le montant de l'indemnité finalement allouée, tels que l'assistance d'une tierce personne ou le déficit fonctionnel permanent. De ce fait, la motivation des juges tend à être minimale sur l'indemnisation du préjudice esthétique, si bien que la lecture des décisions ne permet pas d'en dégager une définition claire.

Les incertitudes qui affectent la notion de préjudice esthétique ne sont pas sans conséquences sur les modalités de son appréciation. L'évaluation du préjudice esthétique n'échappe pas à la tendance générale à la systématisation par le recours aux outils d'aide à la décision que sont les barèmes médicaux et référentiels d'indemnisation[755]. Or l'absence de définition précise du préjudice esthétique se traduit par un abandon de ces outils aux normes sociales d'esthétique.

Ces phénomènes doivent faire l'objet d'une approche critique s'agissant, d'une part, de la définition incertaine du préjudice esthétique (I) et, d'autre part, de l'évaluation normalisante du préjudice esthétique (II).

---

[754] J. B. PRÉVOST, *Penser la blessure – Un éclairage philosophique sur la réparation du préjudice corporel*, LGDJ, 2018, spéc. p. 220 et s.
[755] V. de façon générale, sur ce thème, l'ouvrage de J. B. PRÉVOST, *ibid.*

I. La définition incertaine du préjudice esthétique

La nomenclature Dintilhac définit le préjudice esthétique comme l'altération de l'apparence de la victime et donne immédiatement, sans prétendre à l'exhaustivité, l'exemple d'une cicatrice[756]. Laconique, cette définition ne clarifie pas l'ambivalence doctrinale relative à la définition du préjudice esthétique. La conception de ce préjudice oscille ainsi entre atteinte à la beauté (A) et atteinte à l'identité (B).

A. Le préjudice esthétique comme atteinte à la beauté

Le nom même de préjudice « esthétique » invite à concevoir celui-ci comme une atteinte à la beauté du corps. Il est parfois qualifié de « *prix de la beauté* »[757], certains auteurs s'interrogeant même sur l'existence d'un « *droit à la beauté* »[758]. D'autres le définissent comme les « *lésions visibles modifiant défavorablement l'aspect antérieur du corps* »[759]. Ils auraient pu écrire « *lésions visibles modifiant l'aspect antérieur* », mais ils font le choix d'ajouter le terme « *défavorablement* ». La précision n'est pas anodine : elle sous-tend la distinction selon laquelle il y aurait une « bonne » et une « moins bonne » apparence physique.

Dans cette conception, la définition du préjudice esthétique se heurte frontalement à la définition du beau. La beauté étant insaisissable dans l'absolu, certains auteurs considèrent que c'est l'atteinte à la « *normalité esthétique* » qui est réparée[760]. La définition

[756] J.-P. DINTILHAC (dir.), *ibid.*

[757] C. BLOCH, « Préjudice », *in* P. LE TOURNEAU (dir.), *Droit de la responsabilité et des contrats – Régimes d'indemnisation*, Dalloz action 2018-2019, Dalloz, 11e éd., n° 2125.121, p. 585.

[758] C. BERNFELD et F. BIBAL, « *Pretium pulchritudinis* : de la disgrâce du dommage à l'inesthétique du préjudice », *Gaz. pal.* 2013, n° 173, p. 5.

[759] J. HUREAU et D. POITOUT, *L'expertise médicale – en responsabilité médicale et en réparation d'un préjudice corporel*, Masson, 2010, 3e éd., p. 339 : « *[Le préjudice esthétique] concerne les lésions visibles modifiant défavorablement l'aspect antérieur du corps* ».

[760] M. GUIDONI, *Le préjudice esthétique*, th. dactyl. Paris 1, 1977, p. 40 ; A. HARINKOUCK, *Esthétique humaine et chirurgie*, th. dactyl. Paris, 1964, p. 71 :

du beau devient alors accessible, tant il est possible d'identifier des caractéristiques couramment considérées comme belles dans une société donnée. Ainsi, par exemple, de l'aspect lisse de la peau ou de la symétrie des traits[761].

Une telle conception du préjudice esthétique paraît conforme au principe de réparation intégrale. Principe cardinal du droit de la responsabilité civile, il commande une appréciation *in concreto* des conséquences du dommage. Réparer le préjudice esthétique comme une atteinte à la beauté revient à assumer que oui, la société est traversée par des normes de beauté, de laideur. C'est précisément le fait que les individus se pensent en référence à ces normes qui est source de souffrances pour ceux dont l'apparence physique est altérée. Prendre en considération ces normes peut sembler, de ce point de vue, conforme à la réalité vécue du préjudice.

Le préjudice esthétique conçu comme une atteinte à la beauté conduit néanmoins à soumettre la victime à la mise en œuvre d'un jugement de valeur par une personne extérieure, puisqu'il faut déterminer si le nouvel aspect est « défavorable », « anormal » autrement dit « moins beau » que l'ancien. Outre qu'une telle position peut être inconfortable pour les différents acteurs de la réparation du préjudice, victime mais aussi experts médicaux, avocats et magistrats, elle est également porteuse d'un certain nombre d'écueils. Elle pourrait notamment amener à considérer que l'altération de l'apparence physique chez une personne initialement considérée comme « belle » ou « normale » serait plus grave qu'une même atteinte chez une personne au physique « disgracieux » ou « anormal ». Quoique pouvant être conforme à la réalité (la « perte » de son capital beauté pour une personne considérée comme belle aura plus d'impact dans sa vie que l'altération d'une personne qui souffrait déjà de son apparence antérieurement), difficile de ne pas voir planer le spectre de la discrimination lorsque l'on songe que la « belle » victime aura une indemnisation plus élevée que la « moins belle ».

« *le droit à la beauté* [...] *est tout aussi légitime de nos jours que le droit à la santé. Il faut l'interpréter, non seulement comme une vocation à une certaine forme d'esthétique, mais surtout comme le droit de tenir un rôle normal dans la société* ».

761 J.-F. AMADIEU, *Le poids des apparences – Beauté, amour et gloire*, Odile Jacob, Paris, 2002, p. 14 et s.

Sans doute est-ce la raison pour laquelle le préjudice esthétique semble de plus en plus souvent conçu comme une atteinte à l'identité.

B. Le préjudice esthétique comme atteinte à l'identité

Le préjudice esthétique est défini, dans une doctrine plus récente, comme une atteinte à l'identité. Il a ainsi pu être affirmé que « *ce que l'on cherche à indemniser est la dégradation de l'état physique, quand bien même elle interviendrait sur un sujet présentant déjà une atteinte disgracieuse* »[762]. Dans cette conception, l'objet de la réparation est la souffrance de la victime résultant de la transformation de son apparence physique sans son consentement, indépendamment de tout jugement de valeur[763]. En ce sens, « *il n'est pas question de juger de la beauté passée pour estimer une laideur présente, mais il s'agit de déterminer un prix, compensation d'une apparence perdue du corps* »[764]. La souffrance réparée n'est pas celle d'être moins beau ou moins belle, mais celle de voir son apparence physique modifiée.

Le préjudice esthétique est alors celui qui « *correspond à la perte définitive et irréparable d'une partie de l'image de soi-même, de l'image que l'on donne et de celle que l'on souhaiterait donner aux autres* »[765]. En ce sens, le préjudice esthétique se teinte d'une

---

[762] G. MOR, *Évaluation du préjudice corporel – Stratégies d'indemnisation – Méthodes d'évaluation*, Encyclopédie Delmas, Paris, 2014, 2e. éd., n° 165.45, p. 498 ; *contra* A. HARINKOUCK, *op. cit.*, p. 153 : « *La laideur accidentelle est plus grave chez une femme belle que lorsqu'elle n'est qu'une aggravation d'une laideur existante* » ; M. RIEGERT, *La notion de préjudice esthétique – Droit – Morale – Sociologie*, th. Bordeaux, 1937, p. 55.

[763] G. MOR, *op. cit.*, n° 165.45, p. 498.

[764] A. MAZOUZ, *Le prix du corps humain*, th. dactyl. Paris 1, 2014, n° 634, p. 303.

[765] G. MOR, *op. cit.*, n° 165.39, p. 496. L'auteure ajoute qu' « *il existe une « fonction esthétique » ayant un rôle essentiel dans l'identité, la personnalité de chacun et dans ses relations avec autrui et son environnement* », n° 165.50, p. 499. Cependant, elle évoque aussi « *l'atteinte portée à l'esthétique de la victime, contrainte de se présenter et de se voir sous un aspect défavorable* » (n° 164.34, p. 477) et les « *disgrâces imputables à un événement accidentel* » (n° 165.39, p. 496), semblant ainsi faire référence à l'altération non de l'apparence physique, mais de la beauté ; v. aussi M. LE ROY, J.-D. LE ROY et F. BIBAL, *L'évaluation du préjudice corporel*, Droit et professionnels, LexisNexis, 2018, 21e éd., n° 178, p.

coloration identitaire. L'apparence physique est l'aspect visible de la personne, un marqueur de son individualité dans la société, autrement dit, un élément de son identité[766]. Par conséquent, la modification de l'apparence physique intervenue indépendamment de la volonté de la personne l'atteint nécessairement dans son identité.

Le préjudice esthétique comme atteinte à l'identité est, lui aussi, conforme au principe de réparation intégrale, mais selon une logique différente de celle de l'atteinte à la beauté. Une telle conception du préjudice esthétique postule que l'apparence physique est un élément de l'individualité de chacun. Une altération de cet aspect de l'identité de la personne par un dommage corporel est donc nécessairement une perte qui doit être réparée au même titre que les autres préjudices, sans qu'il soit nécessaire de se demander si la personne a perdu ou non en « beauté ».

La question de savoir si le préjudice esthétique est une atteinte à l'identité ou à la beauté n'est pas sans enjeux pratiques. Prenons l'exemple d'un dommage corporel se traduisant par une perte de poids importante chez une personne considérée initialement comme étant en surpoids. Si le corps de la victime est, à la suite du dommage, plus proche de la norme dominante en termes de corpulence, mais que la victime souffre de ce nouveau corps plus mince parce qu'elle affectionnait l'ancien. Le préjudice esthétique serait-il indemnisé dans un tel cas ? Si le préjudice esthétique est une atteinte à la beauté, la réponse est incertaine. Il n'est pas sûr qu'un préjudice esthétique soit caractérisé dès lors que la nouvelle apparence physique de la victime se rapproche de la norme de beauté. En revanche, si le préjudice esthétique est pris comme une atteinte à l'identité, alors il est certain qu'il devrait être réparé.

Là n'est pas la seule illustration possible. Admettons qu'à la suite d'un accident corporel, une victime soit amenée à refaire sa dentition. Si le résultat est, au regard des standards sociaux du lieu et de l'époque, plus réussi que la dentition initiale, mais que la victime souffre de ne pas se retrouver dans son nouveau visage, son préjudice

---

220 : « *Il s'agit de réparer les altérations définitives de l'apparence physique de la victime* ».

[766] V. sur ce point notre thèse *L'apparence de la personne physique*, LEH, vol. 27, 2018, n° 69 et s., p. 65 et s.

esthétique peut-il alors être indemnisé ? La réponse peut, là encore, être négative si le préjudice esthétique est conçu comme une atteinte à la beauté, mais elle sera indéniablement positive s'il est compris comme une atteinte à l'identité.

En l'absence de définition claire du préjudice esthétique, la réponse à ces questions pratiques dépend, en droit positif, de l'appréciation des juges. Or la lecture des décisions de justice n'est pas éclairante. Elles ne reflètent pas tant la position des magistrats que la mise en œuvre d'outils d'aide à la décision tels que l'expertise médicale et les référentiels d'indemnisation. Pour comprendre comment le préjudice esthétique est indemnisé en pratique, il faut donc s'intéresser à ces outils. À l'étude, il apparaît rapidement qu'ils contribuent à une évaluation normalisante du préjudice esthétique.

II. L'évaluation normalisante du préjudice esthétique

La normalisation de l'évaluation du préjudice esthétique est le résultat de l'utilisation d'échelles de gravité dans les barèmes médicaux (A), mais aussi de la prédéfinition de critères d'individualisation dans les référentiels d'indemnisation (B).

A. La normalisation par les échelles de gravité des barèmes médicaux

L'évaluation du montant de la réparation du dommage corporel passe systématiquement par l'expertise médicale, à laquelle les juges se réfèrent très largement. L'expertise est perçue comme la garantie d'une décision éclairée, dès lors que le magistrat n'a pas les compétences médicales nécessaires pour examiner lui-même la victime. Les enjeux liés au déroulement de l'expertise ont donc un impact majeur dans l'évaluation finale.

Pour réaliser leur mission, les médecins-experts recourent à des barèmes, élaborés par des groupes de médecins, qui ont vocation à leur permettre de structurer leurs expertises à travers une méthode.

L'objectif de ces barèmes est de parvenir à une description objective du dommage qui sera, ensuite, individualisée par le juge en prenant en considération des critères tels que le sexe, l'âge ou encore la profession de la victime[767].

Pour ce qui concerne le préjudice esthétique, l'intégralité des barèmes médicaux commandent de décrire le préjudice esthétique de manière précise et détaillée[768]. Mais le barème le plus utilisé, le barème ESKA, ainsi que quelques autres, préconisent en outre de le situer sur une échelle de 1 à 7[769]. A ces chiffres sont associés des qualificatifs de la gravité du dommage allant de « *minime* » à « *très important* » en passant par « *léger* », « *modéré* » et « *moyen* »[770].

Une question se pose alors : au regard de quelle norme de référence le médecin va-t-il apprécier le niveau de gravité du préjudice et lui affecter une note ? Sur quoi se basera-t-il pour affirmer qu'un préjudice est « *important* » au plan esthétique ? Il semble qu'il ne

---

[767] Y. LAMBERT-FAIVRE et S. PORCHY-SIMON, *Droit du dommage corporel – Systèmes d'indemnisation*, Précis, Dalloz, Paris, 2016, 8e éd., n° 143, p. 128.

[768] Ex. *Barème indicatif dévaluation des taux d'incapacité en droit commun*, Le Concours médical, 2001, 6e éd. ; Confédération européenne d'experts en évaluation et réparation du dommage corporel (CEREDOC), *Guide barème européen d'évaluation des atteintes à l'intégrité physique et psychique*, Anthemis, LGDJ, 2010, p. 19.

[769] *Barème d'évaluation médico-légale*, Eska, 2000, p. 129 ; Association pour l'étude de la réparation du dommage corporel (AREDOC), « Mission d'expertise médicale 2009 – Mise à jour 2014 », *La lettre AREDOC* [en ligne], avril 2015 [http://www.aredoc.com/system/files/Mission%202014_intégrale.pdf], point 17 ; v. aussi le référentiel d'indemnisation utilisé par les agents de l'Office national d'indemnisation des accidents médicaux (ONIAM), *Rapport d'activité* [en ligne] 2014, consulté le 29 mars 2016, [http://www.oniam.fr/indemnisation-accidents-medicaux/rapport-d-activite], annexe « L'évaluation du référentiel des accidents médicaux ».

[770] Les qualifications du *Barème d'évaluation médico-légale*, *op. cit.*, p. 130, sont : « *minime* » (0,5), « *très léger* » (1), « *entre très léger et léger* » (1,5), « *léger* » (2), « *entre léger et modéré* » (2,5), « *modéré* » (3), « *entre modéré et moyen* » (3,5), « *moyen* » (4), « *entre moyen et assez important* » (4,5), « *assez important* » (5), « *entre assez important et important* » (5,5), « *important* » (6), « *entre important et très important* » (6,5), « *très important* » (7) ; voire « *exceptionnel* », proposition de l'association nationale des médecins conseils de victimes d'accident avec dommage corporel (ANAMEVA), « Nouvelle échelle d'évaluation médico-légale des préjudices esthétiques », *Gaz. pal.* 2013, n° 173, p. 17, v. le tableau comportant des exemples reproduit dans la revue.

puisse s'agir que d'une appréciation en termes de beauté ou de normalité. Une telle analyse est confortée par l'étude des exemples donnés par le barème *Eska* pour chaque point de gravité. Il y est ainsi précisé qu'une « *cicatrice extrêmement discrète, courte, habituellement cachée par les vêtements, pourra faire retenir le qualificatif d'infime, ou la quantification « inférieure à 0,5/7 »* ». À l'autre extrémité de l'échelle, il indique que « *le qualificatif de 7/7 est rarement retenu, dans des situations tout à fait exceptionnelles, correspondant à des défigurations monstrueuses ou à des aspects physiques qui génèrent habituellement la répulsion* ». La norme sociale de beauté semble bien se trouver au cœur de l'appréciation de la gravité de la lésion.

La normalisation de l'évaluation par le barème médical n'est pas sans susciter une série d'interrogations. D'abord, elle semble manquer le but d'objectivité qui justifie le recours à un barème médical. L'appréciation de la gravité du préjudice esthétique à travers une échelle suppose en effet nécessairement une part de subjectivité. Ensuite, une évaluation médicale du préjudice conformément à ces barèmes tranche le débat sur le point de savoir si le préjudice esthétique est une atteinte à la beauté ou à l'identité en faveur de la première acception, mais sans l'expliciter et sans le justifier. Or une telle question ne nous semble pas devoir relever de la pratique médicale, mais bien de l'affirmation d'une position juridique claire et étayée. Enfin, quand bien même le droit positif admettrait un préjudice esthétique défini comme une atteinte à la beauté, on peut s'interroger sur le point de savoir s'il est du ressort du médecin de réaliser la délicate appréciation de l'écart entre la nouvelle apparence physique de la victime et les normes de beauté dans son environnement social. Une telle appréciation, qui nécessite de s'interroger sur l'idée de beauté dans la société, nous semble davantage relever de l'office du juge, statuant au nom du peuple français.

Pourtant, les juges se contentent aujourd'hui, généralement, de traduire le préjudice coté sur l'échelle de 1 à 7 en une somme d'argent légèrement modulée par l'individualisation du dommage. Outre qu'il y a là une économie de temps, doublée d'une difficulté à assumer d'aller contre ce qu'affirme un ou une médecin-expert ou experte en son domaine, les juges sont incités à cette pratique par les autres outils d'aide à la décision. La *nomenclature Dintilhac* elle-même, en précisant que le préjudice esthétique est évalué par les experts sur une échelle de 1 à 7[771], valide le procédé, tandis que les référentiels d'indemnisation associent directement des montants indicatifs aux échelles de 1 à 7[772]. Prenons l'exemple du *référentiel Mornet*, largement utilisé par les juridictions car actualisé très régulièrement et accessible facilement. Il proposé, pour un préjudice esthétique coté à 1/7, jusqu'à 2000 euros d'indemnisation et, pour un préjudice côté 3/7, entre 4000 et 8000 euros[773]. Par cette utilisation systématique de l'échelle, l'appréciation réalisée par les experts exerce une influence directe sur le montant finalement alloué, alors que cette décision devrait, à notre sens, être strictement judiciaire.

Au regard de ces éléments, il apparaîtrait pertinent de réserver aux experts l'établissement rigoureusement objectif du dommage et de remettre entre les seules mains des juges la part incompressible de subjectivité et d'individualisation du préjudice esthétique[774]. Concrètement, l'expertise médicale consisterait alors à décrire de façon détaillée le préjudice et accompagner cette description de photographies. À cet égard, un auteur disait au sujet de l'évaluation du préjudice esthétique « *une photographie vaut mille mots* »[775]. L'expertise ainsi réalisée devrait permettre au juge de se faire sa propre idée de la gravité du préjudice et d'évaluer souverainement le *quantum* de l'indemnisation allouée[776], après que les parties aient échangé devant lui leurs arguments sur ce point.

---

[771] J.-P. DINTILHAC (dir.), *op. cit.*, p. 40.

[772] Ex. *Référentiel indicatif régional de l'indemnisation du préjudice corporel*, 4e éd. [en ligne], 2011 [http://docplayer.fr/167574-Referentiel-indicatif-regional-de-l-indemnisation-du-prejudice-corporel.html], p. 13.

[773] *Référentiel Benoît Mornet 2018* [en ligne], [http://www.ajdommagecorporel.fr/node/368], p. 62.

[774] En ce sens, v. J. B. PRÉVOST, *op. cit.*, spéc. p. 220 ; D'autres auteurs font le même diagnostic mais penchent pour une solution visant à assumer davantage la subjectivité des experts en leur permettant de prendre en compte l'individualité de la victime, v. C. BERNFELD et F. BIBAL, « *Pretium pulchritudinis* : de la disgrâce du dommage à l'inesthétique du préjudice », *Gaz. pal.* 2013, n° 173, p. 5.

[775] D. ARCADIO, « Préjudice esthétique : une photographie vaut mille mots », *Gaz. pal.* 2013, n° 173, p. 9.

[776] J. B. PRÉVOST, *op. cit.*, spéc. p. 220 et s., qui se positionne également pour une expertise médicale limitée à un descriptif et à des photographies, mais qui considère que l'expertise médicale pèche principalement par son excès de technicité et sans aborder son caractère normalisant.

Une telle évolution obligerait à abandonner les échelles de gravité dans les barèmes médicaux, et reviendrait ainsi à se départir d'idées préconçues. A titre d'exemple, le barème *Eska* préconise de coter 2/7 la « *perte d'un sein avec plastie de bonne qualité et cicatrice peu visible* », et à 3/7 la « *perte d'un sein sans prothèse* ». Cela signifie qu'aujourd'hui, une femme qui serait dans la seconde situation serait mieux indemnisée que la première. Alors que si, suite à la perte d'un sein, une femme fait le choix de ne pas avoir de reconstruction pour des raisons idéologiques ou pratiques, il n'y a pas de raisons que ce choix personnel lui permette d'avoir une indemnisation plus élevée que celle qui fait un choix différent. L'abandon des échelles de gravité permettrait au moins d'ouvrir la porte à ce que ces éléments puissent être mis en avant, pour une évaluation au plus près de l'individualité de chaque victime. L'abandon des critères d'individualisation prédéfinis des référentiels d'indemnisation irait également en ce sens.

B. La normalisation par les critères d'individualisation des référentiels d'indemnisation

Après évaluation « objective » de la lésion par l'expert ou l'experte, il revient en principe aux juges de l'individualiser et de le contextualiser pour prendre en compte les spécificités de chaque victime et de chaque situation[777]. C'est la raison pour laquelle les référentiels d'indemnisation associent aux notes de 1 à 7 non pas un montant précis, mais une fourchette dans laquelle le juge est invité à se situer[778]. Une telle appréciation est toutefois largement tributaire des facultés personnelles d'empathie du juge, de sa propre sensibilité à la situation de la victime. Pour éviter les disparités qui pourraient en résulter dans les montants octroyés au titre de la réparation, les nomenclatures des postes de préjudices et référentiels d'indemnisation du dommage corporel préconisent d'encadrer l'appréciation judiciaire par la prise en compte de critères prédéterminés tels que l'âge, le sexe,

[777] Y. LAMBERT-FAIVRE et S. PORCHY-SIMON, *Droit du dommage corporel – Systèmes d'indemnisation*, Précis, Dalloz, Paris, 2016, 8e éd., n° 143, p. 128.
[778] Certains auteurs insistent même sur le fait que l'impératif d'individualisation peut conduire le juge à se départir de la cotation fixée par les experts, C. BERNFELD et F. BIBAL, « *Pretium pulchritudinis* : de la disgrâce du dommage à l'inesthétique du préjudice », *Gaz. pal.* 2013, n° 173, p. 5.

la situation professionnelle de la victime ou encore ses habitudes sociales[779]. Pourtant, l'obligation de prendre en compte ces critères prédéfinis ne semble pas nécessaire à l'individualisation du préjudice ; elle peut même lui être nuisible en ce que la normalisation peut s'opérer à ce niveau.

Ainsi, alors que les critères d'âge, de sexe, de situation familiale ou encore de situation professionnelle semblent, de prime abord, objectifs[780], préconiser leur prise en compte dans l'indemnisation n'est pas neutre. Rappeler aux juges que ces éléments sont à prendre en compte est une façon de véhiculer des idées reçues si bien admises, « normales » socialement, qu'il y est vu une forme d'objectivité[781]. C'est le cas, en particulier, pour ce qui concerne l'âge et le sexe. La considération de l'âge est en réalité une invitation à mieux indemniser les personnes jeunes. Il serait possible de considérer cela se justifie par le fait que la personne jeune vivra probablement plus longtemps avec son apparence altérée que l'individu plus âgé. Mais l'on trouve aussi en doctrine des justifications empreintes de stéréotypes pour justifier cet état de fait. Ainsi a-t-il pu être affirmé que « *l'esthétique du vieillard étant déjà altérée par l'âge, une cicatrice d'aspect donné a des répercussions infiniment moindres que chez une victime jeune et*

---

[779] *Référentiel Benoît Mornet 2018*, préc., p. 62 ; *Référentiel indicatif régional de l'indemnisation du préjudice corporel*, préc., p. 13 pour l'âge, le sexe, et la situation personnelle et de famille de la victime, étant précisé que l'incidence économique professionnelle du préjudice doit être indemnisée au titre des pertes de gains et salaires ; v. aussi Y. LAMBERT-FAIVRE (dir.), *Rapport sur l'indemnisation du dommage corporel* [en ligne], juin 2003, [http://www.ladocumentationfrancaise.fr/var/storage/rapports-publics/034000490.pdf], p. 25, évoque l'âge et le sexe de la victime ; H. BÉJUI-HUGUES et I. BESSIÈRES-ROQUES, *Précis d'évaluation du dommage corporel*, Les fondamentaux, L'argus de l'assurance éditions, 2013, 5e éd., p. 145 ; M. LE ROY, J.-D. LE ROY et F. BIBAL, *L'évaluation du préjudice corporel*, *op. cit.*, n° 180, p. 222.

[780] L'âge et le sexe sont ainsi qualifiés d' « *éminemment objectifs* », C. BERNFELD et F. BIBAL, art. cit. ; M. GUIDONI, *Le préjudice esthétique*, th. dactyl. Paris 1, p. 128.

[781] J.-B. PRÉVOST, « Du peuplement des miroirs – Réflexions sur le préjudice esthétique », *Gaz. pal.* 2013, n° 173, p. 27 : « *Si les critères de beauté changent selon les époques, ils ne sont pourtant ni contingents, ni arbitraires, ni subjectifs, puisqu'ils pèsent à chaque fois de tout leur poids sur le corps social à un moment donné du temps* ».

belle »[782]. Mais c'est surtout l'invitation à prendre en compte le sexe qui surprend. Elle sous-entend que le préjudice esthétique des femmes devrait être mieux indemnisé. Certains auteurs affirment en ce sens qu' « *à altérations physiques égales, une jeune femme célibataire subit un préjudice esthétique plus important qu'un homme âgé et marié* »[783] ou encore que « *les cicatrices et déformations sont moins graves chez les hommes que chez les femmes. À la limite, une cicatrice qui dévisagerait une jeune fille peut n'avoir aucune répercussion sur l'esthétique d'un homme* »[784]. Dans la jurisprudence, la motivation souvent peu étayée du montant octroyé au titre du préjudice esthétique[785] ne permet pas de déceler aisément les éventuels stéréotypes[786]. Relevons toutefois qu'il a pu être jugé, dans une décision certes ancienne, que la blessure au visage accroît la virilité d'un homme[787]. En tout état de cause, l'idée selon laquelle il serait systématiquement plus important pour les femmes de ne pas voir leur apparence physique altérée que pour les hommes relève du préjugé. En fonction des victimes, il peut apparaître réel ou infondé. À notre sens, si la victime elle-même exprime sa souffrance en considération de son âge ou de son sexe, il n'y a pas lieu de la remettre en cause[788].

---

782 L. MELENNEC, « L'indemnisation du préjudice esthétique », *Gaz. pal.* 1976. 2. doctr. 625. spéc. p. 625.

783 M. LE ROY, J.-D. LE ROY et F. BIBAL, *op. cit.*, n° 180 p. 222.

784 L. MELENNEC, *ibid.* ; v. aussi P. CANDAELE, « Tableau indicatif et préjudices annexes », *in* J.-P. BEAUTHIER (dir.), *Justice et dommage corporel – symbiose ou controverse ?*, Larcier, 2008, p. 187, spéc. p. 189 : « *Nous ne doutons pas un seul instant que l'avocat de la jolie plaignante débordera d'arguments plastiques pour convaincre le juge* » ; v. aussi P. BRUN, « Genre et droit de la responsabilité civile », *Jurisprudence Revue critique* 2011, p. 133, spéc. p. 134-135 : « [Le préjudice esthétique] *n'est pas genré en droit positif, et pourtant, une étude un peu fine de sa genèse et de son appréhension par la pratique judiciaire pourrait laisser apparaître qu'en droit la beauté a peut-être un sexe…* ».

785 G. VINEY et P. JOURDAIN, *Les effets de la responsabilité*, Traité de droit civil, LGDJ, Paris, 3e. éd., 2010, n° 63 et s., p. 181 et s.

786 S. CHASSAGNARD-PINET et M. NAAB, « Corps féminins et responsabilité civile », *in* S. HENNETTE-VAUCHEZ, M. PICHARD et D. ROMAN (dir.), *La loi & le genre – Études critiques de droit français*, CNRS éditions, Paris, 2014, p. 297, spéc. p. 308-309.

787 CA Colmar 8 juill. 1968, cité par M. GUIDONI, *Le préjudice esthétique*, th. dactyl. Paris 1, 1977, p. 142 ; pour d'autres exemples, v. S. CHASSAGNARD-PINET et M. NAAB, *ibid.*, spéc. p. 308.

788 M. GUIDONI, *op. cit.*, p. 129 : « *Le rôle actuellement attribué à la femme dans notre société et les professions qu'elle exerce normalement lui font plus durement ressentir une violation de son intégrité esthétique* » ; pour une personne qui, sans se

Mais ériger ces éléments en critères que le juge doit prendre en compte revient à les tenir pour « normaux » socialement, et à faire produire des effets juridiques à cette norme sociale en risquant de limiter, par exemple, l'indemnisation d'un homme par rapport à ce qu'il aurait obtenu s'il avait été une femme. Certes, il serait fort délicat de prouver une telle discrimination, puisque, par définition, il n'est pas possible de savoir si la solution aurait été différente si tel individu avait eu un autre sexe. Mais le simple fait d'inviter les magistrats à s'interroger sur le sexe de la victime ne revient-il pas à les inciter à se poser une question qui n'a pas lieu d'être ? À notre sens, en termes d'individualisation, seules les doléances de la victime sont en mesure d'aiguiller le travail du magistrat[789].

Conclusion

En l'absence de définition claire du préjudice esthétique, la pratique en développe une conception normée, voire stéréotypée, qui est à l'œuvre à travers le recours aux barèmes médicaux à échelle de gravité et aux critères institués pour l'individualisation du préjudice. Face à ce constat, il est peut-être temps de poser une conception du préjudice esthétique pour en tirer les conséquences qui s'imposent au plan de son évaluation. Atteinte à la beauté ou atteinte à l'identité ? La

---

situer précisément en tant que femme, expose sa souffrance à travers des caractéristiques socialement associées au féminin, v. CA Paris 19 sept. 2014, n° 13/09118 : « *préjudice esthétique estimé à 4/7 : Mme Marlène Y... conserve des cicatrices hyper pigmentées, allongées sur une longueur pouvant atteindre 10 cm et qui sont jugées définitives. Ces cicatrices sont très nombreuses et apparaissent sur les bras (6 sur le droit et 8 sur le gauche), sur l'abdomen (certaines pouvant être cachées par le maillot de bain et d'autres non) et sur les cuisses. Certaines peuvent faire l'objet d'une reprise chirurgicale pour atténuer leur aspect inesthétique. Mme Marlène Y... indique avoir une très grande difficulté à se montrer au regard des autres, n'osant plus se mettre en maillot de bain et découvrir ses bras et ne portant plus d'intérêt à ses toilettes, alors qu'elle était coquette et élégante ; ce poste de préjudice peut, compte tenu de ces éléments, être évalué à la somme de : 15 000 €* ».

[789] G. MOR, *op. cit.*, n° 165.49, p. 499. Pour enjoindre les juges à prendre en compte l'âge de la victime, l'auteure écrit que « *plus le sujet est jeune, plus il attache de l'importance à son aspect physique et plus le regard des autres est pour lui important* ». Si la victime l'exprime ainsi, cette souffrance liée à l'âge pourra être prise en compte. Il n'est donc pas utile d'objectiver l'âge comme une donnée que le juge doit nécessairement considérer.

question doit être posée. En revanche, savoir comment y répondre ouvre une porte au débat. Il n'y a pas, aujourd'hui, d'argument juridique qui permette d'affirmer qu'il faille aller dans un sens plutôt que dans l'autre. Il est toutefois possible de relever que la normalisation à l'œuvre dans la pratique de l'évaluation du préjudice esthétique n'est pas sans comporter son lot d'idées préconçues néfastes aux victimes dont l'individualité s'écarterait de la « norme » (nous avons ainsi croisé la femme qui ne souhaite pas la reconstruction de son sein perdu, ou l'homme qui attacherait une très grande importance à son apparence physique), ce qui nous inciterait plutôt à choisir la première option. Nous avons par ailleurs eu l'occasion, dans d'autres travaux, de montrer que concevoir le préjudice esthétique comme une atteinte à l'identité mettrait l'accent sur la proximité du préjudice esthétique avec le dommage subi par une personne atteinte dans son droit à l'image (toute proportion gardée en termes de gravité, puisque dans un cas le corps est atteint et dans l'autre non)[790]. En définitive, l'atteinte à l'identité emporterait plutôt notre adhésion. Elle ouvrirait la porte à une nouvelle conception du préjudice esthétique en incluant d'autres aspects de l'identité tels que la voix ou l'odeur. Ces pratiques sont déjà à l'œuvre car, en la matière, le fait précède le droit. La reconnaissance d'un préjudice identitaire permettrait de mieux prendre en compte ces réalités.

---

[790] J. MATTIUSSI, *L'apparence de la personne physique*, LEH, vol. 27, 2018, n° 453.

Rapport de synthèse

Fabrice GRÉAU
Professeur à l'Université Paris-Est Créteil (Paris XII)

1. Il est devenu relativement banal d'observer que, désormais, le préjudice retient véritablement l'attention des juristes et, qu'après plusieurs décennies passées dans l'ombre – certes modestement enveloppante – des faits générateurs et du lien de causalité, celui-ci mérite enfin pleinement son appellation de centre de gravité de la responsabilité civile. Les secousses provoquées par les débats intenses autour de la jurisprudence Perruche sont passées par là et, avant cela, les prémisses du perfectionnement de l'analyse du préjudice corporel commençaient à poindre de manière déjà significative. Auparavant relativement rares, les études sur le préjudice et son évaluation sont à l'heure actuelle foisonnantes[791]. Un regard porté sur le programme d'un colloque organisé il y a vingt ans par la Faculté de droit de Paris XII[792] montre qu'au-delà de sujets relativement classiques (la date de l'évaluation du préjudice, l'évolution du préjudice après le jugement), les thèmes abordés témoignaient déjà d'une volonté d'appréhender le préjudice écologique, d'approfondir le préjudice corporel (le préjudice d'agrément, le préjudice de contamination) ainsi que l'épineuse question de la légitimité du préjudice (les préjudices liés à la naissance). En comparaison, les thèmes abordés aujourd'hui par nos contributeurs, sans être évidemment totalement éloignés (le préjudice écologique, à propos duquel des progrès significatifs ont été accomplis, a ainsi de nouveau été abordé ; le préjudice esthétique ou celui des victimes par ricochet renvoie à d'autres aspects du préjudice corporel) sont plus pointus et illustrent ainsi la tendance contemporaine consistant à identifier plus clairement les torts auxquels la responsabilité civile est susceptible d'apporter une compensation (le préjudice concurrentiel, le préjudice né de l'ouverture d'une procédure collective, le préjudice nécessaire en droit du travail) ainsi que les nouvelles interrogations qu'ils suscitent (les intérêts protégés, le devoir de minimiser son préjudice, et, au-delà du préjudice, l'amende civile).

2. Dans l'ensemble, la doctrine a pris conscience qu'elle ne pouvait plus se satisfaire de l'énumération des traditionnels caractères du préjudice ainsi que de l'énoncé de vagues préceptes à propos d'un principe de réparation intégrale présenté comme un mantra mais

---

[791] V. par exemple le dossier récemment publié par la Revue des contrats (2018, p. 159 et s.) : *L'évaluation des dommages et intérêts : question de fait ou question de droit ?*

[792] *Le préjudice : questions choisies*, *Resp. civ. assur.* mai 1998, numéro spécial.

dépourvu de mode d'emploi. Pour dépasser cette approche un peu fruste, source d'évaluations approximatives et donc d'inégalités entre les justiciables, l'on tente dorénavant de procéder à une meilleure identification des différents chefs de préjudice en œuvrant concomitamment pour des méthodes d'évaluation plus précises. Faut-il rappeler que dans cette matière si sensible qu'est la réparation du préjudice corporel, il était autrefois relativement fréquent que les juges procèdent à des évaluations tous chefs de préjudices confondus ? Pour le moins rudimentaire, cette démarche n'avait été qu'atténuée lorsque, pour restreindre la portée du recours des tiers payeurs et donc préserver les dommages-intérêts alloués aux victimes, le législateur avait progressivement contraint les juges à distinguer dans leur décision les préjudices patrimoniaux des préjudices à caractère personnel (de manière fragmentaire avant la loi du 5 juillet 1985, plus largement ensuite).

3. Pour autant, les mutations du préjudice suscitent régulièrement des critiques plus ou moins virulentes. Très largement orientées par la volonté de favoriser l'indemnisation des victimes, elles peuvent en effet parfois faire regretter un temps où les solutions étaient moins généreuses mais juridiquement plus simples à appréhender. Ainsi de Loic Cadiet qui, en 1997[793], considérait que le désintérêt des juristes à l'égard de la réparation du préjudice avait eu pour conséquence « *d'ouvrir la porte à tous les excès* » ainsi qu'à une évolution consistant « *à admettre que n'importe quoi puisse être réparé, de plus en plus facilement, n'importe comment* »[794]. L'histoire du préjudice depuis 1804 serait ainsi celle « *de sa désintégration progressive* »[795] de par la dissolution des caractères du préjudice réparable et la prolifération des variétés de préjudices réparables, les changements se seraient opérés « *au prix de multiples forçages et torsions notionnelles qui ont fait perdre au droit de la responsabilité civile sa simplicité et sa cohérence originaire* »[796] et la responsabilité deviendrait ainsi « *une marchandise comme une autre qu'on échange sur le marché de l'assurance* »[797]. Même la logique des nomenclatures, le plus souvent

793 L. CADIET, « Les métamorphoses du préjudice », in *Les métamorphoses de la responsabilité*, Sixièmes journées René Savatier, PUF, 1997, p. 37 et s.
794 L. CADIET, art. préc., p. 38.
795 L. CADIET, art. préc., p. 39.
796 L. CADIET, art. préc., p. 39.
797 L. CADIET, art. préc., p. 51.

considérée comme un progrès important dans les méthodes d'évaluation du préjudice, est parfois regardée avec circonspection[798]. Il est vrai que la bienveillance du système français de responsabilité civile, au regard de la logique plus mesurée des droits étrangers, et les coûts qu'elle implique nécessairement pour la collectivité peut légitiment être interrogée, ce pourquoi l'accent est mis sur la recherche d'instruments permettant de déterminer ce qu'est réellement un préjudice. La distinction entre dommage et préjudice, dont la pertinence n'était autrefois pas toujours admise[799], semble ainsi aujourd'hui assez largement adoptée, au point d'être reçue à l'article 1235 du projet de loi de réforme de la responsabilité civile présenté le 13 mars 2017[800]. Au-delà progresse l'idée suivant laquelle tout préjudice n'est pas nécessairement réparable et qu'il conviendrait d'établir une hiérarchie des intérêts protégés, en mettant évidemment au premier plan l'intégrité physique de la personne humaine, afin de mettre en œuvre des protections différenciées[801].

4. Ce colloque a permis de faire un tour d'horizon certes nécessairement incomplet mais néanmoins particulièrement évocateur des questions auxquelles sont confrontés les juristes contemporains. A rebours de ce qui est souvent affirmé, il a pu être observé qu'il n'y a globalement qu'un faux-semblant d'évolution autour des caractères classiques du préjudice, qui font preuve d'une relative stabilité (I). Les évolutions les plus marquantes, qui sont en cours et qui ont vocation à s'accentuer à l'avenir, tiennent à une volonté toujours plus marquée de hiérarchiser et d'identifier les préjudices (II). Quant aux évolutions à

---

798 J. KNETSCH, « La désintégration du préjudice moral », *D.* 2015. 443. *Contra* : S. PORCHY-SIMON et O. GOUT, « Plaidoyer pour la défense des nomenclatures dans le droit du dommage corporel », *D.* 2015. 1499.

799 X. PRADEL, *Le préjudice dans le droit civil de la responsabilité*, thèse LGDJ, t. 415, préf. P. JOURDAIN et avant-propos J.-L. BAUDOUIN et P. DESLAURIERS, 2004, n°15, qui juge « *regrettable d'isoler aussi drastiquement avec cette théorie les éléments de fait et les éléments de droit* » et que « *cette distinction présente l'inconvénient de ne pas fournir de clé au juriste pour analyser les conséquences juridiquement réparables du dommage* ».

800 Ce texte prévoit ainsi qu'est « *réparable tout préjudice certain résultant d'un dommage* (…) ».

801 V. en particulier J.-S. BORGHETTI, « Les intérêts protégés et l'étendue des préjudices réparables en droit de la responsabilité civile extra-contractuelle », in *Liber amicorum, Etudes offertes à Geneviève VINEY*, LGDJ, 2008, p. 145.

venir, les plus notables sont celles qui envisagent une prise de distance avec le principe de la réparation intégrale (III).

I. Un faux semblant d'évolution : la relative stabilité des caractères du préjudice

5. Faire le constat d'un faux-semblant d'évolution ne signifie pas absence de toute évolution. La jurisprudence apporte régulièrement son lot de précisions. A s'en tenir aux seuls caractères du préjudice, on ne constate toutefois pas d'évolution réellement saillante, à l'exception notable de la reconnaissance du préjudice écologique[802] qui marque un net recul du caractère personnel, dans un domaine toutefois bien circonscrit et qui n'a pas vocation à déborder sur les préjudices plus traditionnels. Cette solidité du droit commun peut d'ailleurs être illustrée à l'aide du revirement récent opéré par la Cour de cassation[803] concernant le préjudice d'anxiété invoqué par des salariés ayant été exposés à l'amiante : si l'Assemblée plénière a atténué – et non pas supprimé – une discrimination difficilement justifiable entre les salariés susceptibles de bénéficier de l'allocation de cessation anticipée des travailleurs de l'amiante, dont le préjudice est présumé, et les salariés exclus de ce dispositif légal, qui ne pouvaient pas en obtenir réparation, elle l'a fait en exigeant que le préjudice soit véritablement caractérisé par les juges du fond. Ce pour quoi elle a d'ailleurs été critiquée, certains estimant cette fidélité au droit commun trop rigoureuse – surtout au regard de la présomption de préjudice appliquée aux salariés bénéficiant du dispositif légal – et plaidant pour la généralisation de la présomption car « *si le principe de réparation est affirmé, l'indemnisation se révèle pratiquement impossible en raison du caractère insaisissable de l'anxiété* »[804].

6. Régulièrement alimentée par un parti pris assez favorable aux victimes, l'évolution de l'appréhension du préjudice par le droit français de la responsabilité civile pourrait pourtant se faire au

---

[802] Sur lequel, v. *infra*, n° 20.
[803] Ass. plén., 5 avril 2019, n° 18-17.442 ; *D.* 2019. 922, note P. JOURDAIN ; *JCP* 2019, 508, note M. BACACHE. *Gaz. Pal.* 28 mai 2019, n° 20, p. 64, obs. V. ROULET.
[804] M. BACACHE, note préc.

détriment de ses caractères traditionnels et c'est d'ailleurs ce que de nombreux auteurs considèrent assez fréquemment. Toutefois, Philippe Brun a pris soin d'expliquer qu'il était nécessaire de tempérer l'idée suivant laquelle il y aurait un mouvement d'abolition des caractères du préjudice. Selon lui, ces caractères « *bénéficient d'une stabilité et d'une constance assez remarquable* ». Il est certain que le regard des observateurs peut parfois être déformé par la nouveauté des questions auxquelles se trouve périodiquement confrontée la jurisprudence. Entre le succès d'une action indemnitaire que l'on n'aurait pas imaginé autrefois et l'idée d'un effacement des caractères du préjudice, il y a un pas qu'il convient probablement de ne pas franchir trop promptement. Ainsi le caractère actuel du préjudice, si tant est qu'il ait jamais été exigé puisque la réparation du préjudice futur ne suscite en soi guère de difficultés dès lors que sa certitude est acquise[805], a pu sembler mis à mal lorsque la Cour a admis – au moins implicitement puisque la censure s'est ici faite pour défaut de réponse à conclusions – l'indemnisation de personnes porteuses d'une sonde cardiaque seulement susceptible de défaillir : si le risque ne s'était pas réalisé – et ne se réaliserait peut-être jamais –, il n'en était pas moins certain que le préjudice moral lié à l'angoisse de la panne éventuelle du matériel était lui bel et bien immédiatement caractérisé. Non seulement le préjudice était actuel, mais il était en outre certain. Est également certain le préjudice découlant de la perte d'une chance, même lorsque celle-ci est faible : dès lors qu'est admis en amont le principe même de la réparation de la perte d'une chance, il apparait délicat de considérer ensuite en aval que de faibles perspectives – comment fixer une ligne de démarcation ? – d'éviter la réalisation d'un dommage ou de bénéficier d'un gain puissent, à elles seules, suffire à écarter une action.

7. La solidité des caractères classiques du préjudice réparable est d'ailleurs manifeste lorsque la Cour de cassation se décide à abandonner une jurisprudence qui avait pris quelques libertés avec l'exigence de certitude. Julien Icard nous a ainsi narré les soubresauts de la Chambre sociale à propos du préjudice dit « nécessaire » en droit du travail. Initiée dans les années 90, cette jurisprudence présumait de manière irréfragable l'existence d'un préjudice subi par le salarié

---

[805] V. par ex. : Civ. 3e, 2 juin 2016, n° 15-16.967 ; *AJDI* 2016. 843, obs. Y. ROUQUET.

lorsque l'employeur manquait à certaines de ses obligations contractuelles ou légales. Mais, depuis 2016, la Chambre sociale a renoué avec le classicisme en abandonnant cette solution, hormis dans quelques situations où sont convoqués des textes du Code du travail dont l'interprétation est pourtant sujette à caution. Suivant Julien Icard, cette « *aspiration à l'orthodoxie civiliste (...) interroge alors que les rapports entre droit du travail et responsabilité sont très largement hétérodoxes* », cela d'autant plus que le domaine dans lequel l'ancienne solution est maintenue est difficile à circonscrire, faute d'une véritable boussole en la matière. Ce faisant, la Chambre sociale fait reculer la fonction punitive de la responsabilité civile, qui était clairement sous-jacente dans cette jurisprudence, pour revenir vers une logique indemnitaire. Mais elle contraint alors les observateurs à se réfugier derrière l'idée que le manquement de l'employeur à ses obligations puisse être à la source d'un préjudice moral pour le salarié, ce qui apparaitra le plus souvent artificiel dans la mesure où, très fréquemment, ce préjudice sera en réalité inexistant ou – *a minima* – difficilement rattachable aux préjudices moraux classiquement reconnus. Julien Icard regrette ainsi cette évolution car l'ancienne jurisprudence sur le préjudice nécessaire avait le mérite de contribuer à l'effectivité des règles travaillistes ; la nouvelle position de la Chambre sociale méconnaitrait ainsi « *tout à la fois l'évolution du droit de la responsabilité et la spécificité du droit du travail. Il eût sans doute été préférable de repenser le domaine du préjudice nécessaire en assumant l'hétérodoxie* ».

8. L'idée suivant laquelle la responsabilité civile pourrait jouer un rôle de « *police sociale* » apparait toutefois éminemment discutable. A la suivre à la lettre, elle contraint nécessairement à un relâchement des caractères du préjudice et, plus largement, à une dilution des conditions de la responsabilité civile. Emprunte-t-on réellement le chemin de la responsabilité lorsque sa fonction primordiale – la fonction indemnitaire – s'éclipse au profit de fonctions – fonction normative, voire punitive – qui, pour rester légitimes, devraient pourtant demeurer dans sa périphérie et non pas au centre des débats ? La plasticité de la responsabilité civile en droit français autorise certes parfois des raisonnements mêlant ces différentes fonctions, mais la négligence plus ou moins franche du préjudice devrait logiquement conduire à considérer qu'un autre procédé est à l'œuvre et que celui-ci mériterait d'être clairement dévoilé pour être légitimé.

9. Il est vrai que le droit positif n'ignore pas le procédé du préjudice présumé. Celui-ci peut être légitime lorsqu'on y recourt moins en raison de l'impossibilité de prouver la réalité du préjudice que des difficultés tenant à son évaluation. Cela est évident pour le préjudice causé au créancier d'une obligation monétaire par le retard de paiement de son débiteur qui, depuis 1804, justifie à lui seul l'octroi de dommages-intérêts sous forme d'intérêts au taux légal ou conventionnel sans que le créancier soit tenu de justifier d'une quelconque perte (C. civ., art. 1231-6 al. 1 et 2 ; anc. art. 1153 al. 1 et 2) : il y a là la réparation du préjudice abstrait que cause nécessairement au créancier un retard de paiement en raison de la privation d'une somme d'argent et des infinités d'usages qu'elle autorise[806]. Mais notre droit va parfois plus loin en usant de la présomption de préjudice pour servir des desseins situés à mi-chemin entre réparation et répression. L'atteinte au droit au respect de la vie privée suffit ainsi à elle seule à ouvrir droit à réparation : sans couper complètement les ponts avec la responsabilité civile (puisqu'il faut bien peu ou prou se référer à la réalité de l'atteinte subie pour évaluer le préjudice), la solution est évidemment motivée par une volonté politique de protection des droits subjectifs[807]. En matière de concurrence déloyale, Muriel Chagny et Emmanuel Gardounis nous ont rappelé que la jurisprudence admet de longue date l'idée que de tels actes sont nécessairement à la source d'un trouble commercial. La raison d'être de cette présomption de préjudice réside à l'origine dans le constat qu'il est en la matière délicat de faire le départ entre l'étiolement du chiffre d'affaires que l'on peut attribuer aux actes déloyaux et celui qui n'est que le résultat de causes conjoncturelles. Ainsi, ce préjudice « *constitue, en soi et à lui seul, un intérêt né et actuel ouvrant droit à une action en justice, puisqu'il découle implicitement mais nécessairement d'une faute* »[808]. Le caractère inéluctable de ce préjudice est toutefois moins évident que celui subi par le créancier d'une obligation monétaire qui souffre d'un retard de paiement et, à elle seule, la présomption de préjudice n'aide guère ici

[806] F. GRÉAU, *Recherche sur les intérêts moratoires*, Defrénois, coll. Doctorat & Notariat, préf. F. CHABAS, 2006, n° 136 et s. ; « Intérêts des sommes d'argent », *Rép. civ. Dalloz*, 2016, n° 81 et s.

[807] T. AZZI, « Les relations entre la responsabilité civile délictuelle et les droits subjectifs », *RTD civ.* 2007. 227.

[808] Ph. LE TOURNEAU, « De la spécificité du préjudice concurrentiel », *RTD com.* 1998. 83, p. 91.

à résoudre les difficultés tenant à son évaluation. Pourtant, la jurisprudence contemporaine semble y voir une présomption irréfragable de préjudice, ce qui incite évidemment à y voir une sanction certes à l'origine indemnitaire, mais assez largement mâtinée de peine privée : l'action aurait ainsi un « *caractère disciplinaire (...), celle-ci ayant pour fonction de faire respecter les usages professionnels et donc de sanctionner les opérateurs économiques qui transgressent ces usages et, cela, indépendamment de l'existence d'un préjudice* »[809]. Si l'on admet cette solution, il est alors difficile d'approuver le retour à l'orthodoxie de la Cour de cassation en droit du travail au seul prétexte que l'ancienne jurisprudence sur le préjudice nécessaire avait des visées essentiellement punitives... Pour préserver la vocation principalement indemnitaire de la responsabilité, il serait donc souhaitable de revenir sur la nature irréfragable de cette présomption de préjudice. A cet égard, le nouvel article L. 481-7 du Code de commerce, introduit par l'ordonnance n° 2017-303 du 9 mars 2017, est plus respectueux de la logique indemnitaire en ce qu'il prévoit « [qu']*il est présumé jusqu'à preuve contraire qu'une entente entre concurrents cause un préjudice* ».

10. *Quid* alors du caractère personnel du préjudice ? Qu'il ne soit pas conçu comme un dogme absolu n'est pas une nouveauté, au moins depuis que des syndicats et associations se sont vus reconnaître le droit d'agir pour la défense d'intérêts collectifs, ce qui est admis aujourd'hui plus facilement qu'autrefois[810]. Et l'une des véritables grandes innovations des dernières années, évoquée par Romain Laulier, réside justement dans la reconnaissance par le législateur – après la Cour de cassation – du préjudice écologique, qui permet d'appréhender un préjudice « *par essence collectif, résolument nouveau* »[811].

11. Sur un terrain plus classique, le droit des procédures collectives, habitué à jongler entre la discipline collective et le respect des droits individuels des créanciers, connait par exemple la difficulté depuis longtemps : comment permettre la réparation du préjudice

---

809 Y. PICOD, Y. AUGUET et N. DORANDEU, « Concurrence déloyale », *Rép. com. Dalloz*, 2010, n° 133.
810 M. BACACHE-GIBEILI, *Traité de droit civil : Les obligations, La responsabilité civile extracontractuelle*, Economica, 3e éd., 2016, n° 420 et s.
811 Sur ce préjudice, v. *infra*, n° 20.

causé aux créanciers par la survenance d'une procédure collective, au moins lorsque les difficultés financières du débiteur peuvent être reliées à un fait générateur de responsabilité et non pas au seul contexte économique ? La question est déjà ancienne, mais Jocelyne Vallansan nous a toutefois montré que ce préjudice est désormais mieux identifié qu'autrefois : suivant la voie ouverte par la Cour de cassation, la loi du 26 juillet 2005 l'a ainsi relié à l'insuffisance d'actif lorsque c'est la responsabilité d'un dirigeant qui est recherchée. Et la jurisprudence a également précisé qu'il fallait prendre en considération l'aggravation de l'insuffisance d'actif dans le contexte de la mise en œuvre de la responsabilité d'un tiers. Sa réparation demeure cependant, du fait du pragmatisme imposé tout à la fois par les difficultés du débiteur et la discipline collective, assez illusoire ou au moins réduite. Lorsque c'est la responsabilité d'un dirigeant fautif qui peut être mise en cause, l'action ne peut ainsi être exercée si un plan de redressement a été adopté (alors que le préjudice des créanciers est bien réel : la créance pourra certes potentiellement être payée, mais elle ne le sera pas dans les conditions initialement prévues). En outre, en cas de liquidation, l'éventuelle responsabilité du dirigeant ne permet pas une réparation intégrale : d'une part parce que les textes offrent ici une grande latitude au juge en lui permettant de mettre à la charge du dirigeant fautif *tout ou partie* de l'insuffisance d'actif ; d'autre part parce qu'une éventuelle reconstitution du gage commun des créanciers ne permettra pas la réparation du préjudice inhérent à la procédure collective (immobilisation de la créance et perte des intérêts). Ce dernier préjudice est en effet classiquement distingué du préjudice véritablement individuel d'un ou de plusieurs créanciers qui peut, lui, faire l'objet d'une action individuelle. La frontière entre les deux a toutefois toujours été délicate à déterminer : comment faire la preuve en la matière d'un préjudice véritablement personnel alors que l'ensemble des créanciers souffrent de la procédure ? Jocelyne Vallansan a également témoigné des efforts mis en œuvre par la jurisprudence afin de mieux caractériser ce préjudice personnel, désormais appréhendé en contrepoint d'un intérêt défini – là réside la nouveauté – comme celui qui tend à la protection et à la reconstitution du gage commun, ce qui a permis à la Cour de cassation d'admettre les actions individuelles exercées par des salariés contre une banque jugée responsable de la faillite afin d'être indemnisés de leur préjudice tenant à la perte de leur emploi, à la perte de rémunération pour l'avenir et à l'atteinte à leur droit de voir leurs chances de retrouver un emploi optimisées[812].

12. Quant au caractère direct du préjudice, dont on sait qu'il intéresse en réalité plus le lien de causalité que le préjudice lui-même, et qu'il est donc sous la dépendance des habituelles oscillations jurisprudentielles entre la causalité adéquate et l'équivalence des conditions, on se permettra ici de l'évoquer car Emmanuel Gardounis en a présenté une application intéressante en droit européen de la concurrence. Le principe d'effectivité, qui suppose que les États membres sanctionnent de manière proportionnée et dissuasive les manquements au droit de l'Union européenne, permet ainsi à la CJUE, dans le contexte d'une entente, de légitimer la réparation de préjudices qui présentent certes un lien avec le fait générateur, mais un lien qu'il est toutefois audacieux de qualifier de direct. Cela concerne en effet des préjudices subis par des opérateurs économiques en raison de prix trop élevés pratiqués par d'autres opérateurs qui ne sont pourtant pas membres d'une entente, mais qui ont fixé leurs prix à ce niveau en raison de l'existence de l'entente, ce qu'il est convenu d'appeler « l'effet d'ombrelle ». Ces victimes, dépourvues de liens contractuels avec les membres de l'entente, peuvent ainsi agir contre ces derniers dès lors qu'elles parviennent à démontrer que l'entente litigieuse était susceptible d'emporter l'application d'un prix de protection par des tiers agissant de manière autonome. La solution mérite d'être signalée car, si elle n'est pas à proprement parler téméraire pour le droit français, habitué à une conception plus ou moins élastique de la causalité suivant les intérêts en présence[813], elle parait plus originale pour le droit européen et tend à montrer que la mise en œuvre de

---

[812] Com., 2 juin 2015, n° 13-24.714 ; *D.* 2015. 1205, obs. A. LIENHARD ; *D.* 2015. 1970, obs. P.-M. LE CORRE ; *Gaz. Pal.*, 22 sept. 2015, n°265, p. 19, obs. J. THERON ; *JCP E* 2015, 1522, note S. LE GAC-PECH ; *JCP S* 2015, 1278, note G. LOISEAU. Plus récemment, la Cour a par exemple censuré une décision qui avait écarté l'action personnelle en responsabilité d'un crédit-bailleur contre le liquidateur en raison de la perte de valeur vénale de l'immeuble objet du crédit-bail en raison du défaut de restitution et des dégradations, alors qu'il s'agissait d'un préjudice personnel « *dont la réparation est, dès lors, étrangère à la reconstitution du gage commun* » : Com., 6 mars 2019, n°17-20.545.

[813] V. à cet égard les réflexions intéressantes de J.-S. BORGHETTI, « Peut-on se passer de la causalité en droit de la responsabilité ? », in *Quel avenir pour la responsabilité civile ?*, dir. Y. LEQUETTE et N. MOLFESSIS, Dalloz, coll. Thèmes et commentaires, 2015, p. 11.

l'équivalence des conditions n'est pas nécessairement une spécifié française.

II. De véritables évolutions en cours : hiérarchisation et identification des préjudices

13. Le regard plus intense qu'autrefois porté sur le préjudice se traduit par deux mouvements complémentaires. L'un porte sur l'idée qu'il est nécessaire de prendre quelques distances avec le principe classique de l'équivalence des préjudices et d'établir une hiérarchie susceptible de déboucher sur des régimes plus ou moins distincts. Elle est pour l'heure essentiellement doctrinale mais a cependant d'ores et déjà des répercussions en droit positif – et possiblement encore plus en droit prospectif – avec la primauté reconnue au préjudice corporel (A). Au-delà, suivant le sillage tracé par les nomenclatures, les juristes se contentent de moins en moins de formules approximatives lorsqu'il est question de l'identification et de l'évaluation des préjudices, usant parfois d'une subtilité qui tend à compliquer toujours plus la matière (B).

A. Éclosion d'une hiérarchie des préjudices

14. Le caractère lapidaire des quelques articles du Code civil de 1804 consacrés à la responsabilité civile avait permis au droit français de n'opérer aucune différenciation de régime suivant la nature du préjudice ou, en d'autres termes, d'assoir la reconnaissance du principe de l'équivalence des préjudices. La démarche des rédacteurs du Code était la même qu'à propos de la faute : la casuistique du droit romain s'était effacée « *au profit d'une généralité de la notion* »[814]. Certes, une hiérarchie des préjudices pouvait toujours se manifester à la dérobée grâce au pouvoir souverain d'appréciation des juges du fond. De surcroit, le succès jurisprudentiel de la responsabilité du fait des choses et, plus encore, de l'obligation contractuelle de sécurité

[814] O. DESCAMPS, « La responsabilité dans le Code civil », *Histoire de la justice*, 2009, n° 19, p. 291.

étaient déjà des indices d'une volonté de favoriser la réparation du préjudice corporel, mais cela ne remettait pas frontalement en cause le principe de l'équivalence des préjudices.

15. La tendance contemporaine consiste à l'inverse à affirmer plus ouvertement que tous les préjudices ne se valent pas[815]. Le succès grandissant de la distinction entre le dommage et le préjudice en offre une illustration : si elle semble aujourd'hui plus qu'hier emporter la conviction de la doctrine[816] (au point d'être reconnue par l'article 1235 de l'actuel projet de réforme), alors qu'elle était autrefois régulièrement présentée comme une distinction dépourvue de réels enjeux pratiques[817], c'est vraisemblablement en raison de l'influence exercée par les auteurs qui dénoncent la trop grande générosité du droit français (et les coûts qu'elle implique pour la collectivité) et ses réticences à trouver des critères susceptibles d'opérer un tri entre les préjudices réellement dignes de réparation et ceux qui pourraient être ignorés (ou soumis à un régime plus strict) sans que l'équité n'en soit nécessairement heurtée.

16. Sans être complètement nouvelle, cette idée se concrétise actuellement par le prisme de la notion d'intérêts protégés. Mariève Lacroix nous a ainsi fait part de sa place importante en droit québécois, où les intérêts ne permettent pas tous la reconnaissance d'un droit. Certains demeurent de simples intérêts, alors que d'autres peuvent recevoir la qualification de droit et bénéficier ainsi d'une protection publique, lorsqu'ils sont jugés dignes d'une protection particulière. D'où une déclinaison des intérêts : « *illégitimes* » (impossibilité d'une action en responsabilité), « *purs et simples* » (qui sont indifférents au droit), « *légitimes* » (leur intérêt social est reconnu, mais leur protection demeure limitée), les « *droits subjectifs* » (qui bénéficient d'une protection sociale automatique) et, *in fine*, les « *droits fondamentaux* » (ceux reconnus au Québec par la Charte des droits et libertés de la personne). Suivant Madame Lacroix, « *une telle perception gradualiste de la légitimité juridique, qui*

---

815 V. notamment : J.-S. BORGHETTI, « Les intérêts protégés et l'étendue des préjudices réparables en droit de la responsabilité civile extra-contractuelle », préc.
816 F. TERRÉ, Y. LEQUETTE, Ph. SIMLER et F. CHÉNEDÉ, Droit civil, Les obligations, Dalloz, 12e éd., 2018, n° 920.
817 X. PRADEL, préc. n° 3 et note n° 799.

s'exprime par une structure hiérarchique des intérêts, doit se substituer à une logique binaire du permis et de l'interdit ».

17. Une part de la doctrine française est aujourd'hui sensible à une telle présentation, mais elle doit affronter les craintes de ceux qui pourraient être tentés d'y voir une réminiscence de la jurisprudence qui écartait autrefois le préjudice subi par la concubine par l'intermédiaire de l'exigence d'un intérêt légitime juridiquement protégé. Empreinte d'un moralisme fâcheux, cette solution, bien qu'abandonnée depuis bientôt 50 ans, a marqué de nombreux esprits et a ainsi grandement contribué à la pérennité au moins formelle du principe de l'équivalence des préjudices. Il est pourtant curieux que l'esprit du juriste, nécessairement coutumier des distinctions, soit ainsi invité à s'en tenir à un universalisme qui ne se justifie ici pas nécessairement. Mais cet épisode malencontreux est peut-être aujourd'hui digéré, ainsi qu'en témoigne l'article 8 du projet de réforme de la responsabilité civile présenté sous l'égide de François Terré et qui définit le dommage comme « *toute atteinte certaine à un intérêt de la personne reconnu et protégé par le droit* » (l'actuel projet de réforme de la responsabilité civile est ici plus timoré puisque son article 1235 se contente d'évoquer un dommage « *consistant en la lésion d'un intérêt licite, patrimonial ou extra-patrimonial* »). Marie Dugué, partant du constat que le contrôle de la légitimité du préjudice ainsi que de son caractère sérieux n'est pas forcément aisé à manier, voire qu'il peut conduire à des exclusions trop radicales, a plaidé pour une hiérarchisation des intérêts permettant de moduler les conditions de mise en œuvre de la responsabilité civile suivant l'intérêt en cause. Cette démarche n'est certes pas inscrite dans la tradition française, mais le rayonnement intellectuel de la thèse de Starck et de sa théorie de la garantie a déjà montré que les esprits n'étaient pas nécessairement réticents à une différenciation des préjudices. Surtout, il s'agit déjà d'une réalité en droit positif[818] dont chacun sait qu'il facilite, au moins dans certains domaines, la réparation du préjudice corporel, parfois d'ailleurs de manière occulte avec une interprétation souple de la faute ou du lien de causalité. Ce pour quoi Marie Dugué estime que l'idée d'une hiérarchie des préjudices a de beaux jours devant elle. L'actuel projet de réforme de la responsabilité civile

---

[818] L. MORLET-HAÏDARA, « Vers la reconnaissance d'un droit spécial du dommage corporel ? », *Resp. civ. assur.* 2010, étude 13.

semble le démontrer puisqu'il contient plusieurs solutions propres au préjudice corporel (article 1233-1 : décontractualisation ; article 1240 : reconnaissance d'une responsabilité collective lorsque le dommage a été causé par une personne indéterminée parmi des personnes identifiées ; article 1254 alinéa 2 : exigence d'une faute lourde pour que la faute de la victime produise son effet exonératoire partiel ; article 1263 : inapplicabilité du devoir de modérer son préjudice ; article 1281 alinéa 2 : illicéité des clauses élusives ou limitatives de responsabilité). A l'instar de Madame Fabre-Magnan[819], on peut toutefois regretter un manque de souffle et d'ambition puisque, dans son architecture, le projet demeure centré sur les faits générateurs de responsabilité et reste donc à cet égard de facture très classique[820].

18. Il n'est cependant pas certain que le droit français soit prêt à accepter la mise en œuvre d'une hiérarchie des intérêts au-delà de cette illustration la plus topique qu'est le préjudice corporel. La question se pose parfois à propos des préjudices purement économiques et Marie Dugué a fait part de son souhait de voir émerger une telle « *hiérarchie négative* », qui n'existe pour l'heure que de manière latente et dont le principe suscite des opinions plutôt réservées[821], mais qui aurait selon elle le mérite de « *permettre, corrélativement, d'accroître encore la protection de l'intégrité physique et psychique des personnes* ». Un arrêt récent[822] et très remarqué semble imprégné par cette idée, en ce qu'il rejette l'action exercée par un parieur contre un joueur de football, ce dernier ayant marqué un but en position de hors-jeu sans que l'arbitre ne l'ait relevé, sans se fonder sur l'analyse habituelle de la faute sportive (qui permet de retenir les seuls manquements délibérés aux règles de jeu portant atteinte à la sécurité des joueurs), mais en prenant soin, à l'inverse,

---

[819] M. FABRE-MAGNAN, « Un projet à refaire », *RDC* 2016. 782.

[820] Mme FABRE-MAGNAN (art. préc.) observe ainsi que « *soixante-dix ans exactement après la démonstration de Starck, on en reste dans le projet de réforme à la stérile et obsolète distinction entre les types de faits générateurs qui, en étant ainsi réaffirmée comme le paradigme central du droit de la responsabilité civile, donne l'impression d'un grand bond en arrière* ».

[821] V. notamment : J. TRAULLÉ, « La réparation du préjudice économique "pur" en question », *RTD civ.* 2018. 285.

[822] Civ. 2e, 14 juin 2018, n° 17-20.046, *D.* 2018. 1784, note J.-S. BORGHETTI, *RTD civ.* 2018. 908, obs. P. JOURDAIN, *RLDC* 2018 n° 165, note M. DUGUÉ.

d'affirmer que « *seul un fait ayant pour objet de porter sciemment atteinte à l'aléa inhérent au pari sportif est de nature à engager la responsabilité d'un joueur et, le cas échéant, de son club, à l'égard d'un parieur* ». En matière de paris sportifs, une faute simple ne suffit donc pas à engager la responsabilité de son auteur, solution dont la raison d'être « *paraît résider moins dans une volonté de protéger certaines valeurs ou certaines personnes, que dans le souci de limiter la protection accordée à certains intérêts* »[823], en l'espèce un préjudice économique pur. La hiérarchie des intérêts parait donc bel et bien sur sa lancée, mais il est douteux que le droit français en vienne à élaborer à court ou moyen terme une hiérarchie explicite et affinée qui viendrait, non pas seulement heurter, mais renverser brutalement notre tradition d'une approche commune des préjudices.

B. Affinement de l'identification et de l'évaluation du préjudice

19. S'il est un mouvement clairement tangible en droit contemporain de la responsabilité civile, c'est bien celui de la prolifération des préjudices et donc de ses qualifications. Ainsi que l'a observé un auteur, « *au sein du droit de la responsabilité, le dommage est en extension* »[824]. Il y a d'ailleurs parfois de quoi être effrayé par un phénomène qui semble inarrêtable : l'apparition en jurisprudence de nouvelles qualifications suscite inévitablement des demandes en indemnisation auxquelles les victimes n'auraient pas songé auparavant et inspire ensuite les praticiens dans l'élaboration de nouveaux chefs de préjudices. Corrélativement, notre droit de la réparation tend à se spécialiser à outrance : ainsi que l'a observé Muriel Chagny, on assiste à « *un débordement par le spécial* » des préjudices réparables. Cela est particulièrement manifeste à propos du préjudice corporel et, plus encore, du préjudice moral consécutif à un préjudice corporel. Puisqu'il a refusé de lier ce préjudice à l'atteinte à un droit, « *le droit s'est précisément débarrassé de l'instrument qui permet le tri. Il a alors ouvert sur un désordre évident, dont la psychologisation du*

---

[823] J.-S. BORGHETTI, note préc.

[824] N. MOLFESSIS, « La psychologisation du dommage », in *Quel avenir pour la responsabilité civile ?*, dir. Y. LEQUETTE et N. MOLFESSIS, Dalloz, coll. Thèmes et commentaires, 2015, p. 39.

dommage est autant le révélateur que l'accélérateur »[825]. Les demandes nouvelles prolifèrent, sans que le droit français soit en mesure de proposer une boussole autre qu'une équité flottante pour juger de leur bien-fondé. Philippe Brun a par exemple observé que « *de plus en plus souvent, et notamment dans le domaine familial, on reconnaît un préjudice réparable dans la frustration d'un état que, au vu des circonstances, on n'aurait pas pu connaître* ». Cette évolution est également perceptible en droit économique : Muriel Chagny a par exemple évoqué le droit de la propriété intellectuelle et le secret des affaires, où les évolutions législatives récentes permettent d'observer que des « *directives précises sont formulées à l'attention du juge, lui imposant de prendre en considération distinctement différents chefs de préjudices, lui interdisant dès lors de procéder à une appréciation globale, tous chefs de préjudice confondus* ». Dans le droit de la distribution, on peut par exemple évoquer la question de l'indemnisation du distributeur après la rupture de son contrat[826] : une distinction est ainsi opérée suivant que la rupture est abusive (le préjudice réside alors dans la rupture elle-même) ou brutale (il tient ici uniquement à la brutalité de la rupture, c'est-à-dire en fonction de la durée du préavis qui aurait dû être accordé), avec dans la seconde hypothèse des discussions très fines sur les éléments à prendre en considération dans l'évaluation (ex. : marge brute ou marge brute diminuée des coûts ou des charges variables ?). Cette recherche d'une plus grande précision est également à l'œuvre à propos des effets de l'écoulement du temps : au-delà des classiques intérêts moratoires, des auteurs proposent ainsi de mieux prendre en considération les intérêts dits compensatoires afin d'offrir à la victime une compensation intégrale[827].

---

[825] N. MOLFESSIS, art. préc., n°13.

[826] Sur cette question, v. par exemple : N. DISSAUX, « L'indemnisation du distributeur en cas de rupture brutale », *RDC* 2015. 991 ; S. REGNAULT, « L'indemnisation de la rupture fautive des contrats de distribution », *JCP E* 2014, 1429.

[827] M. NUSSENBAUM, « La place des intérêts compensatoires (ou "pre-judgement interest") dans l'évaluation des préjudices », *Contrats conc. consom.* 2018, étude 13 ; « Le préjudice du temps qui passe : approche économique des intérêts moratoires et compensatoires », *Rev. dr. banc. fin.* 2017, étude 26 ; S. CARVAL, « Les intérêts compensatoires. La réparation de la dimension temporelle des préjudices économiques », *D.* 2017. 414. Cette qualification d'intérêts compensatoires a pendant longtemps été mal comprise car, avant 1998, elle était utilisée par la Cour de cassation pour qualifier les intérêts que le juge peut accorder

20. Au-delà de ces terres usuelles, il faut surtout souligner la reconnaissance par le législateur, à la suite de la Cour de cassation, d'un préjudice novateur et réellement original : le préjudice écologique. La loi du 8 août 2016 a enfin franchi le cap et levé l'obstacle du caractère personnel du préjudice pour se concentrer sur l'atteinte environnementale. Romain Laulier nous a ainsi précisément expliqué comment les articles 1246 et suivants du Code civil appréhendent le préjudice écologique pur. Celui-ci concerne tout à la fois les éléments composant un écosystème et les fonctions de cet écosystème, ne se confond pas avec le préjudice écologique dérivé dont peuvent être victimes des sujets de droit, et se trouve seulement restreint par la précision suivant laquelle l'atteinte à l'environnement doit être « *non négligeable* ». Cette innovation permet de dépasser l'idée artificielle d'un préjudice moral subi par les associations de défense de l'environnement. La difficulté ne résidait toutefois pas tant ici dans le principe même du préjudice que dans la détermination des titulaires de l'action en réparation. Le législateur ne s'est pas véritablement sorti de cet écueil : si l'article 1248 du Code civil donne une liste des titulaires de l'action, celle-ci est limitative et rien n'est précisé pour clarifier les difficultés susceptibles de se présenter en raison de la multiplicité des personnes susceptibles d'agir (le juge est seulement invité à prendre en considération, dans l'évaluation du préjudice, les mesures de réparation déjà intervenues). Quant à la réparation, elle doit s'opérer en priorité en nature, la réparation pécuniaire n'étant susceptible d'intervenir que lorsqu'il existe une impossibilité de droit ou de fait de réparation en nature. Romain Laulier a toutefois souligné que pour vérifier la bonne exécution d'une décision de réparation en nature, il faudrait faire appel à un corps d'experts avec des compétences transversales.

---

sur une indemnité, pour la période antérieure au jugement, en application de l'article 1231-7 du Code civil, alors que ces intérêts n'ont pas d'autres objectifs que de réparer le retard lié à l'existence d'un procès (sur cette jurisprudence : F. GRÉAU, thèse préc., n°267, n°276 et s., n° 303 et s.). A l'opposé, les intérêts compensatoires sont ceux qui peuvent être octroyés souverainement par le juge, lorsque celui-ci n'est pas soumis au forfait d'intérêts de l'article 1231-6, pour prendre en considération des préjudices *prouvés* consécutifs à l'écoulement du temps (la perte des intérêts rémunératoires injustement déboursés ou perdus par le créancier d'une indemnité, ou même par le créancier d'une obligation monétaire contractuelle victime de la mauvaise foi de son débiteur) mais autres que le seul écoulement du temps.

21. Cette prolifération des préjudices appelle un effort de rationalisation que le droit contemporain tente de concrétiser par l'intermédiaire de nomenclatures susceptibles de guider les praticiens. Le modèle de la réparation des préjudices corporels fait ainsi des émules, à tel point que Romain Laulier a pu regretter que la consécration du préjudice écologique n'ait pas été accompagnée d'une nomenclature, alors que des auteurs avaient élaboré une « *éco-nomenclature* » qui aurait pu accompagner les magistrats « *dans un triple souci de lisibilité, de prévisibilité et d'égalité indemnitaire* ». Cet effort a pourtant été fait – certes de manière moins minutieuse que pour le préjudice corporel – en droit de la concurrence : l'article L. 481-3 du Code de commerce, issu de l'ordonnance du 9 mars 2017, énumère ainsi, de manière non exhaustive, les éléments susceptibles de concerner la victime d'une pratique anticoncurrentielle. Auparavant, une démarche similaire avait été suivie par le droit de la propriété intellectuelle avec la loi du 11 mars 2014[828], démarche reprise à l'article L. 152-6 du Code de commerce par la loi du 30 juillet 2018 relative au secret des affaires. Ces dispositions demeurent toutefois relativement sommaires en comparaison de ce que connait le droit du préjudice corporel. Si le postulat est similaire – ordonner les différents chefs de préjudice et refuser les approximations d'une évaluation tous chefs de préjudices confondus –, l'amplitude du préjudice corporel est bien plus large et de nombreuses réflexions étaient déjà à l'œuvre au moment de la généralisation de l'application de la désormais incontournable nomenclature Dintilhac. Encore convient-il de rappeler que cette nomenclature doit à l'origine non succès non pas tant dans une volonté de clarifier en soi l'évaluation des conséquences d'un préjudice corporel, mais plutôt dans la nécessité de mettre en œuvre la grande innovation issue de la loi du 21 décembre 2006, c'est-à-dire celle du recours poste par poste des différents tiers payeurs. Autrefois dominée par la règle de l'imputation globale du recours sur les dommages-intérêts dus par le responsable, approximative et surtout très défavorable à la victime quant à l'étendue de son action complémentaire, la matière a progressivement

---

[828] Plusieurs dispositions du Code de la propriété intellectuelle énumèrent ainsi de manière similaire les contours du préjudice et imposent aux juges de prendre en considération distinctement ces éléments : article L. 331-1-3 (propriété littéraire et artistique), article L. 521-7 (dessins et modèles), article L. 615-7 (brevets), article L. 623-28 (certificats d'obtention végétale), article L. 716-14 (marques), article L. 722-6 (indications géographiques).

évolué en affirmant le fondement de la subrogation et en affinant sa mise en œuvre[829]. C'est ainsi l'existence de ces recours et la volonté de les cantonner qui a permis une mise en ordre des différents chefs de préjudice dont la rationalité s'est ensuite imposée pour elle-même.

22. Il faut toutefois observer que le succès de la nomenclature Dintilhac ne résout pas nécessairement la question de savoir comment doivent être appréhendés les différents chefs de préjudices. Julie Mattiussi a ainsi présenté les difficultés liées au préjudice esthétique et sa contribution témoigne admirablement de la tendance contemporaine consistant à refuser des affirmations trop évidentes pour être réellement satisfaisantes. La question centrale est ici de savoir si ce chef de préjudice doit être entendu comme une atteinte à la normalité esthétique ou, hypothèse qui n'est pas la plus intuitive mais qui est probablement la plus satisfaisante, comme une atteinte à l'identité de la victime. Des normes de beauté et de laideur sont certes prégnantes et « *c'est précisément le fait que les individus se pensent en référence à ces normes qui est source de souffrances pour ceux dont l'apparence physique est altérée* », mais s'en tenir à ces normes conduit à des jugements de valeur délicats à mettre en œuvre et à instaurer des discriminations. Ce pour quoi relier le préjudice esthétique à l'atteinte à l'identité de la personne, c'est-à-dire considérer que « *l'objet de la réparation est la souffrance de la victime résultant de la transformation de son apparence physique sans son consentement, indépendamment de tout jugement de valeur* », apparait plus satisfaisant. Or, cette question n'est pas véritablement tranchée en jurisprudence, où les décisions font la part belle aux expertises médicales et aux référentiels d'indemnisation. Elle n'est pourtant pas anodine, comme le montre l'exemple significatif d'une personne qui aurait perdu du poids après un accident sans pour autant l'avoir souhaité : si elle se rapproche des normes objectives de beauté, elle n'en est pas moins susceptible de souffrir de la perte de son état antérieur.

---

[829] Il reste encore toutefois quelques progrès à réaliser car, si la plupart des prestations correspondent bien à un chef de préjudice de la nomenclature, l'objet de certaines n'est pas toujours bien identifié et, en l'absence d'une table de concordance, elles suscitent de redoutables difficultés d'imputation. Il en va en particulier ainsi à propos des rentes servies dans le régime des risques professionnels.

23. Au-delà d'une meilleure identification des préjudices, on peut être tenté de peaufiner la nomenclature Dintilhac afin de proposer de nouveaux chefs de préjudice. A propos du préjudice par ricochet, Adrien Bascoulergue a ainsi pu regretter une forme de discrimination en comparaison de la précision des préjudices subis par la victime directe. En effet, « *si la liste des préjudices susceptibles d'être subis par une victime principale en cas de dommage corporel est guidée par un objectif d'individualisation, de segmentation de la réparation et une tendance à la spécification des différents postes de préjudice, celle des préjudices susceptibles d'être subis par les victimes par ricochet semble être animée d'une intention tout autre, de globalisation des postes de préjudices* ». Il conviendrait selon lui de reprendre le poste « frais divers » car ce refus d'entrer dans les détails ne permettrait pas de prendre correctement en considération certains éléments, par exemple les frais d'assistance ou les frais d'adaptation du logement. Certes, la jurisprudence prend en charge ces préjudices, mais il serait préférable de les mettre plus clairement en avant. De même, la présentation des préjudices moraux est trop ramassée (le préjudice d'affection n'est ainsi pas suffisamment distinct des souffrances morales avant consolidation ; de même, les troubles dans les conditions d'existence seraient trop souvent restreints à la dégradation générale dans la qualité de vie, sans que soient pris en considération des aspects plus précis).

24. La recherche d'une plus grande précision est-elle toutefois réellement source de justice et d'efficacité ? Le morcellement continuel des préjudices peut en effet engendrer tout à la fois des nouvelles difficultés de qualification dont il serait pourtant possible de faire l'économie, des risques d'une double indemnisation (ce que reconnait Adrien Bascoulergue à propos du préjudice par ricochet) et favoriser, dans des proportions évidemment difficiles à mesurer, l'éclosion de demandes en indemnisation parfois artificielles. Si elle constitue indéniablement un progrès, la logique des nomenclatures ne saurait être indéfiniment étirée, au risque de se perdre dans un dédale de qualifications. Ainsi qu'a pu l'observer Jonas Knetsch[830], le sentiment initial de progrès peut être suivi d'une « *sorte de désenchantement* », en particulier parce que la définition large du déficit fonctionnel permanent (principal préjudice moral de la

[830] J. KNETSCH, « La désintégration du préjudice moral », *D.* 2015. 443.

nomenclature, qui vise les atteintes aux fonctions physiologiques de la victime) recoupe nécessairement d'autres chefs de préjudices moraux. Cet auteur souhaiterait ainsi une notion unitaire du préjudice moral (dès lors qu'il prendrait évidemment en considération toutes les facettes du préjudice) : par nature difficilement quantifiable en argent, celui-ci est pourtant aujourd'hui toujours plus morcelé. Et cette ventilation risque d'alimenter « *une extension incontrôlée du domaine du préjudice réparable* ». Certaines des qualifications qui émergent actuellement à propos du préjudice moral donnent en effet le sentiment d'un authentique travail d'orfèvre qui prendrait toutefois appui sur une vision quelque peu illusoire de la réelle faisabilité du principe de la réparation intégrale en la matière. Ce souci d'une grande précision génère en outre de nouveaux contentieux, donne matière à des chicanes dont l'intérêt pratique n'apparait pas toujours de manière manifeste dans la mesure où il est difficile de se départir du sentiment qu'il y a parfois un simple jeu de vases communicants entre les différents postes de préjudices moraux. Les discussions relatives au préjudice d'avilissement, qui ne figure pas en tant que tel dans la nomenclature, en donnent une illustration. Dans plusieurs arrêts du 13 décembre 2018[831], la question soumise à la Cour de cassation était ainsi celle de savoir si le préjudice subi par une victime de prostitution forcée et de traite d'être humain, préjudice évidemment gravissime et incontestable, devait être considéré comme un préjudice moral autonome (plus précisément, comme un préjudice susceptible d'être qualifié de préjudice permanent exceptionnel) ou comme un élément du déficit fonctionnel permanent. Suivant la Cour, ce préjudice n'est pas autonome. Cela ne signifie évidemment pas qu'il n'est pas réparable, mais il ne se distingue pas en soi du déficit fonctionnel permanent (ou, pour la période antérieure à la consolidation, des souffrances endurées). Mais où réside alors l'intérêt pratique d'un tel litige s'il ne s'agit que d'une histoire de mots ? Dans la crainte d'une sous-évaluation du préjudice car l'expertise médicale des souffrances endurées et du déficit fonctionnel permanent ne permet en pratique peut-être pas de le valoriser avec l'attention qu'il devrait mériter : « *sauf à revoir l'outil médico-légal d'évaluation et les valeurs des référentiels, l'obligation faite par la Cour de cassation d'inclure ces douleurs morales spécifiques dans le poste des*

[831] Civ. 2e, 13 décembre 2018, n° 18-10.276, n°18-10.277, n° 17-28.716 ; *D.* 2019. 182, note S. PORCHY-SIMON.

souffrances endurées risque fort de conduire à ce que celles-ci ne soient, dans les faits, pas réellement indemnisées. Le plus souvent, le régleur ne dépassera pas les montants d'indemnisation habituellement corrélés à ces souffrances maximales »[832].

25. Ces nouveaux litiges témoignent ainsi d'une trop grande dépendance à l'égard des barèmes médicaux, qui tendent à prendre le pas sur l'imparfaite mais néanmoins précieuse appréciation souveraine des juges du fond. Julie Mattiussi l'a également relevé à propos du préjudice esthétique en pointant le fait que si les barèmes médicaux reposent sur des appréciations précises, ils n'indiquent cependant pas les normes de référence à partir desquelles l'expert va attribuer une note au préjudice. Plus encore, les exemples qu'elle a pu relever montrent que « *la norme sociale de beauté semble bien se trouver au cœur de l'appréciation de la gravité de la lésion* ». L'importance des barèmes médicaux réduit ainsi non seulement l'appréciation des juges, qui se contentent ordinairement de traduire la cotation en une somme d'argent (avec en outre une utilisation fréquente des montants indicatifs d'indemnisation parfois donnés par ces barèmes), mais elle tend en outre à empiéter sur un raisonnement juridique en tranchant le débat autour de la définition du préjudice esthétique en faveur d'une conception objective : « *il apparaîtrait pertinent de réserver à l'expert l'établissement rigoureusement objectif du dommage et de remettre entre les seules mains du juge la part incompressible de subjectivité et d'individualisation du préjudice esthétique* ». Il n'est pas certain que le principe d'un barème médical unique, prévu par l'article 1270 de l'actuel projet de réforme à propos du déficit fonctionnel après consolidation, soit en mesure de résoudre ce genre de difficultés. A l'inverse, l'article 1271 du projet prévoit la création d'un référentiel indicatif d'indemnisation pour certains postes de préjudices extrapatrimoniaux, à partir d'une base de données alimentée par les décisions définitives des cours d'appel en matière d'indemnisation des victimes d'accidents de la circulation. La tâche du juge s'en trouverait simplifiée, mais au détriment de l'individualisation de l'indemnisation.

26. Le constat est donc pour le moins mitigé : alors que la logique des nomenclatures appelle à une plus grande précision dans les

---

[832] S. PORCHY-SIMON, note préc.

qualifications, précision également recherchée par la plupart des spécialistes du préjudice corporel, l'évaluation demeure sous la dépendance de barèmes médicaux qui ne permettent peut-être pas toujours de prendre en considération les particularités individuelles et rognent sur l'appréciation des juges du fond. Et le droit prospectif lui-même semble privilégier l'uniformisation sur l'individualisation. Quitte à suivre ce chemin, ne conviendrait alors-t-il pas de s'interroger sur les éventuels mérites d'une réparation forfaitaire pour les préjudices moraux ? Ce n'est certes pas dans l'air du temps à propos du préjudice corporel, mais le droit de la propriété intellectuelle[833] et le régime du secret des affaires[834] connaissent, eux, une alternative entre une approche concrète ou, à la demande de la partie lésée, l'octroi d'une somme forfaitaire[835]. D'un côté, une telle démarche serait nécessairement trop fruste et source d'injustices potentielles ; d'un autre côté, elle permettrait des procédures plus rapides et l'économie de procès dont l'utilité est parfois quelque peu incertaine… Le préjudice moral n'est-il pas en tout état de cause impossible à chiffrer précisément ? *A minima*, l'idée d'une globalisation des préjudices moraux mérite d'être considérée au regard des difficultés posées par sa fragmentation contemporaine.

III. Des perspectives d'évolution : les distances prises avec la réalité du préjudice

27. Classiquement, le préjudice constitue la mesure indépassable de la condamnation du responsable. Érigé au rang de dogme, le principe de la réparation intégrale parait ainsi incontournable en droit français. Deux évolutions présentes dans l'actuel projet de réforme de la responsabilité civile s'en éloignent toutefois et il importe de bien en mesurer les effets. La première vise à réduire le montant des dommages-intérêts lorsque la victime n'a pas pris les mesures sûres et raisonnables qui auraient été susceptibles d'éviter l'aggravation de son préjudice (A). La seconde vise à sanctionner l'auteur d'une faute

---

[833] V. les textes cités *supra*, note n° 828.

[834] Article L. 152-6 du Code de commerce.

[835] M. OUANICHE et A. CLUZEL, « Spécificités du préjudice de contrefaçon », *JCP E* 2019, 1006, n°3.

lucrative par une condamnation à une amende civile qui dépasserait le montant du préjudice (B).

A. Le devoir de modérer son préjudice

28. Alors que la Cour de cassation témoigne régulièrement de son hostilité à l'égard de l'éventuelle reconnaissance d'un devoir de la victime de modérer son préjudice[836], l'article 1263 du projet de réforme se départit de cette défaveur jurisprudentielle en accueillant un principe qui semble rallier une majorité des suffrages de la doctrine. Il le fait toutefois de manière prudente : si, contrairement au projet présenté en 2016, le texte ne limite pas ce devoir à la seule responsabilité contractuelle, il précise aujourd'hui formellement qu'il ne concerne pas les dommages corporels (cela n'était auparavant qu'implicite en raison de la large décontractualisation du dommage corporel défendue par ce projet). Cette prudence est compréhensible : si un consensus peut globalement être trouvé sur le principe même d'un tel devoir, il importe néanmoins de ne pas admettre trop largement une notion certes largement connue par d'autres systèmes juridiques, mais dont il est difficile de mesurer toutes les conséquences qu'elle pourrait emporter en droit français[837]. Ce pour quoi la sacralisation du préjudice corporel a rejailli sur la portée du devoir de modérer son dommage : d'une part, car il est apparu sage de ne pas attendre d'une personne en situation de faiblesse physique et morale un comportement toujours parfaitement rationnel ; d'autre part et plus implicitement pour ne pas donner aux assureurs du grain à moudre pour formuler d'interminables contestations. Sans revenir sur le principe de cette exclusion, Alicia Mâzouz nous a toutefois montré que ce choix n'était pas évident. L'équilibre en la matière, qui repose

---

[836] Tout au moins dans sa jurisprudence, car le rapport d'un groupe de travail de cette même Cour en 2007 portant sur le projet Catala avait approuvé la consécration dans l'avant-projet Catala « *de l'obligation faite à la victime de prendre les mesures propres à réduire son dommage ou à en prévenir l'aggravation* » (Rapport du groupe de travail de la Cour de cassation sur l'avant-projet de réforme du droit des obligations et de la prescription, 15 juin 2007, n°82, rapport disponible sur le site de la Cour de cassation).

[837] Sur cette question : F. GRÉAU, « Le droit français peut-il faire une place au devoir de minimiser son dommage ? », in *Les devoirs en droit*, (dir.) S. BENISTY, Fondation Varenne, coll. Colloques et Essais, 2017, p. 61.

en grande partie sur la manière dont est appréhendé le refus de soins, est extrêmement délicat à trouver : « *d'un côté, la personne lésée doit pouvoir demeurer libre de consentir à des actes intervenants sur son corps et, de l'autre côté, le responsable ne doit pas être asservi par les choix de la victime* ». De surcroit, c'est l'intérêt de la collectivité qui ici également en cause puisque les coûts supplémentaires de prise en charge engendrés par le refus de soins seront supportés par la sécurité sociale, les assureurs ou les fonds d'indemnisation. Alicia Mâzouz a ainsi plaidé pour qu'une véritable étude d'impact soit réalisée, afin qu'une décision soit prise à partir d'un réel éclairage économique, pour dépasser le simple sentiment que le refus d'un tel devoir pour les victimes d'un préjudice corporel représenterait un coût véritablement significatif pour la collectivité. Elle a également montré de manière minutieuse que, si le devoir de modération devait être accueilli pour ce préjudice, les difficultés pratiques de sa mise en œuvre se révéleraient très nombreuses : faudrait-il revenir à la distinction entre les actes graves et les actes bénins dont la jurisprudence usait avant 1997 ? Si oui, suivant quels critères ? D'autres questions seraient susceptibles de se poser : comment chiffrer ? Sur quels postes de préjudices ? En définitive, si l'exclusion du préjudice corporel du champ d'application du devoir de modérer son propre préjudice porte en germe quelques solutions potentiellement gênantes[838], la balance penche néanmoins assez largement en sa faveur au regard des difficultés potentielles de la solution inverse.

B. L'amende civile

29. Le projet de réforme de la responsabilité civile ne procède malheureusement pas avec la même prudence à propos de la lancinante question de la fonction punitive de la responsabilité civile. A la suite de la thèse de Suzanne Carval, il a souvent été affirmé que de nombreux procédés du droit positif révéleraient cette fonction

---

[838] Maintenir le principe de cette exclusion n'interdit toutefois pas de fixer une limite. Sans revenir formellement à la distinction des actes graves et bénins, l'article 1263 du projet pourrait ainsi permettre au juge de ne pas prendre en considération l'aggravation du préjudice lorsque le comportement de la victime a été particulièrement déraisonnable.

punitive, sans qu'il soit toutefois démontré en quoi ceux-ci pouvaient véritablement se rattacher à la responsabilité civile, dont les larges filets et la grande plasticité des raisonnements ne devraient pourtant aller jusqu'à permettre de trop s'éloigner de son rôle indemnitaire. Il n'est pas inutile de se souvenir des nombreuses difficultés auxquelles avait été confronté le droit français avant la légalisation de l'astreinte judiciaire par la loi du 5 juillet 1972 : fondée par la jurisprudence sur la responsabilité civile faute d'un soutien légal, l'astreinte était en pratique tiraillée entre ce soutien théorique manifestement inappropriée et sa véritable raison d'être qui est de menacer la partie perdante d'une condamnation financière importante en cas d'inexécution tardive de la décision. La difficulté ressurgit aujourd'hui : faire abstraction du préjudice, est-ce encore véritablement appliquer la responsabilité civile ? La tentation de voir la responsabilité partout n'est certes pas nouvelle – elle avait été dénoncée en son temps dans un célèbre article d'Henri Mazeaud[839] –, mais elle se manifeste à l'heure actuelle avec une particulière acuité à propos de la volonté de sanctionner les auteurs de fautes lucratives.

30. L'actuel projet de réforme propose ainsi de consacrer la technique de l'amende civile en son article 1266-1. Celle-ci est déjà connue par le droit de la concurrence (art. L. 442-4, anc. art. L. 442-6 III). Mais son introduction en droit civil, qui plus est dans le *corpus* des textes consacrés à la responsabilité civile, serait lui donner une ampleur inédite. Alexandre Dumery a minutieusement présenté ce texte. Mais en observant justement que, si le souhait de dépasser le principe de la réparation intégrale pouvait être en soi légitime dès lors que la responsabilité civile est mise en échec par les hypothèses de fautes lucratives et que les dommages-intérêts punitifs « clandestins », *via* des préjudices moraux artificiellement gonflés, ne peuvent être regardés que comme un pis-aller, l'amende civile telle que proposée par le projet dénature la responsabilité civile sans pour autant véritablement respecter les principes du droit pénal, notamment le principe de légalité des délits et des peines. La définition de la faute (« *lorsque l'auteur du dommage a délibérément commis une faute en vue d'obtenir un gain ou une économie* ») est en effet bien vague et il

---

839 H. MAZEAUD, « L'"absorption" des règles juridiques par le principe de responsabilité civile », *DH* 1935, chr. 5. L'auteur dénonçait alors la tendance de la jurisprudence à se servir des anciens articles 1382 et s. non seulement pour compléter les règles de droit, mais également pour les tourner.

fort probable qu'elle ne soit pas susceptible de satisfaire le Conseil constitutionnel[840]. En outre, si l'on voulait réellement donner le sentiment de rester un tant soit peu dans le sillage de la responsabilité civile, il serait probablement plus pertinent de ne pas retenir le principe d'une amende et de mettre en œuvre une logique restitutoire avec un principe de restitution intégrale du bénéfice ou de l'économie réalisés, seul susceptible de compléter utilement la responsabilité civile sans la dénaturer. C'est cette idée d'un retour au *statu quo ante via* des dommages-intérêts restitutoires qui a été défendue par Alexandre Dumery (à l'inverse d'Emmanuel Gardounis, qui a jugé cette solution trop peu dissuasive), selon qui la restitution n'est pas une véritable peine mais une mesure de rééquilibrage. Laquelle devrait toutefois, pour éviter l'enrichissement de la victime, être affectée, comme il est déjà proposé pour l'amende civile, à un fonds ou au Trésor public[841]. L'actuel article 1266-1 du projet mériterait donc d'être revu : peu respectueux des principes du droit pénal, il manque de clarté dans les critères censés guider le juge pour fixer le montant de l'amende (l'amende doit ainsi être « *proportionnée à la gravité de la faute commise, aux facultés contributives de l'auteur et aux profits qu'il en aura retirés* », avec en outre le plafond du décuple du profit réalisé des règles particulières pour les personnes morales), tout en étant curieusement limité à la responsabilité extracontractuelle (contrairement au projet de 2016). Ainsi que le souligne justement Alexandre Dumery, « *la responsabilité civile n'est pas, et ne doit pas devenir l'instrument de l'application d'un droit pénal déguisé* ».

---

[840] Il faut ainsi rappeler que le législateur a récemment tenté d'instaurer une telle amende civile à l'encontre des sociétés mères en droit des sociétés, mais qu'il a finalement été censuré par le Conseil constitutionnel, qui a estimé que le manquement à l'origine de l'amende n'était pas défini en des termes suffisamment précis : l'amende civile, parce qu'elle a le caractère d'une punition, doit obéir aux exigences de l'article 8 de la DHC de 1789 (Cons. Const. 23 mars 2017, n° 2017-750 DC, *D.* 2017. 2501, obs. G. ROUJOU DE BOUBEE ; Constitutions 2017. 234, chron. P. BACHSCHMIDT).

[841] Il faut d'ailleurs observer que l'astreinte judiciaire, qui est versée au créancier de la condamnation, manque parfois son effet incitatif : au moment de la liquidation d'une astreinte provisoire au montant important, les juges sont en effet fréquemment enclins à en réduire le montant afin d'éviter un trop grand enrichissement du créancier. A l'égard des plaideurs conscients d'une telle pratique, l'astreinte perd donc en efficacité.

DROIT

AUX ÉDITIONS L'HARMATTAN

Dernières parutions

REPÈRES DE FISCALITÉ DES PROFESSIONNELS ET DES PARTICULIERS

Rock Dieudonné Landze Mbere

La fiscalité est un système de collecte et de redistribution de richesses fondée sur la contribution des ménages, des professionnels et des entreprises. Pour mieux jouer leur partition et s'orienter dans les affaires, le citoyen et le manager ont besoin des repères de fiscalité. Car, en raison de la contrainte financière, le contentieux fiscal au Congo va progressivement s'intensifier.

(320 p., 33 euros)

ISBN : 978-2-343-18620-7, EAN EBOOK : 9782140131783

LA DÉCENTRALISATION DANS LES PAYS FRANCOPHONES D'AFRIQUE DE L'OUEST

Jean-Luc Pissaloux

Cet ouvrage, constitué de contributions écrites par des universitaires, des experts et/ou des hauts fonctionnaires, démontre parfaitement combien la décentralisation est encore une sorte d'idéal-type à atteindre, et qu'elle est loin d'être une pratique effective, efficiente et efficace dans les pays francophones d'Afrique de l'ouest.

(Coll. Droits Publics, 390 p., 38,5 euros)

ISBN : 978-2-343-18272-8, EAN EBOOK : 9782140131653

L'APPLICATION DU DROIT D'AUTEUR AUX HYPERLIENS

Analyse de droit français et de droit américain

Mickaël Le Borloch

Cet ouvrage propose un travail de fond sur les droits français et américain concernant une problématique peu traitée malgré son importance pour le développement de l'internet et la protection des auteurs : l'application du droit d'auteur aux hyperliens.

(Coll. Le Droit aujourd'hui, 632 p., 49 euros)

ISBN : 978-2-343-16341-3, EAN EBOOK : 9782140131660

LES DYNAMIQUES D'INTÉGRATION EN ZONE FRANC EN LIEN AVEC LA ZONE EURO TOME II

Les nouvelles régulations économiques et/ou l'économie de l'intégration

Thimoté Dongotou

Ce deuxième tome fait des propositions sur les nouvelles dynamiques d'intégration en Afrique. Ainsi la prise en compte des partenariats public-privé (PPP) et des dimensions institutionnelles, sociales et anthropologiques est considérée comme de nouvelles régulations économiques et monétaires en Zone Franc Africaine et en zone euro. L'auteur aborde entre autres les grandes familles institutionnelles en économie ou la macroéconomie historique du courant européen contemporain

(Coll. Études africaines, 348 p., 36 euros)

ISBN : 978-2-343-13844-2, EAN EBOOK : 9782140130915

LE CONSTITUTIONNALISME EN EUROPE DE L'EST ET DANS LE MONDE ARABE

Mohamed Ibrahim Hassan

Préface du Dr Lauréline Fontaine

Bien qu'éloignés dans le temps et l'espace, les mouvements révolutionnaires est-européens de la fin des années 80 et du monde arabe des années 2010 ont en commun le constitutionnalisme qui a été le moyen immédiat de sortir du chaos révolutionnaire. S'il a été le dénominateur commun que les peuples ont utilisé pour instaurer les nouveaux régimes politiques qu'ils souhaitaient démocratiques, la singularité de chaque région et de chaque pays s'est imposée lors de la transition et de l'adoption des nouvelles Constitutions. Mais la démocratie ne se décrète pas. A l'instar de la Pologne ou de la Roumanie, les Etats arabes sont confrontés aux mêmes défis sur le chemin de la démocratisation.

(Coll. Droit comparé, 422 p., 40 euros)

ISBN : 978-2-343-17996-4, EAN EBOOK : 9782140131554

EXPÉRIENCES JURIDIQUES SUR LES DROITS HUMAINS

Marco Alberto Quiroz Vitale, Bassin Sandrine Marie-Thérèse Diringbin

Cet ouvrage collectif offre une contribution au débat sur les droits humains à la lumière des théories et de la méthodologie propres à la sociologie juridique. Parmi les questions analysées : les pratiques traditionnelles violant les droits des filles ; les violations de l'interdiction de torture dans la guerre contre la terreur ; les effets sociojuridiques de la globalisation sur le trafic humain...

(Coll. Harmattan Italia, 184 p., 28 euros)

ISBN : 978-2-336-31872-1, EAN EBOOK : 9782140131776

LA CRIMINALITÉ PHARMACEUTIQUE EN RÉPUBLIQUE DÉMOCRATIQUE DU CONGO

Une véritable menace au droit à la santé

Starmans Bofoe Lokangu

Préface de Mwayila Tshiyembe

Pendant que l'humanité assiste passivement à la criminalité pharmaceutique qui englobe la contrefaçon pharmaceutique, la fabrication et le commerce des médicaments falsifiés, gâtés, périmés, illicites ou de qualité douteuse, les patients mettent leur santé en danger. Comme instrument d'interpellation des autorités politiques et sanitaires, des professionnels de droit et de santé, l'ouvrage démontre qu'il est utopique de croire en l'exercice du droit à la santé en présence d'une criminalité pharmaceutique consacrée et institutionnalisée qui constitue une véritable menace pour lui. L'assainissement du secteur pharmaceutique et la répression dissuasive de pharmacriminels restent des mécanismes correctifs pour juguler ce fléau en RDC.

(Coll. Géopolitique mondiale, 238 p., 25,5 euros)

ISBN : 978-2-343-17537-9, EAN EBOOK : 9782140131448

LES DYNAMIQUES D'INTÉGRATION EN ZONE FRANC EN LIEN AVEC LA ZONE EURO TOME I

Les problèmes et scénarios

Thimoté Dongotou

Dans ce premier tome, Thimoté Dongotou étudie, en relation avec les crises économiques, les dynamiques d'intégration en zone franc à l'heure de l'euro. L'ensemble de l'ouvrage est construit autour de trois parties : la zone franc comme projet d'intégration et de développement économique (approches historiques et évolutives) ; les approches d'intégration par la fiscalité et les règles qui s'y appliquent ; la création monétaire en Zone Franc Africaine (ZFA).

(Coll. Études africaines, 498 p., 45 euros)

ISBN : 978-2-343-13843-5, EAN EBOOK : 9782140130908

COLLECTIVITÉS TERRITORIALES ET CINÉMA

Le droit public local du cinéma

David Chappat

Préface d'Olivier Henrard

À partir des années 1940, l'État a pris en charge la réglementation du cinéma en France pour aboutir à la création du Centre National du Cinéma. Depuis quelques dizaines d'années, c'est au niveau local que se poursuit cet effort. L'aide au cinéma permet de développer une politique culturelle, mais également de soutenir une politique sociale, éducative et surtout économique. Pour cela, une répartition des rôles s'est élaborée entre les différents niveaux de collectivités territoriales et de nombreux dispositifs ont été créés afin de couvrir toutes les activités cinématographiques. Mais la validité de certains mécanismes d'aide a été remise en cause, notamment vis-à-vis du droit européen et national de la concurrence.

(Coll. Droit des collectivités territoriales, 128 p., 14,5 euros)

ISBN : 978-2-343-18334-3, EAN EBOOK : 9782140130885

LA PROTECTION DES DROITS DES MIGRANTS

Interactions entre la protection des droits de l'hommes et la protection diplomatique et consulaire

Arafat Abi

Préface de Khadija Elmadmad

En 2018, respectivement le 10 décembre à Marrakech et le 17 décembre à New York, le Pacte mondial pour des migrations sûres, ordonnées et régulières et le Pacte mondial sur les réfugiés ont été adoptés. Premiers accords du genre, ils remplacent la question des migrations au coeur des défis. En effet, à l'heure de la mondialisation, une évidence est d'actualité : l'augmentation des flux migratoires. Et si les Etats tentent souverainement de gérer ces flux, on ne peut oublier que les droits de l'homme sont au-dessus de toutes considérations. La gestion harmonieuse et efficace des migrations doit donc être globale et prendre en compte à la fois les synergies de développement et la protection des droits des personnes migrantes.

(Coll. Le Droit aujourd'hui, 244 p., 25,5 euros)

ISBN : 978-2-343-18037-3, EAN EBOOK : 9782140130427

LES MUTATIONS CONSTITUTIONNELLES EN AFRIQUE NOIRE FRANCOPHONE

à partir des exemples du Congo, du Bénin et du Sénégal

Aimé Ange Wilfrid Bininga

Préface de Frédéric Joël Aïvo - Avant-propos de Babacar Gueye

Ce livre traite des mutations constitutionnelles dans les États d'Afrique noire francophone depuis le renouveau démocratique des années 1990. Ces mutations se manifestent au moyen de la révision constitutionnelle, des lois et règlements infra-constitutionnels, de l'interprétation des normes, de la pratique des acteurs de la vie politique et institutionnelle, de la suspension et de l'abrogation des constitutions. D'une part, elles favorisent le reflux des promesses démocratiques du début des années 1990 et d'autre part, à contresens de cette tendance, les mutations constitutionnelles participent à l'affirmation de l'irréversibilité de la dynamique démocratique.

(Coll. Harmattan Congo-Brazzaville, 360 p., 37 euros)

ISBN : 978-2-343-18410-4, EAN EBOOK : 9782140129926

SÉCURITÉ INTÉRIEURE : PROXIMITÉ ET GLOBALITÉ

Sous la direction de Franck Durand

Il est devenu nécessaire d'envisager la sécurité intérieure en termes de proximité et de globalité. Ainsi en est-il de la réforme emblématique de la nouvelle majorité : la police de sécurité du quotidien, entre présence au plus proche des citoyens et restauration de l'autorité de l'État sur le terrain. Dans le cadre de cette réforme, l'avenir du garde-champêtre, acteur traditionnel de la sécurité rurale, fait l'objet d'incertitudes. Les risques sociaux et sociétaux, les nouvelles menaces, s'inscrivent eux aussi dans plusieurs dimensions. Les rapports entre les acteurs de la sécurité reposent sur une nécessaire complémentarité. Enfin, la révolution numérique a créé un nouvel espace offrant aux prédateurs un nouveau terrain de chasse : cybercriminalité, cyberconflictualité et cyberguerre.

(Coll. Droit de la sécurité et de la défense, 186 p., 19,5 euros)

ISBN : 978-2-343-18095-3, EAN EBOOK : 9782140129100

DÉFIANCE, DOUTE, INCERTITUDE

Quelle place pour la notion de confiance dans les sociétés modernes ?

Sous la direction de Julie Tribolo

Héritières des Lumières, les sociétés modernes se caractérisent par un niveau de développement scientifique et technique toujours plus poussé. L'on pourrait s'attendre à ce que cette domination sans partage du scientifique rende les sociétés plus résilientes, mieux armées face à l'incertain, mais elle a plutôt abouti au contraire à les rendre intolérantes au doute et allergiques au risque. Dans un contexte de judiciarisation croissante des rapports sociaux, et en l'absence le plus souvent de toute certitude, comment le juge peut-il alors susciter l'adhésion des parties à ses décisions ? La confiance apparaît comme un antidote à l'incertitude.

(Coll. Droit privé et sciences criminelles, 90 p., 13 euros)

ISBN : 978-2-343-18231-5, EAN EBOOK : 9782140128677

AMNISTIE ET DROITS DES VICTIMES EN RÉPUBLIQUE CENTRAFRICAINE

Fleury Fulgence Banale

En début d'année 2019, la République Centrafricaine a amorcé une nouvelle page de son histoire par la signature d'un huitième accord entre « le Gouvernement et les Groupes armés ». Cet accord n'a pas fait mention explicite de l'amnistie car le peuple centrafricain ne veut pas en entendre parler et avait réclamé au forum de Bangui « zéro impunité ». Toutefois, parce que l'amnistie, dans le passé n'a pas fonctionné, faut-il l'exclure des solutions politiques possibles à la crise centrafricaine ? Comment garantir les droits des victimes au regard des expériences antérieures d'amnistie ?

(126 p., 14 euros)

ISBN : 978-2-343-18163-9, EAN EBOOK : 9782140128264

LE DROIT DOUANIER À L'ÉPREUVE DE LA CRIMINALITÉ TRANSNATIONALE ORGANISÉE DANS L'ESPACE CEDEAO

Ndiaga Soumaré

Le droit douanier comporte des mécanismes de lutte contre la fraude qui lui ont permis, jusque-là, de faire face au phénomène de la Criminalité transnationale organisée (CTO) tout en gardant sa spécificité et son autonomie. Mais très vite, les douanes vont se rendre compte que la lutte contre la CTO va devoir impliquer l'intégration d'autres mécanismes juridiques extra-douaniers. Il est devenu primordial de neutraliser l'action des organisations criminelles à travers le renforcement de la surveillance des frontières et la sécurisation du contrôle des opérations commerciales. La finalité, pour les douanes, étant de concilier la protection de la chaîne logistique internationale et la facilitation des échanges commerciaux.

(Coll. Harmattan Sénégal, 406 p., 40 euros)

ISBN : 978-2-343-17842-4, EAN EBOOK : 9782140128714

SELON (QUE) LA JURISPRUDENCE

Kambamutu Matadiwamba

Ce livre procède d'un souci d'équilibre, en livrant au public de quoi juger le travail des magistrats congolais. L'auteur affirme qu'il existe de bonnes et de mauvaises décisions judiciaires, sans oublier des décisions critiquables. Le tout est de savoir s'y retrouver. Hélas, depuis deux décennies, rien ni personne n'arrête la montée de la fièvre, la saturation des jugements acquis moyennant des influences de tout genre.

Academia (Coll. Bibliothèque de droit africain, 292 p., 30 euros)

ISBN : 978-2-8061-0461-8, EAN EBOOK : 9782806110282

NOUVEAU DROIT DE LA RESPONSABILITÉ DE PROTÉGER

Droit international public et régional

Jean-Nazaire Tama

Préface de Christophe Euzet

« Si l'intervention humanitaire constitue effectivement une atteinte inadmissible à la souveraineté, comment devons-nous réagir face à des situations comme celles dont nous avons été témoins au Rwanda ou à Srebrenica, durant des violations flagrantes, massives et systématiques des droits de l'Homme, qui vont à l'encontre de tous les principes sur lesquels est fondée notre condition d'êtres humains ? », s'est interrogé Kofi Annan dans son rapport du Millénaire. L'utilisation intéressée du principe de la responsabilité de protéger par les États l'a dévoyé de son esprit humanitaire. Cet ouvrage révèle et analyse le système international de mise en oeuvre dudit principe sous l'empire de la Charte des Nations Unies, et celui régional établi par l'Union Africaine et la Communauté économique des États de l'Afrique de l'Ouest (CEDEAO).

(Coll. Logiques Juridiques, 362 p., 37 euros)

ISBN : 978-2-343-17098-5, EAN EBOOK : 9782140127830

Structures éditoriales du groupe L'Harmattan

L'Harmattan Italie
Via degli Artisti, 15
10124 Torino
harmattan.italia@gmail.com

L'Harmattan Hongrie
Kossuth l. u. 14-16.
1053 Budapest
harmattan@harmattan.hu

L'Harmattan Sénégal
10 VDN en face Mermoz
BP 45034 Dakar-Fann
senharmattan@gmail.com

L'Harmattan Cameroun
TSINGA/FECAFOOT
BP 11486 Yaoundé
inkoukam@gmail.com

L'Harmattan Burkina Faso
Achille Somé – tengnule@hotmail.fr

L'Harmattan Guinée
Almamya, rue KA 028 OKB Agency
BP 3470 Conakry
harmattanguinee@yahoo.fr

L'Harmattan RDC
185, avenue Nyangwe
Commune de Lingwala – Kinshasa
matangilamusadila@yahoo.fr

L'Harmattan Congo
67, boulevard Denis-Sassou-N'Guesso
BP 2874 Brazzaville
harmattan.congo@yahoo.fr

L'Harmattan Mali
Sirakoro-Meguetana V31
Bamako
syllaka@yahoo.fr

L'Harmattan Togo
Djidjole – Lomé
Maison Amela
face EPP BATOME
ddamela@aol.com

L'Harmattan Côte d'Ivoire
Résidence Karl – Cité des Arts
Abidjan-Cocody
03 BP 1588 Abidjan
espace_harmattan.ci@hotmail.fr

L'Harmattan Algérie
22, rue Moulay-Mohamed
31000 Oran
info2@harmattan-algerie.com

L'Harmattan Maroc
5, rue Ferrane-Kouicha, Talaâ-Elkbira
Chrableyine, Fès-Médine
30000 Fès
harmattan.maroc@gmail.com

Nos librairies en France

Librairie internationale
16, rue des Écoles – 75005 Paris
librairie.internationale@harmattan.fr
01 40 46 79 11
www.librairieharmattan.com

Librairie l'Espace Harmattan
21 bis, rue des Écoles – 75005 Paris
librairie.espace@harmattan.fr
01 43 29 49 42

Lib. sciences humaines & histoire
21, rue des Écoles – 75005 Paris
librairie.sh@harmattan.fr
01 46 34 13 71
www.librairieharmattansh.com

Lib. Méditerranée & Moyen-Orient
7, rue des Carmes – 75005 Paris
librairie.mediterranee@harmattan.fr
01 43 29 71 15

Librairie Le Lucernaire
53, rue Notre-Dame-des-Champs – 75006 Paris
librairie@lucernaire.fr
01 42 22 67 13

www.ingramcontent.com/pod-product-compliance
Lightning Source LLC
LaVergne TN
LVHW011452061026
849535LV00004BA/1061